政治参加論

蒲島郁夫／境家史郎［著］

東京大学出版会

Political Participation
Ikuo KABASHIMA and Shiro SAKAIYA
University of Tokyo Press, 2020
ISBN978-4-13-032231-7

目 次

序　章 ｜ 政治参加とは何か

　2012 年 12 月に行われた衆議院選挙では，全有権者の 59.3%，約 6,170 万人が投票し，結果として自由民主党が 294 議席を獲得するという地滑り的勝利を収めた．その後 13 年 7 月の参院選，14 年 12 月の衆院選にも大勝した政府・連立与党は，長年の懸案であった集団的自衛権問題の処理に乗り出す．安倍晋三内閣はまず 14 年 7 月に集団的自衛権の行使を容認する旨の閣議決定を行い，15 年 5 月にはその政策変更に関連する安保法案を国会に提出した．新安保法制は，最終的に同年 9 月に可決成立となる．

　しかしこの間，安保法案が多くの憲法学者に違憲認定されたことなどから，野党やマスメディアによる猛烈な反対キャンペーンが巻き起こることになった．さらに，政治家や知識人といったエリート層だけでなく，学生など一般有権者の一部からも法案への激しい抗議運動が生じたことで，この問題は世間の耳目を集めた．なかでも 2015 年 8 月 30 日の国会前デモは，主催者発表で 12 万人，警察発表でも 3 万 3,000 人という数の参加があり，公務執行妨害容疑による逮捕者まで出た．この集会のある参加者は，前年の総選挙の際に首相が安保法制に積極的にふれなかったことを問題とし，「安保法案が後で出てきた．だますつもりだったんだ」と憤りを表している[1]．

　もっとも，こうした抗議活動に政権与党の方針が大きく揺らぐことはなく，法案審議は着々と進められた．報道各社の世論調査によると，8 月の時点でなお 4 割程度の有権者が内閣を支持していた．このことから，デモはあくまで少数者の活動に過ぎず，「国民的なうねりにはなっていない」と首相周辺は冷静に受け止めていたのである．

---

1) 朝日新聞 2015 年 8 月 31 日付．次段落中の引用も同じ．

1　政治参加の定義

　一連の国政選挙の結果と安保法制反対デモは，政治参加とは何か，という問いかけにいくつかの示唆を与えてくれる．選挙での投票もデモ活動も，政府の意思決定に影響を及ぼそうとする一般市民の行為という点では共通性がある．他方で第一に，政治参加の形態の違いによって，参加者の規模は顕著に異なっている．2015年8月30日の国会前集会は，60年安保闘争——戦後最大の大衆政治運動に位置づけられる——以来ともいわれる大規模デモであった．しかしそうはいっても，12年衆院選に6,000万人以上が参加していたのに比べると，参加者の規模はきわめて小さい．18年に行われた学術調査によると，過去5年の間に選挙で投票したことがあると答えた割合は86.8％に上るのに対し，デモに参加した割合は1.0％であったに過ぎない[2]．

　第二に，選挙は代議制民主主義を支える根幹的な制度だが，市民が選好を伝える手段としては不十分である．有権者調査の結果によれば，2013年参院選，14年衆院選において連立与党に投票した人のうち，「外交・安全保障」政策を最も重視したと答えたのは投票者全体の1割にも満たない[3]．しかし，有権者はこうした投票の意図を細かく伝えられるわけではなく，勝利した政府与党は，その政策方針が社会から全面的に信任されたと都合よく解釈しがちである．結果，選挙後に進められる政策と有権者の選好にはしばしばミスマッチが生じるが，その乖離が一定の幅を超えたとき，より直接的な形で市民の反発が示されることになる．安保政策の変更に応じて生じた15年夏の国会前デモも，そうした抗議活動の一つであったとみてよいだろう．

　本書の目的は，市民による政治参加の実態と，その政治的含意について明らかにしていくことである．ここで政治参加とは「政府の政策決定に影響を与えるべく意図された一般市民の活動」と定義される[4]．この定義は，幅広い範囲の市民の行為を政治参加に数える点で包括的である．政治参加とは，けっして

---

2)　「民主主義の分断と選挙制度の役割」調査．

3)　東京大学谷口研究室・朝日新聞共同有権者調査．いずれの選挙でも，「連立与党に投票した人」とは，比例代表の投票先として自民党ないし公明党を選んだ人を指す．

選挙での投票に限られるものではなく，政府の意思決定に影響を与えようとする行為であれば，その活動が実際に効果を及ぼしたかどうかに関係なくその範疇に含まれる．

　その一方で，本書の政治参加の定義は，つぎの意味では限定的である（Huntington and Nelson 1976, 4-6; Verba, Nie, and Kim 1978=1981, 56-58）．第一に，政治参加は実際の活動であって，政治関心，政治的有効性感覚といった心理的指向は含まない．これらの政治心理的指向は政治参加と密接に関連しているものの，活動そのものではない．第二に，政治参加とは一般市民の活動であり，官僚や政治家やロビイストが職業として行う諸活動は含まれない．第三に，政治参加は政府に対して影響を及ぼすべく意図された活動に限られ，権威主義体制でみられる儀式的選挙での投票や，民間企業労働者による賃上げ要求のストライキ等はその定義の中に含まれない[5]．

　なお本書では，自分自身の意思で行動する「自主参加」だけでなく，他者から促されて行う「動員参加」も政治参加の中に含める．この点は議論の余地があるが，S. ハンティントンと J. ネルソンは，動員参加と自主参加の実証的な区

---

4)　この定義は Huntington and Nelson（1976, 4）に準拠している．Verba, Nie, and Kim（1978=1981, 56）は政治参加を，「政府の構成員……の選定ないし彼らの行為に影響を及ぼすべく，多かれ少なかれ直接的に意図された，一般市民の合法的な諸活動」と定義しており（Verba and Nie 1972, 2-3 も同様），ハンティントンらの定義と共通する部分が多い．ただしヴァーバらの定義には「合法的な諸活動」とあり，暴動などの体制外の激しい運動への関与を政治参加に含んでいない点において，ハンティントンらのものと違いがある．ヴァーバらが先進民主主義国の政治参加に強い関心を持っている一方，ハンティントンらはもっぱら政治的に不安定な発展途上国を扱っているために，両者の違いが生ずるのであろう．また，ヴァーバらの依拠した方法論（サーベイ・リサーチ）からみて，暴動への参加経験の実態などは聞き取りが難しいという意味で，参加の枠に含みにくいという事情もあったかもしれない．Verba, Nie, and Kim（1978=1981, v）によると，ナイジェリアで調査をした際，暴動が発生したために，ある地域では調査を完遂することさえできなかったという．なお，ヴァーバらの 1990 年代以降の研究では，政治参加の定義から合法性の要素が消えている（Verba, Schlozman, and Brady 1995, 38; Schlozman, Verba, and Brady 2012, 10）．

5)　こうした伝統的な理解に対し，近年，ターゲットが政府や公職者ではないタイプの市民の活動も政治参加のレパートリーに含めるべきだとする議論がある（Norris 2002, chap. 10; van Deth 2016）．典型的には，消費者が政治的な意図をもって民間企業に対し不買運動を行うようなケースである（Micheletti 2003; Stolle and Micheletti 2013）．本書でも，実証編である第 II 部（第 6 章）では，市民の政治活動の枠を広く捉え，不買運動まで分析対象に含めた場合がある．

別が難しい，すべての社会で両方の種類の参加活動が存在している，いずれの種類の参加も政府の意思決定に影響を与えるといった理由から，動員参加も政治参加の範疇に含めるべきであると主張している（Huntington and Nelson 1976, 7–10）[6]．

2　政治参加の役割

　国家と社会の間にあって，民主的な政治参加は政府の行動と市民の選好の矛盾を穏やかに正す働きをする．政府はその運営のために社会からの情報やエネルギーの入力を必要としており，それなしで政治システムは存続できない．政治参加はこの情報とエネルギーを政治システムに注入するのである．市民は政治参加を通して，公共財や価値の配分に関する自己の選好を伝達し，政府の行動と市民の選好が矛盾をきたさないように圧力をかけ，政府の決定をコントロールする．

　政府のコントロールのほかに，政治参加は市民教育の場としても重要である．市民は政治参加を通して自己の政治的役割を学び，政治に関心を持ち，政治に対する信頼感を高め，正しい政治的役割を果たしているのだという満足感を覚えるようになる．さらに，市民は政治参加を通して社会への帰属意識を高め，政治的決定が民主的に行われた場合，たとえそれが自己の選好と異なっていても，決定を受け入れようとする寛容の精神を身につける．政治参加の過程を通して，他者の立場にも配慮する思慮深い市民が育っていくのである．

　政治参加を通して伝達される市民の選好に政府が能動的に反応するとき，また市民が参加を通して国家と一体感を持ったとき，政治システムは安定する．逆に，政府が市民からの要求を拒絶し，市民が政府に著しい不信感を持つようになると，政府と市民の間には緊張が高まってくる．政府の統治能力が低ければ低いほど，政治参加によって伝達される市民の要求に政府は適切に応答できないので，政治参加を強権的に抑えようとする．政府の持つ物理的強制力が十

6）　すなわち本書では，ハンティントンらに倣い，「政府の政策決定に影響を与えるべく意図」するのが，活動を行う当人ではなく，その人に活動を促す（動員をかける）主体であってもよいと理解する（Huntington and Nelson 1976, 7）．

分強力であれば，一定期間，市民の要求を抑えることは可能である．しかし，ある限度を越えると，ちょうど堤防が決壊するように政治参加は一挙に噴出し，政府と市民の緊張関係は一層高じてくる．

　政府は，政治参加のチャネルを拡大し，異なる市民の選好を効果的に調整するという困難な決定を何度も経験することによって，統治能力を高めうる．しかし一般に政府は，そのような手続きを踏むよりも，政治参加の抑制，情報の非公開，政治的制裁に頼って効率的に国家を運営するという近道を選びたがる．政治の歴史は，政治参加を抑制しようとする政府と参加の権利を求める市民の葛藤の歴史といっても過言ではない．

3　政治参加の形態

　政治参加の役割が多岐にわたっているように，その具体的形態もまた多様である．政治参加の諸形態の質的な差異について，S. ヴァーバらが 1970 年代初頭に実証研究を行うまで学術的検討は進んでこなかった（Verba, Nie, and Kim 1971; Verba and Nie 1972, 44-81）．その背景には，投票が政治参加の中心的形態と自明視されていたこと，また政治参加の諸形態が一次元的な階層構造を成していると考えられていたことがある．

　例えば L. ミルブレイスは，「ある政治的行為に加わる人間は，往々にして，他の行為にも加わる」と述べ，政治参加の構造を累積的で一次元的と考えた（Milbrath 1965=1976, 24）．段階としてはまず，政治的刺激を受けることから始まり，投票，政治討論，投票依頼，簡単な選挙運動をするといった傍観者的な政治活動に進み，次に公職者や政治家との接触，政治資金の寄付，政治集会への出席などを行う積極的な政治参加者となり，さらに進むと政治に自ら携わる職業政治家となる．ミルブレイスは，「上位の行動に加わる人たちはまた下位の行動にも加わる可能性があるのだが，その逆は成立しない」と述べている（Milbrath 1965=1976, 27）．ここでは，個々の政治的行為が，参加に必要とされる積極性の高さ，あるいは関与に伴うコストの大きさという基準によって，一列に並べて理解されている．

　これに対しヴァーバらは，政治参加を多次元構造として捉え，各次元におけ

表 0-1　政治活動の諸次元とモード

活動のモード	影響力の型	効果の及ぶ範囲	対立	要求される自発性	他人との協同
投票	圧力は強いが，情報量は少ない	集合的	有	低	わずか
選挙活動	圧力は強く，情報量は様々	集合的	有	中	場合による
地域活動	圧力の程度は様々，情報量は多い	集合的	場合による	場合による	場合による
個別接触	圧力は弱いが，情報量は多い	個別的	無	高	わずか

出所：Verba, Nie, and Kim（1978=1981, 表 3-1）を一部改変.

る特徴の組み合わせによって，種々の参加形態をいくつかの群（モード）に区別できると主張した．ヴァーバらは，米国その他で収集した調査データを，因子分析という手法により分析し，投票，選挙活動，地域活動，個別接触という4つのモードが存在することを実証的に示している（Verba and Nie 1972, chap. 4; Verba, Nie, and Kim 1978=1981, 第3章）．各モードは，活動の及ぼす影響力のタイプ，他の参加者との対立の有無，活動のための積極性ないし自発性の程度といった各次元で性質を異にする（表 0-1）.

　近年では，先進民主主義国における社会状況の変化をふまえ，ヴァーバらの提示した4モードに，抗議活動とオンライン活動の2種を加えた分類法が提唱されている（Dalton 2017; Dalton 2019, chap. 3）[7]．以下，6つのモードについて説明しよう.

投　票

　選挙における投票は，最も多くの市民が行う政治行動である．有権者は，定期的に行われる選挙を通して，その政治的選好を政策決定者に伝達しようとする．しかし，選挙は個々人の意思を政治リーダーに伝える手段としては優れていない．有権者は候補者や政党を選択する機会を与えられているに過ぎず，自己の最も欲する政策に関しての選好を直接伝達できるわけではない．また選挙

7）　もっとも，ヴァーバらとダルトンでは地域活動，個別接触の定義に違いがある．本書における両モードの説明はヴァーバらに準拠している．次注も参照.

は常時行われているわけではなく，ある一定のスケジュールに沿って定期的に行われている．有権者の政治的選好は選挙のタイミングに合わせて現出するのではなく，川の流れのように常に存在するものである．

　投票は政治的選好を伝達する手段としては問題が多いが，政治家に対する圧力としては強力である．自民党副総裁を務めた大野伴睦は，「猿は木から落ちても猿だが，代議士は選挙に落ちるとただの人になる」と，政治家に与える選挙の圧力の大きさを語っている．多くの政治家は，再選されることを目指してあらゆる努力を傾ける．

　投票の結果は，投票した人であれ，棄権した人であれ，投票権を持たない人であれ，すべての人に影響を与えるという意味で集合的なものである．

　戦国時代は，武力でもって敵を滅ぼすか圧倒するかによって権力者の座に就くのが普通であった．今日の民主主義体制のもとでは，政治家は武力の代わりに政策を訴え，それに対する支持票の大きさで権力者の地位に就く．しかし，投票も武力行使と同じく権力者創出をめぐる政治的行為であるから，当然対立的な要素を含んでいる．

　投票は他の政治的活動と比べると，参加コストが小さい．有権者が投票権を行使する際，金銭を要求されることはなく，直接的な負担は投票所に行く労力と多少の時間的費用にとどまる．

選挙活動

　投票以外の選挙に関する活動，例えば自分の支持する候補者に投票するよう知人や友人に依頼すること，選挙に際して候補者や政党に献金やカンパを行うこと，選挙運動の手伝いをすることなどがこの中に含まれる．この活動は候補者との接触が多い分，政治エリートに伝わる情報量は多い．選挙運動は政治家の死命に関わるから，活動家からの圧力に対して，政治エリートたちは総じて敏感である．他方で，選挙結果は，候補者や政党のために運動した人だけでなく，すべての人に同じように影響を及ぼすという意味で，この活動の効果の範囲は集合的である．選挙運動を行うことは，投票に比べれば多くの自発性と積極性が必要である．

地域活動[8]

　公的問題を解決するために行われる役職者への陳情，住民運動への参加，また自治会・町内会などで地域社会の問題の解決のために他の人と協同して行う政治活動がこの分類に入る．この分類に含まれる行為は広範で，投票や選挙活動と，自分や家族の利益のために公職者に個別接触する以外の，多くの政治活動を含んでいる．地域活動が政治エリートに与える圧力は，活動する個人ないし集団の影響力次第でケースバイケースである．地域活動は特定の明確な争点をめぐって行われるので，エリートに伝わる情報量は多い．集団活動による政治的な効果は，その集団だけでなく，より広い範囲に及ぶことが多い．例えば，地方自治体による保育施設の設置計画が周辺住民の反対運動によって進まないというケースでは，その影響は運動参加者のみならず地域社会全体に及ぶことになる．

個別接触

　個別接触とは，本人やその家族の便宜のために公職者に接触することである．例えば，子どもの入学や就職，交通事故の処理などを依頼するために，地方議員や地元国会議員に接触することがこれに当たる．この場合，政治エリートに依頼する事柄は明確であるので情報量は多いが，集団としての依頼ではないから，その圧力の程度は他と比べると低い．また，個別接触によってもたらされる結果の影響は依頼者周辺に限られるケースが多く，その範囲は狭い．他方，

---

8)　原語は communal activity であるが，非常に日本語化しにくいタームである．「地域活動」という訳は，Verba, Nie, and Kim（1978）の邦訳書や蒲島（1988）が採用して以来，学界で定着してきたため，本書でもこれに倣った．しかし，このカテゴリーには，町内会での活動といったまさに地域的な活動が含まれる一方，「地方を超えるレベルの問題解決にグループを通じて取り組む」，「社会問題について地方を超えるレベルの公職者と接触する」といった参加形態も入ることを考えると（後掲表 0-2 参照），従来の訳語にミスリーディングな響きがあることは否めない．ヴァーバらの説明によると，このカテゴリーには，「社会問題をめぐる，市民と公務者の個人的な接触」と「集団，組織を通じて問題解決を図る，協調的，非党派的な活動」が含まれる（Verba, Nie, and Kim 1978=1981, 65）．構成要素が後者のみであれば「協同的活動」とでも訳すのがよさそうであるが，前者の要素も入っているために，協同性を強調するのも別の意味でやはりミスリーディングになる．結局のところ，ヴァーバらの 4 モード分類法において，地域活動は他の 3 モードに当てはまらない参加形態をすべて含む「残余カテゴリー」と見なすのが適当である．

公職者に直接依頼するには，多大な積極性と自発性が必要となろう．

抗議活動

以上のように政治参加の多次元的構造を明らかにしたヴァーバらの業績は，それ以降の研究に圧倒的な影響を与えた．他方，その後の先進民主主義国における社会状況の変化をふまえ，今日ではヴァーバらが検討の対象としなかった参加形態を別個のモードとして取り上げることが多い（Parry, Moyser, and Day 1992; Teorell, Torcal, and Montero 2007; Dalton 2019, chap. 3）[9]．なかでも重要なのが，R. イングルハート，S. バーンズらの実証研究をはじめとする抗議活動（protest）への注目である（Inglehart 1977=1978; Barnes and Kaase et al. 1979）．

歴史的にみると，抗議活動は，社会的に疎外され，既成の政治システムにアクセスを持たない少数者が不満を高めることで生じるものとされた．既存の政治制度の正統性に対する挑戦であり，しばしば暴力が伴う[10]．ヴァーバらの4モードが合法的な「システム内」の政治参加であるのに対し，「システム外」の暴力的政治参加は，人や個人財産に物理的損害を与えることで政府の決定に影響を与えようとする行動である．ここで想定されているのは，政治指導者の排除を狙う暗殺，政府の決定に影響を与えることを意図する騒擾や反乱，政治体制の転覆を目指す革命等である．通常の政治過程の枠外の運動ということで，ヴァーバらはこうした市民の暴力行為を研究の対象に含めなかった[11]．

しかし，1960年代後半から70年代にかけて，先進民主主義諸国で学生運動や反戦デモ，環境運動といった市民の政治活動が噴出したことを受け，「非従来型（unconventional）」あるいは「非制度的（noninstitutionalized）」参加形態としての抗議活動が研究者の関心を集めるようになる．その参加者は，疎外され

---

9) なお，ヴァーバは1990年代以降の研究（Verba, Schlozman, and Brady 1995; Schlozman, Verba, and Brady 2012; Schlozman, Brady, and Verba 2018）では，4モード分類にこだわっておらず，個々の参加行動を個別に分析するスタイルを採っている．

10) 市民の暴力行為に関する代表的な研究として Gurr（1970）を参照．

11) 「我々の関心は『体制内』の諸活動に限定される．すなわち，ここでは，政治に対する影響力行使は，合法的な，また『正規』の行使である．それゆえ，その他の多様な行為——抗議行動，反乱，暗殺及びその他の暴力全般——は，たとえそれによって政府に対する影響力行使が意図されるとしても，我々の視野からは排除される」（Verba, Nie, and Kim 1978=1981, 58）．

ているどころか教育機会や所得に恵まれた者が多く，（少数の急進的活動家を除いて）抗議の目的は政治体制の転覆ではなく，改良である．その多くは暴力性が低く，合法的である．ポスト工業化段階に入った先進国において，こうした直接的政治活動は，投票や選挙活動といった選挙過程に関わる「従来型（conventional）」あるいは「制度的（institutionalized）」形態と並行して行われるようになった，すなわち政治参加の新たなレパートリーになったと主張されている（Nelson 1987, 132）．冒頭でふれた集団的自衛権問題をめぐる国会前デモも，こうした先進国型抗議活動の例とみなせる．

　ただ，地域活動のモードとあえて区別する以上，抗議活動は，戦闘性や非日常性といった面で（革命運動ほど過激でないにせよ）他の参加形態とはやはり一線を画すものと定義づけるべきであろう．すなわち抗議活動は，イングルハートの表現を借りれば「エリート挑戦的」性質を強く持つ（Inglehart 1977=1978, 3）．2015 年の国会前デモでも，少数ながら公務執行妨害容疑による逮捕者が出ている[12]．こうした活動に参加するためには当然，市民に強い自発性が必要になるだろう．

オンライン活動

　インターネットが先進諸国で一般に普及したのは 1990 年代後半からであり，ヴァーバらが 4 モード分類を発表した 70 年代当時には知られざる情報技術であった．しかし近年では，とりわけ若年層にとってインターネットは欠かせないコミュニケーション・ツールとなり，政治参加にも活用されるようになってきた．ヴァーバも，2012 年以降の著作ではオンライン活動に着目するようになっている（Schlozman, Verba, and Brady 2012; Schlozman, Brady, and Verba 2018）．

　オンライン活動は，参加に用いるツールによって定義される点が他のモードと異なる．選挙活動など他のモードでも電子メール等が用いられることは当然あるが，ここで想定しているのは，電子掲示板への書き込みやソーシャル・ネットワーキング・サービス（SNS）への投稿といった不特定多数向けの情報発信・意見表明である．インターネットによる情報発信は，それまでの情報技術

12）　例えば 2015 年 9 月 16 日の国会前デモでは，機動隊員に暴行を加えたとして参加者 13 人が公務執行妨害容疑で逮捕されている（日本経済新聞 2015 年 9 月 17 日付夕刊）．

に比べ，はるかに低コストかつ効率的であり，その普及は市民の政治参加の態様を大きく変える可能性がある．有史以来初めて，一般市民が個人の力で不特定多数に情報を拡散したり，意見を表明できるようになったのである．実証的にも，オンライン活動を行う人は，「オフライン」の政治参加者と属性面で違いがあり（第6章参照），少なくとも現時点ではこのモードを他から区別する利点がある．

4　政治参加の水準

　ヴァーバ，N. ナイ，J. キムが 1978 年に著した『政治参加と平等』は，政治参加に関する国際比較分析を初めて体系的に行った画期的研究として知られる（Verba, Nie, and Kim 1978=1981）．表 0-2 は，同書に掲載された，7 ヵ国における各参加形態の経験率の統計である．古い時期のデータであるが，ここから今日でも変わらない傾向を確認することができる．

　まず，参加の諸形態の中で，どの国においても投票への参加度が最も高い．投票の参加コストは低いので，積極性と自発性をそれほど必要としないのである．逆に，参加に強い自発性を要すると考えられる地域活動や個別接触は，多くの国で相対的に参加水準が低い．

　また投票は，どの国でも最も標準的な参加の形態である一方，その絶対水準には国ごとに無視できない差が認められる．表 0-2 によると，国政選挙での投票参加率が，米国（1964 年大統領選挙）では 72％ であるのに対し，オーストリア（66 年国民議会選挙）では 96％ に達している．これらは調査回答者の自己申告に基づいた数値であるが，公的記録上の投票率はそれぞれ 61.9％ と 89.8％ であり，ギャップはやはり顕著である[13]．こうした投票率の差をいかに説明するかは，国際的な政治参加研究の一つの焦点であり，本書でも随時ふれていくことになろう．

　投票参加の水準は，一国内においても時期によって大きく変動する．図 0-1

---

13)　International IDEA Voting Turnout Database を参照．いずれも「投票総数／投票可能年齢以上の人口（voting age population）」．調査回答に表れる投票参加率は，往々にして実際の選挙の投票率を上回ることが知られる．この点については第 6 章注 2 の説明も参照．

表 0-2　7ヵ国における政治参加（経験がある，または常時活動する者の割合）

	オース トリア	インド	日本	オラ ンダ	ナイジ ェリア	米国	ユーゴス ラヴィア
投票							
国政選挙での投票(1)	96%	59	72	—	66	72[a]	—
国政選挙での投票(2)	—	—	—	—	—	71[b]	—
府，県，州レベルの選挙での投票	94	—	—	77	—	—	—
地方選挙での投票	93	42	—	78	59	47	—
常時投票する	—	—	—	—	—	—	88
選挙活動							
候補者の推薦	33	—	—	11	—	28	—
政党のための活動の経験	10	25	25	—	—	26	—
政治集会への参加の経験	27	14	50	9	—	19	45[d]
選挙運動へ寄付の経験	—	21	—	6	—	13	—
政治的クラブないし組織への所属	28	6	4	13	—	8	9[e]
選挙用ポスター，ビラの掲示，配布	—	—	—	10	—	—	—
地域活動							
地域の諸問題に取り組む組織の活動的なメンバー	9	7	11	15	28	32	—
地域の問題にグループを通じて取り組んだ経験	—	18	15	16	32	30	57
地域の問題に取り組むグループの結成に尽力した経験	—	5	5	24	24	14	—
地方の公職者と接触した経験	6	—	—	—	10[c]	—	—
地方を超えるレベルの公職者と接触した経験	3	—	—	—	—	—	—
地方を超えるレベルの問題解決にグループを通じて取り組んだ経験	—	—	—	—	9	—	—
社会問題について地方の公職者と接触	5	4	11	7	2	14	11[f]
社会問題について地方を超えるレベルの公職者と接触	3	2	5	12	3	11	—
個別接触							
私的な問題について地方の公職者と	16	12	7	38	2	7	20[f]
私的な問題について地方を超えるレベルの公職者と	10	6	3	10	1	6	—

a)　1964 年の大統領選挙.　b)　1960 年の大統領選挙.　c)　接触の際，代表団を送り出したか，またはそれに加わった者.　d)　有権者集会へ参加.　e)　候補者指名委員会に所属.　f)　政府のレベルが不分明である.
出所：Verba, Nie, and Kim（1978=1981, 表 3-2）を一部改変.

は，わが国の衆議院議員総選挙における投票率の推移を示している．明治政府は，自由民権運動の要求に対応するため，また政府自身の国際的正統性を高めるために，1889（明治 22）年 2 月に大日本帝国憲法を公布し，翌年から帝国議会を開いた．しかし，政府は大衆の政治参加を歓迎したわけではなく，むしろその影響を排除しようと努力した．衆議院に対抗すべく，華族や高級官僚経験者など非公選議員で構成される貴族院が設置され，さらに，衆議院議員の選挙権も「直接国税を 15 円以上納める満 25 歳以上の男性」に限定された．第 1

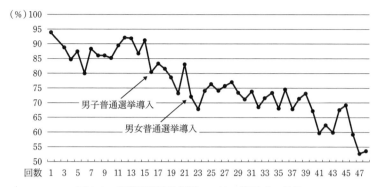

図 0-1　衆議院議員総選挙における投票率の推移

第 41 回（1996 年）総選挙以降は小選挙区における投票率.
総務省選挙部「目で見る投票率」（2019 年）等を元に著者作成.

回総選挙の有権者は総人口の 1.1％で，その投票率は 93.9％ときわめて高かっ
た．選挙権が強く制限されていた分，権利意識が高かったのであろう，ほとん
どの有権者が権利を行使したのである．

　その後の選挙法の改正の歴史は，市民の参加の権利を拡大する歴史でもあっ
た．1900（明治 33）年に納税要件が 10 円に下げられ，有権者数は総人口の
2.2％に増加，その直後の第 7 回総選挙の投票率は 88.4％を記録している．続い
て 19（大正 8）年には納税要件が 3 円に引き下げられ，有権者数は総人口の
5.5％に増加し，その直後の第 14 回総選挙の投票率が 86.7％であった．大正デ
モクラシーの高揚とともに，25（大正 14）年には普通選挙法が成立し，満 25
歳以上の男子はすべて選挙権を持つことになった．その直後に行われた第 16
回総選挙の投票率は 80.4％であった．

　第二次世界大戦後，1945（昭和 20）年の選挙法改正によって満 20 歳以上の
男女すべてが選挙権を持つようになり，その後の衆院選の投票率は約 77％か
ら 53％の間を上下している．こうしてみると，制限選挙における投票率は，
普通選挙におけるそれより高かったことが明らかである．制限選挙の時代には
有権者の権利意識が高かったであろうことに加え，普通選挙で新たに参政権を
得た低所得層や女性に何らかの参加へのハードルがあったことが示唆される．

　戦後における衆院選の投票率は，上下動しつつも，全体としては低落傾向に
ある．とりわけ 1990 年代（第 39 回）以降の選挙における投票率の低さが目立

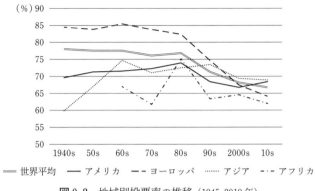

図 0-2　地域別投票率の推移（1945-2019 年）

データ：International IDEA（https://www.idea.int/）.

つ．投票率の低下傾向は衆院選のみならず，参院選や地方選挙でも同様にみられる．こうした参加水準の変化の要因と含意について考えることは，本書の重要な目標であり，後の章で詳しく議論することになろう．

　なお，投票参加水準の低下は，わが国に限られた現象ではない．図 0-2 は，世界的な投票率（10 年ごとの平均）の推移を示しているが，「世界平均」をみると，1990 年代以降の低落傾向が明らかである．特に，もともと投票率の高かった欧州地域における参加水準の低落は著しい．低投票率はいまや，民主主義国が抱える共通の問題であるといってよい．

5　政治参加の要因

　誰がなぜ政治に参加するのかという点について，これまでに多くの実証研究が蓄積されている．そこで検討されてきた政治参加の要因は，表 0-3 に整理したように，きわめて多種多様である．

　研究史からみると，政治参加の要因を探る研究には 2 つの系統がある．第一は，一国の枠内で，どのような属性を持った市民が参加しているのかを明らかにしようとする研究の流れである．ヴァーバとナイによる『アメリカにおける参加』（1972 年），R. ウォルフィンガーと S. ローゼンストンによる『誰が投票するのか？』（1980 年）は，米国における政治参加者の社会的属性や心理的指向

表 0-3　政治参加の要因

	変数
マクロレベル （システムレベル）	社会的近代化（社会経済発展の水準） 国家構造（選挙制度，政党システム，憲法構造 etc.）
	動員主体（労働組合，教会，政党，社会運動，メディア etc.）
ミクロレベル （個人レベル）	資源（時間，資金 etc.） 動機（政治関心，政治信頼 etc.）

Norris（2002, 20）の図を元に著者作成.

について包括的に検証した記念碑的業績である（Verba and Nie 1972; Wolfinger and Rosenstone 1980）．ヴァーバらの古典的研究に影響を受け，1980 年代には蒲島が日本における政治参加者の属性を明らかにしている（蒲島 1986, 1988）．

　有権者個々人の属性に注目する既存の研究は，資源（resources），動機（motivation），動員（mobilization）という 3 種の要因に整理して，参加行動を説明するのが一般的である．資源の量は，各有権者がどれだけ参加のコストを担う能力があるかに関わる．政治参加は，形態によって大小はあれ，時間や金銭，（肉体的あるいは認知的な）労力といった面での負担を伴う．時間的余裕や体力，財力，コミュニケーション能力といった資源を豊富に持った有権者は，それだけ多く政治参加の機会を活かすことができるだろう．

　しかし資源を十分に持っていないとしても，心理的な動機が強くあれば，その有権者はなお参加しようと試みるだろう．例えば，特定の政党に強い愛着がある，あるいは特定の政策争点に強い関心がある市民は，多少のコストを負担してでも，政治に関わっていこうとする．また，政党や政策に特段の思い入れがないとしても，投票参加が市民として果たすべき義務だと信じる有権者は，やはり投票所に行こうとするだろう．

　さらに，資源や動機に恵まれていない人でも，周囲から勧められる，あるいは率いられることによって政治に関わる場合がある．これが政治参加の動員要因である．社会的な集団や組織に所属する人は，そのネットワークの中で政治への関与が促される可能性が高くなる．この場合の集団・組織の種類は幅広い．

家庭という小社会集団の中でも，夫婦間や親子間で動員に類した働きかけがなされることがある．家庭の外では，近隣住民団体，職場，労働組合，業界団体，宗教団体など多くの組織が，政治的目的を果たそうとするとき，構成員に何らかの関与を促す．

　こうした個人レベル（ミクロレベル）の議論に対し，第二の流れとして，社会経済状況や政治制度といったシステムレベル（マクロレベル）変数に注目し，国ごとの参加水準の差を説明しようとする研究の系譜がある．先駆的業績として挙げられるのが，1980 年代に発表された G. パウエルの研究である．パウエルは 20 ヵ国以上の選挙の投票率を比較分析し，社会経済発展度（1 人当たりGNP），選挙制度，政党システムのあり方が重要な規定要因であることを見出している（Powell 1982）．参加水準のシステムレベル要因については，とりわけ投票参加の形態に関して，今日までに多くの研究が蓄積されている．

　近年では，国際比較調査が進展するとともに，個人レベル要因とシステムレベル要因の両方を統合的に分析に含める研究が広がりつつある．国際比較調査とは，多くの国で同時期に同内容の有権者調査を行う試みであり，「世界価値観調査（World Values Survey: WVS）」，「ISSP 国際比較調査」，「選挙制度の効果の国際比較調査（Comparative Study of Electoral Systems: CSES）」といった巨大プロジェクトが知られる．こうしたデータを分析することで，ミクロレベル変数間の関係のあり方を，国際的に比較することが可能となる．例えば，投票参加の頻度は一般に，高学歴層においてより高いことが知られる．しかし，学歴による参加格差の程度（高学歴層と低学歴層でどの程度，参加率の落差があるか）には，国によって大きな違いがある．各国固有の格差構造を，社会経済状況や政治制度によって説明することができるだろうか．こうした問題関心は，ヴァーバらが 1970 年代に発表した『政治参加と平等』にすでにみられるが，国際比較調査という学術的インフラの整備が進むとともに，近年，最先端の研究課題に浮上することとなった．

　システムレベル変数の効果を明らかにすることは，参加水準や参加格差の国際的な違いを説明するだけでなく，特定の国における時期ごとの違いを説明することにもつながる．社会経済発展度や政治制度は，長期的にみれば一国内でも大きく変化するものだからである．戦後日本の長期にわたる政治参加の変化

を説明しようとする本書においても，システムレベル変数の効果は議論の焦点
となるであろう．

6　本書の構成

　本書は大きく2つの部によって構成される．第I部「政治参加の理論」（第1
章〜第5章）では，政治参加を理論的，歴史的な視点から論じ，それをふまえ第
II部「実証――日本人の政治参加」（第6章〜第8章）では，わが国の政治参加
について体系的，実証的な分析を加える．第1章以下で扱われる内容について，
簡単にふれておこう．

　第1章「民主主義と政治参加」――本章では，民主主義理論の展開の中に政
治参加がどのように位置づけられてきたかを検討する．まず政治システム論を
紹介し，政治過程全体における政治参加の機能を理解する．つぎに，エリート
民主主義理論，参加民主主義理論という2つの対照的な視点から，政治参加の
役割についてさらに考察する．本章ではまた，政治的不平等（政治参加の格
差）と社会的不平等の関係についても議論する．

　第2章「社会変動と政治参加」――発展途上社会では一般に，社会経済的近
代化が進むとともに，市民による政治参加の圧力が強まる．本章では，統治エ
リートが大衆からの要求にいかに対応するか，またその選択が，経済成長や社
会的平等，政治的安定といった国家の諸目標にどう影響するかといった問題を
検討する．その中で，戦後日本が平等なる経済発展と政治的安定を同時達成し
た貴重な事例であることを強調し，その発展パターンを「支持参加モデル」と
して理論化する．さらに本章では，ポスト工業化段階に入った先進諸国におけ
る政治参加の諸問題についてふれる．

　第3章「政治制度と政治参加」――本章では，政治参加の水準を決めるシス
テムレベル要因として，政治制度（国家構造）の影響について検討する．政治
制度は，市民にとっての政治的環境，ないし文脈を構成し，その環境の違いが
政治行動の意思決定に影響する．本章では特に，選挙制度と政党システムの影
響に注目する．

　第4章「誰が政治に参加するのか」――本章では，政治参加の個人レベル要

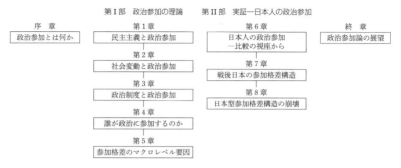

図 0-3　本書の構成

因について議論する．今日，最も標準的な理論枠組みとされる，ヴァーバらの
3 要因モデルを紹介した上で，性別，年齢，教育程度といった個人の社会的属
性と政治参加の関係について検討を進める．

　第 5 章「参加格差のマクロレベル要因」——社会経済的地位の高い市民ほど
政治に参加する傾向が一般にあるが，その格差の程度は国によって大きく異な
る．本章では，どのような社会構造や政治制度の下で，政治参加の社会経済的
バイアスがより強く，あるいはより弱くなるのかを理論的に検討する．

　第 6 章「日本人の政治参加——比較の視座から」——本章では，最新の一次
データを用いて，日本人の政治参加の特徴を実証的に明らかにする．わが国の
政治参加の水準はどの程度であるのか．誰が政治により参加しているのか．こ
れらの点について，参加形態の多様性，また国際的，時系列的な比較の視点に
留意しつつ，体系的に議論したい．

　第 7 章「戦後日本の参加格差構造」——本章では，戦後日本における政治参
加の格差構造の変遷を追う．高度成長期の 1960 年代，社会経済構造が急激に
変化する中で，農村部住民の動員，都市部低学歴層の動員，都市部高学歴層の
疎外が生じ，社会経済的地位の低い層ほど政治に参加するという「日本型参加
格差構造」が形成されたことを説明する．

　第 8 章「日本型参加格差構造の崩壊」——本章では，1990 年代前後における，
日本型参加格差構造の崩壊過程について検討する．90 年代には 55 年体制，あ
るいは「自民党システム」に基礎づけられた一党優位制もまた崩れ，政治改革
と政界再編が進んだ．この時期の参加格差構造の変化が，55 年体制崩壊過程の

重要な一側面であったことを，本章で明らかにする．

　終章「政治参加論の展望」──第6章から第8章までの実証分析の結果をふまえ，わが国の政治参加を民主主義理論と政治発展の理論上に位置づける．1990年代以降の日本では，経済成長の減速，社会経済的格差の拡大，政治参加の縮小がスパイラル的に進行した．本章では，この悪循環の過程を「逆リベラル・モデル」として定式化する．

第Ⅰ部　政治参加の理論

第1章 ｜ 民主主義と政治参加

1 はじめに

　政治参加の機能について理解を深めるため，本章では，政治とは何か，またその中で政治参加がどのような位置を占めているかを考察する．政治参加をどのように理解するかは，民主主義をどう捉えるかということと深く関連している．民主主義の捉え方には，①市民による最大限の政治参加が望ましいとする参加民主主義と，②個人の政治参加よりも政治システムの安定と効率を重視し，エリートに政治を委任すべきだとするエリート民主主義という，両極的な立場がある．後者の見地からは，資質を欠いた市民が政治に参加しないことは，システム全体のためにむしろ望ましいことであると理解される．民主主義をどのように捉えるかによって，政治参加の位置づけも変わるのである．

　以下，第2節でまず，政治をマクロ的に把握するために，D. イーストンの政治システムの理論を紹介する．第3節では，エリート民主主義理論の系譜を，その台頭の背景，J. シュンペーターと後継者による古典的民主主義理論の修正，民主政治の安定性や統治能力に関する議論の順に考察していく．第4節では，エリート民主主義理論に対する批判として，政治参加それ自体の至高性を主張する参加民主主義理論の系譜を検討する．最後に第5節では，エリート民主主義に内在する，政治参加の社会経済的バイアスの問題に注目したS. ヴァーバらの研究を紹介する．この問題は，先進民主主義国における所得格差の拡大を受けて，政治参加研究の論点として近年さらに重要性を増している．

2 政治システムの理論

　米国の政治学者イーストンは，『政治体系』，『政治分析の基礎』などの一連

の著作によって，行動論的アプローチによる政治システム理論を提唱した（Easton 1953=1976, 1965a=1968, 1965b=1980）．この理論は政治をマクロ的に把握するための分析枠組みとして有用である．

政治とは何か

　イーストンは，政治を「価値の権威的配分の過程」と定義している．よって政治学とは，政治の出力である「権威的決定」がどのように形成され，どのように執行されるかについての過程を研究する学問である（Easton 1957=1957）．以上の定義は，政治学者の間で広く受け入れられているが，一般的にはやや分かりにくいので少し説明を加えておこう．

　社会の構成員はさまざまな選好をもっており，彼らの間でイデオロギー，文化的・経済的価値などをめぐって対立が生じるであろう．政治の作用とは，権力者が強制的あるいは合法的にある一定の価値を社会に強いることである．経済的な価値配分の一つである課税を例にとってみよう．市民は，自分の能力と努力に応じて獲得した所得を，できればすべて自分の意のままに使いたいと思うであろう．自分の所得を他人に吸い取られることは誰ひとりとして好まない．しかし政府は，まるで当然のことのように権威的に税金を徴収し，反抗する者に対して制裁を加える．政府はそのようにして徴収した税金を，一定の基準に従って社会の構成員に分配する．独裁国家においては独裁者個人の決定が，民主国家においては多数派の国民の価値判断がその基準を設定することになる．

　政治学の研究は，政党，利益団体，官僚制，投票行動など，政治現象の個々の側面を分析することによって進められる．しかし，これらの成果を結びつけて政治の全体像をつかむには，政治をシステムとして捉える視点が必要になる．イーストンの言葉を借りれば，「政治を画いた大きなキャンヴァス上の各部分がそれぞれ独立しているのでなくて，他の各々の部分と関連をもっているのである，という考え方，あるいは積極的ないい方をすれば，全体自身が作動する方式と関連させなければ，どの部分の作動にもせよ，それを充分に理解することが絶対にできない」のである（Easton 1957=1957, 15）．

　こうした観点から，イーストンは政治システムを，経済システム，文化システムといった他の社会システムから切り離し，その働きを図1-1のような簡単

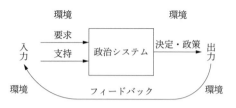

図 1-1　イーストンの政治システムモデル
出所：Easton（1957=1957, 16）を一部改変.

なモデルで示した. 政治システムは，生物がそうであるように，環境との境界
を持っていると考える. 他方，政治システムは，環境にある他のシステムから
独立して存在しているわけではなく，むしろそれらと相互依存の関係にあると
みる.

要　求

　イーストンのモデルでは，政治システムに情報やエネルギーを注入する入力
過程（参加過程）が重要な意味をもっている. 政治システムへの入力は，要求
と支持の2つに分類され，要求はさらに外部的要求と内部的要求に分類される.
外部的要求とは，政治システムから区別された環境にある，他のシステム（生
態系，経済，文化，社会構造など）によって形成される要求のことである. 対
して内部的要求は政治システムの内部で形成されるもので，具体的には，選挙
区間の一票の格差の是正，政治指導者の選出過程の変更，憲法改正手続きの変
更といった政治的要求がある.

　G. アーモンドは，政治システムに対する要求の対象として，財やサービス，
行動の規制，政治参加の権利を区別している（Almond 1965）. 選挙民が整備新幹
線や高速道路を地元に誘致しようとして，政治家や官僚に陳情するのは第一の
ケース，労働組合が過重労働を防ぐために勤務時間の法的規制を求めるのは第
二のケース，戦前に婦人団体が参政権を求めて運動を起こしたのは第三のケー
スにあてはまる.

　要求が合法的で穏やかなものである場合，その入力は政治システムの存続に
大きな障害をもたらさないが，すべての要求がそのようであるとは限らない.
政治システムの安定的運営に機能障害をもたらすような激しい要求も考えられ

る．アーモンドは，政治システムに過重負担となるような要求を「逆機能イン
プット」と呼んでいる．それがどの程度政治システムにとって負担になるかは，
その入力の大きさ，原因，種類，数，問題領域に依存する（Almond 1965）．

　逆機能インプットに対する政治エリートの対応は 3 通りあると考えられる．
①これらの要求に能動的に対応しようとする順応的反応，②要求への対応を否
定する拒否的反応，③要求そのものに直接は応えないが，代替政策を提示する
ことによって要求の高まりを抑えようとする代替的反応の 3 つである．逆機能
インプットの強まりは，政治システムを一時的に不安定化させる要因となるが，
その状況から逃避することなく順応的に反応することによって，政治システム
の能力は向上し，長期的にはさらなる安定につなげることができる（Almond 1965）．

　社会を構成する各個人や集団はそれぞれ異なった選好を持っており，潜在的
な意味では政治的要求は無限に存在する．しかしそのすべてが重要な政治的争
点として実際に顕現するわけではない．争点化されるかどうかは，要求を行う
者の社会的権力，政治的手腕，要求のタイミングなどに左右される（Easton 1957=
1957）．

支　持

　要求だけでは政治システムは作動しない．それは政治的決定のためのいわば
原材料であるに過ぎず，政治システムの働きを持続させるにはエネルギー，つ
まり支持の調達が必要である．支持には，行動として表されるものと心理的な
ものの両方が含まれる．前者は特定の政党や候補者に投票したり，支援活動を
行うことであり，後者は政党帰属意識，民主政治への愛着，愛国心などである．
要求に加えて，こうした形の支持が入力されない限り，政治システムの維持と
存続は難しいのである．

　支持を調達するため，政治システムはその出力によって国民の要求を充足す
る必要がある．警察力や軍事力を背景に国民を服従させるという手段もあるが，
この場合，調達された支持は制裁の恐怖から来るものに過ぎず，長続きはしな
いであろう．

　政治システムが多年にわたって国民からの支持を蓄えている限り，政治シス
テムはその成員のすべての要求を充足する必要は必ずしもない．例えば，わが

国では高度成長期に，自民党政権が利益保護・分配政策を通して，農民からの支持を積み立てていた．そのため，1980 年代に米価引き下げや農産物自由化が進められても，農民はすぐさま政府自民党を見限ることはなかった．

　政治システムに対する支持の高低は，出力の関数であるとともに政治的社会化の関数でもある．政治的社会化とは，市民が成長の過程で政治システムからその目標や規範などを学び，自分がその中でどのような役割を演じるべきかを習得することである．この社会化の過程で市民の政治システムへの愛着が形成されていく．

　政治システムの理論は，複雑な政治過程をトータルに捉える上で有効な分析の枠組みを提供する．しかしシステム理論に対しては，これまでいくつかの批判も向けられてきた（Almond 1965）．同理論はシステムの安定と存続に多大な価値を置いており，これらを強調することによって理論全体が現状維持的，保守的な志向を持っているとの批判は，なかでも深刻に受け止められるべき指摘である．政治システムの安定と効率を強調するならば，その目的に適した政治参加の質と量が求められ，システムの安定を覆しかねない逆機能インプットは敬遠されることになる．第 3 節と第 4 節で代表的な民主主義理論とその中における政治参加の位置づけを論じるが，位置づけの違いは，政治参加を政治システムの安定と効率というマクロ的な枠組みの中で捉えるか，政治参加そのものの至高性を強調するかによって生じてくる．結論を先取りすると，エリート民主主義理論は前者の立場を採り，参加民主主義理論は後者の立場を採っている．

3　エリート民主主義理論

　より多くの市民が政治に参加すべきであるとの考え方は，現代民主主義社会において一般に浸透している．わが国の選挙では近年，投票率の低下が顕著であるが，社会にそのことを嘆く声はあっても，歓迎する声はまず見当たらない．しかしじつのところ，政治理論家たちは，必ずしもこのように市民の政治参加を単純に評価してきたわけではない．むしろ，市民の政治参加の抑制を規範的に望ましいとする有力な立場が存在する．

　古典的民主主義理論の中に描かれている市民像は，政治に強い関心を持ち，

政治討論と政策決定過程に自ら直接参加する理想的な民主的市民である．しかし，エリート民主主義理論の立場では，大衆は民主的市民としての能力を欠いているとされ，民主政治の運営は，賢明で民主主義的価値に深くコミットしたエリートに委任すべきであると考える．エリート民主主義理論の中では，一般市民の政治参加の役割は小さく，むしろ大量の政治参加にまつわる危険性が強調されている．

エリート民主主義理論の台頭

　C. ペイトマンはエリート民主主義理論の台頭の背景として，① 20 世紀における歴史上の体験と，②科学的および経験的アプローチを重視した政治社会学の発展の 2 点を挙げている (Pateman 1970=1977)．

　20 世紀初頭の工業化社会の規模の拡大と複雑さの増大，組織における官僚的形態の台頭は，米国ニューイングランドのタウンミーティングのような直接民主主義の現実性に疑問を投げかけた．さらに，大衆参加に基盤を置いた全体主義体制の確立や旧植民地諸国の政治体制の不安定さが，大衆の政治参加への懐疑をもたらし，20 世紀中葉に社会科学者の関心を政治システムの安定へと向かわせる大きな要因となった．

　とりわけワイマール共和国の経験が民主主義理論に与えた影響は大きい．1930 年代のドイツは比較的発達した近代的社会であり，国民の教育程度は高く，工業化も進んでいた．そのような国でナチ党が勢力を伸ばしたのである．ナチ党の運動は，初期には比較的少数の熱心な活動家によって支えられていたが，29 年以降の世界恐慌の混乱のなかで，一挙に一般大衆に浸透するという過程をたどった[1]．33 年 3 月の国会選挙では，前回選挙から投票率が上がった選挙区ほどナチ票が増加しており，「ナチ党は反政治的な無関心者の中からも追随的な支持をえた」とみられる (Lipset 1960=1963, 134)．こうした経験から，ふだん関心の低い市民が急に政治的に活発になると，民主主義を脅かす結果を招くのではないかと考えられるようになった．その上，米国における社会科学の古典

---

　1)　ナチ党の党員数は 1925 年 4 月時点で 500 人程度に過ぎなかったものが，29 年末には 17 万人を超え，33 年 8 月には 390 万人以上，43 年 5 月には 760 万人に上ったとされる（山口 2006, 65-67）．

的著作の多くが，ドイツからの亡命者によって書かれた．彼らはファシズムや
全体主義が，政治的に無関心であった大衆の動員を通して台頭したことを実際
に体験，見聞した人々でもあったのである．

　さらに，1940 年頃から欧米で本格的に行われるようになった大規模な社会
調査が，大衆参加に対するこうした懸念を裏付けることになる．経験的調査に
よって明らかにされた市民，とりわけ社会経済的地位の低い集団の実態は，古
典的民主主義理論で考えられてきた民主的市民のイメージからかけ離れたもの
であった．彼らは政治に無関心であり，他人の意見に対して非寛容である場合
が多い．こうした実証的根拠から，「民主主義的人間に関する『古典的』描写
はあきれるほど非現実的であり，さらには，政治的態度に関する事実を考慮に
いれれば，現在の非参加者による政治参加の増大は民主的制度の安定を覆しか
ねない」との悲観的な結論が導かれることになる（Pateman 1970＝1977, 5 を一部改
変）．

シュンペーターの民主主義論と多元主義

　エリート民主主義理論の批判者から，その理論の生みの親として常に引かれ
るのが経済学者のシュンペーターである．彼の著作『資本主義・社会主義・民
主主義』（1942 年）は，政治学の現代理論に広範な影響を及ぼした．

　シュンペーターは自身の民主主義の定義を提示するにあたり，古典的民主主
義理論を妥当性のないものとしてまず批判している．すなわち，「政治的決定
に到達するための一つの制度的装置であって，人民の意志を具現するために集
めらるべき代表者を選出することによって人民自らが問題の決定をなし，それ
によって公益を実現せんとするもの」（Schumpeter 1942＝1995, 399）[2] という，民主
主義の古典的理解を，彼は以下の理由で斥ける．第一に，実現されるべき公益
に関して市民間で合意は存在しない．第二に，個々人の意志に基づいた政治的
決定が，必ずしも人民の真に欲する結果をもたらす保証はない．逆に，ナポレ
オンが宗教協約をなしたように，非民主主義的な主体の決定によって，かえっ

　2）　なおペイトマンによると，こうした「古典的民主主義理論」を唱えた思想家は実際には
　　　存在しておらず，シュンペーターは「神話」を作って批判したに過ぎないとされる（Pateman
　　　1970＝1977, 第 1 章）．

て人民のための政治的決定を効果的になしうるかもしれない．第三に，典型的な市民は「政治問題については超合理的ないし非合理的な偏見や衝動に動かされやす」く，「危急存亡の場合には，このことは彼の国にとって致命的なことになるかもしれない」（Schumpeter 1942=1995, 419）．

　シュンペーターはこれらの批判を行った上で，職業政治家の役割を重視する民主主義理論を展開した．彼の提唱する民主主義的方法の定義とは，「政治決定に到達するために，個々人が人民の投票を獲得するための競争的闘争を行なうことにより決定力を得るような制度的装置」というものである（Schumpeter 1942=1995, 430）．ここでは政策の専門家としての職業政治家集団と，それを単に選出する役割しか与えられていない一般市民との分業が明確に打ち出されている．シュンペーターにとって，「民主主義という言葉の意味しうるところは，わずかに人民が彼らの支配者たらんとする人を承認するか拒否するかの機会を与えられているということ」に過ぎない．民主主義とは「政治家の支配」にほかならないのである（Schumpeter 1942=1995, 454）．

　ここでは民主主義が市場メカニズムのアナロジーで捉えられ，職業政治家は政策の生産者に，市民は政策を選ぶ消費者に擬せられている．市民は自ら政策を作り出すのではなく，定期的な選挙で最も気に入った専門家（候補者）を一票で買うに過ぎない．ただ市民は次の選挙で投票先を変更する権利を持っているので，政治家たちは任期中に有権者集団の希望に沿った行動をとるよう促されるのである．

　民主政治を「政治家による政治」として読み換えることで，古典的民主主義理論を修正する見方は，1950〜60年代のアメリカ政治研究を主導した多元主義理論家たちにも引き継がれることになる（佐々木 2012, 135; Held 1996=1998, 253）．例えば，多元主義の代表的理論家である R. ダールは，近代代表制民主主義，すなわち「ポリアーキー（polyarchy）」の条件として，公職者が自由かつ公正な選挙で選出されていることを含めているが（Dahl 1998=2001, 116），明らかにシュンペーターの影響を受けた議論である．選挙を通して政治的競争が行われることで，政治リーダーの決定に一般市民の選好を反映させることが可能となる．

　多元主義者たちがシュンペーターと異なるのは，個々の市民と政治エリートとの間に介在する集団あるいは団体の役割を重視した点である（Held 1996=1998,

253)．ダールの見るところ，民主的過程が維持され，各市民が自らの目標を達成するには，多様な種類とサイズの集団が社会に存在していること，すなわち権力の源が多元的に分散していることが決定的に重要である．こうした条件を備えた社会では，定期的選挙と利益団体政治を通じて，政治エリートは効果的にコントロールされると結論づけられる（Dahl 1956=1970）．

　こうした多元主義論の枠組みにおいて，一般の大衆は，職業政治家とそれを取り囲む諸集団の外部に位置する，受動的な存在として位置づけられる．ダールの描く民主政治の姿は，「政治家と諸集団との共同統治」の様相を呈することになる（佐々木 2012, 135; Pateman 1970=1977, 17-18）[3]．

民主主義の安定と参加

　20 世紀中葉になると，社会調査の結果として，米国のような先進民主主義国において，多くの市民が政治に無関心であり，不寛容であるなど市民的資質を欠いていることが，実証的に確かめられるようになる．こうした現実から，古典的民主主義理論の前提は一層疑われるようになり，さらには，市民の政治的な不活発性こそがむしろ民主主義の安定に寄与しているとの見方さえ広がることになった．

　B. ベレルソンらの『投票』（1954 年）は，そうした議論の典型である．彼らは，米国エルミラにおける調査研究の結果をふまえ，民主主義が機能するための条件について論じた（Berelson, Lazarsfeld, and McPhee 1954, chap. 14）．調査が示すところ，平均的な市民の政治に対する関心や知識は乏しく，その行動は合理性を欠いている．他方，それにもかかわらず，米国の政治システムは全体として機能しているという現実がある．ベレルソンらはこの「パラドクス」を以下のように説明する．すなわち，民主主義が存続するためには，政治対立がある程度に抑えられ，社会・経済構造の安定性が保たれる必要がある．政治関心の

---

3)　こうした主張から，ダールはエリート民主主義理論の旗頭として批判の矢面に立たされることになった（Walker 1966）．もっとも，ダールは自身がエリート民主主義理論家と位置づけられることを強く拒否し，「私自身について言えば，民主主義的秩序下における高水準の政治参加が，必然的に"不安定"に結びつくという議論には強く反対する．……私は，特にこれまで参加度の低かった階層の政治活動が一層高まることを望んでいる」と反論している（Dahl 1966, 301）．

低い市民の存在は，有害どころか，この面で民主主義の機能に貢献する存在だと捉えられたのである．

S. リプセットによる『政治的人間』(1960 年) も，この文脈においてしばしば参照される文献である．同書でリプセットは，「近代社会における過激主義的で非寛容的な運動は，中・上層階級によりも下層階級に基礎を持つ傾向がある」と述べ，社会経済的地位の低い人々の政治参加が民主主義にとって脅威となりうることを示唆している (Lipset 1960=1963, 91 を一部改変)．実際，米国やドイツで行われた調査から，職業的地位と政治的寛容度の間に正の相関関係があることが確かめられている．下層階級が権威主義に傾斜しがちなのは，この層の教育程度が低く，団体・組織に参加しないこと，また経済的に不安定であるといった点に要因があるとリプセットはみている．

政治文化と民主主義

アーモンドとヴァーバによる古典的著作『市民文化』(1963 年) もまた，民主主義の安定のための条件を探った研究である．ワイマール共和国の経験に明らかなように，政党や選挙といった政治機構・制度を備えるだけで，民主主義は安定的に機能するわけではない．この点，民主主義的な政治システムが持続できるかどうかは，「国民が政治過程に対してもつ指向，すなわち政治文化にかかっている」というのが彼らの着想であった (Almond and Verba 1963=1974, 495)．

アーモンドらはまず，政治文化の類型として，未分化型，臣民型，参加型という，3 つの理念型を提示する．参加型政治文化を持つ人々は，政治システムの入力と出力の両局面に関心を持ち，関与しようとする．これに対し，臣民型政治文化を持つ人々は出力の局面のみに関心を持ち，入力過程には関わろうとしない．未分化型政治文化においては，人々は入力過程に関しても出力過程に関しても知識を持たず，無関心である．このように類型化したうえで，アーモンドらは米国，英国，西ドイツ，イタリア，メキシコの 5 ヵ国で調査を実施し，各国の政治文化の実態について比較分析を行った．

その結果明らかとなったのは，民主主義的な政治システムが維持されてきた米国，英国の政治文化では，参加型指向が他国より強くみられた一方，臣民型や未分化型の指向もほどよく含まれているという事実であった．アーモンドら

は，このように 3 類型がバランスよく混合された文化を「市民文化（civic culture）」と呼び，この混合型政治文化こそが安定的な民主主義に適合すると主張した．政治に関心が高く能動的に参加する市民だけではなく，受動的あるいは無関心な市民の存在も民主主義の安定にとって重要な役割を担っているとみなされたのである．

　混合型政治文化がなぜ民主主義の安定と結びつくのか．それは，アーモンドらがみるところ，民主主義の目標自体がもともと相反した 2 つの性格を併せ持っているからである．民主主義においては，政府は市民に対して責任を負う，あるいは市民によって統制されることが必要である．しかしその統制が過剰に強ければ，政府による効率的な意思決定は妨げられ，結果として政治システムの不安定化を招きかねない．アーモンドらはいう（Almond and Verba 1963=1974, 475）．

　　政府の権力と政府の責任との間にしかるべき均衡を維持することは，民主主義のもっとも重要で，もっとも困難な課題の一つである．政府を構成するエリートをエリートでないものがなんらかの形で制御しないかぎり，政治システムを民主的であると考えるのは難しい．その反面，エリートでない者は，自ら支配者たりえない．政治システムが有効的——政策の発案と実施の能力を有し，新しい状況への適合と，内外からの挑戦へ対処しうる——であるためには，政府の当局者に権威的な決定を行なう権限を付与するメカニズムがなければならない．

　この面において，政治的無関心層や受動的な市民の存在が重要な役割を果たすことになる．アーモンドらはまたいう（Almond and Verba 1963=1974, 477）．

　　一般市民は権力をエリートに委ね，エリートに支配させなければならない．エリートの権力が必要だという現実は，一般市民が比較的受動的で，政治から離れた存在になり，「エリート」に対しては畏敬すべきであることを要請している．そういうわけで，民主的な市民は，矛盾する目標を追求せざるをえない．彼は，能動的であってかつ受動的であり，政治にかかわり合うが深

入りせず，影響力をもつと同時に恭順でなければならない．

　市民文化に恵まれた政治社会においては，各市民は政府の行動に少なからず
影響を与えられると信じている一方，実際に影響を及ぼそうと行動を起こすこ
とは少ない．この政治的影響力に対する高い認識と実際の影響力の低さという
ギャップこそが，政府の権力と応答性のバランスを保つ鍵である．

　こうした社会では，市民はふだん積極的に参加しない——したがって，政治
エリートは比較的自由に政治的決定を行うことができる——としても，何か自
己にとって重大な問題が起こったり，政府への不満が著しく高まってくると政
治的に活発になる．しかし，要求に対して政府が適切に反応すれば，市民は再
び政治の舞台から退場していき，政治システムは安定を取り戻すのである．
「問題の発生→市民の政治参加→政府の反応→市民の政治からの退場」という
サイクルの繰り返しによって，市民は自己の政治的有効性感覚を確認し，同時
に政治エリートは新しい要求に適合し，統治能力を高めていく．

　個々の市民が政治を動かすことができるという見方は，実際は「神話」に過
ぎないかもしれない．しかし民主主義が効率的に運営されるためには，政治エ
リートはその神話を信じなければならない．この神話を信じてこそ政治エリー
トは市民の選好に敏感になり，その要望に応えようと最大限の努力をする．政
治エリートの応答性が高まれば，市民は政治の舞台に稀にしか登場しないので，
政策決定におけるエリートの行動の自由は一層高まるのである．

民主主義の統治能力と政治参加

　1940 年代から 60 年代にかけて，政治システムの安定性という観点から大衆
の政治参加に懸念が持たれたのは，当時の多くの新興民主主義国の政情が不安
定化していたからであった．ところが 70 年代に入ると，米国のような先進民
主主義国においても，政府の統治能力（governability）の確保という観点から，
参加と民主主義の関係を問う議論が現れるようになる．その背景には，欧米諸
国で 60 年代にみられるようになった，市民による激しい参加の噴出があった．
先進地域においても，大衆による活発な政治参加が政府の統治能力を阻害して
いると懸念されたのである．

　そうした議論を展開した代表的な政治学者が S. ハンティントンであった. 米国において, 1960 年代は「民主主義精神が劇的な復興をみた時代」であった. そこでは, 既成の政治的, 社会的, 経済的諸制度に対する大衆の挑戦と参加の増大, 知識層の間での平等主義復興の動き, 公共利益を促進する社会集団の登場, 少数人種集団や女性の権利に対する関心の強まり, 権力や富の所有者に対する批判の広がりがみられた. この時期には, 従来型の選挙活動が活発に行われただけでなく, デモ行進など抗議活動の頻発化, ホワイトカラー層における労働組合主義の高まりといった新しい動きも生じた (Crozier, Huntington, and Watanuki 1975=1976, 13-16).

　こうした「民主主義の過剰」が米国政府に諸要求の「荷重超過」を生み出しており, その統治能力に深刻な危機をもたらしている, とハンティントンは論じる. 国民からの膨大な要求の圧力に応えるなかで, 社会保障費が急増するなど政府の活動が拡大し, それに伴って財政赤字やインフレーションといった問題が生じた. 他方, 政治意識を高め活動的となった市民は, 必ずしも彼らの要求を満たさない政府指導者や諸制度への不信感を醸成し, 政府の権威は低下していった. 権威を失った政府は, 財政再建といった困難な問題に対して能率的に応じる力を一層弱めた.

　こうした認識から, 「民主主義における大幅な節度」をハンティントンは求める. 第一に, そもそも, 民主主義は権威を構成する一手段に過ぎず, どのような場面でも適用可能な原理というわけではない. ところが「1960 年 [代] に起きた民主主義の高揚においては, 長期的に見ると制度本来の目的すらも妨げるような制度にまで, 民主主義的原則が拡大された」のであり, その点に問題があった. 第二に, 民主主義的な政治システムが効率的に作動するためには, 政治に対して無関心で非活動的な個人, 集団が必要である. 過去のどの民主的社会にも, 政治に参加できない周辺化された人々がいたが, このことは民主主義を効果的に機能させることに寄与してきた. このように, 「政治の場における民主主義の拡大にも望ましい限度が潜在的にある」のであって, 国民が節度を保ち, 「民主主義が, より均衡のとれたものであるならば, その寿命も延びるであろう」とハンティントンは説く (Crozier, Huntington, and Watanuki 1975=1976, 66-69).

4　参加民主主義理論

エリート民主主義理論への批判

J. ウォーカーは 1966 年に発表した論文で，エリート民主主義理論に対する批判を以下のように展開した（Walker 1966）．

① 　古典的民主主義論者は，何も政治システムの現状を説明しようとしたわけではない．彼らは，人々が参加を通して市民としての資質を高められるような理想的な政治体制を構想したのである．それに反して，エリート民主主義論者は現実の描写を追うあまり，人間形成の代わりに政治システムの安定と効率を第一の目的としている．もしこのような転換が許容されるならば，政治学者は現存する政治秩序の弁護人になり下がるであろう．

② 　エリート民主主義理論の弱点は規範的な問題に止まらない．エリート民主主義理論による現実の記述は正確性を欠いており，したがってこの理論は実証研究の指針としても用をなさない．エリート民主主義論者は，一般市民が生来，受動的で脱政治的だとみなしている．しかし，黒人の参加に対する抑圧が示すように，市民の政治的不活発性の原因は，各人の能力的欠如にだけでなく，社会や政治のあり方にも広く帰せられるべきである．米国の政治システムは高度に複雑である一方，選挙民には明確な選択肢も提示されていない．こうした状況では，有効な政治参加に必要となる情報を市民が得ることは難しい．彼らの多くは要求や不満を持っているが，それを公的領域においてどのように解決すべきかを認識していないのである．政治的無関心の広がりは，エリート民主主義論者のように当然の与件とすべきものではなく，むしろその原因こそ追究されるべきなのである．

③ 　エリート民主主義論者は，政治におけるリーダーシップの役割を強調し，民主主義的な手続きの維持を重視する．この観点から，社会運動は，政治システムにとって逆機能を果たすもの，あるいは民主主義への脅威として捉えられることになる．しかし，社会運動は社会的停滞を突き崩し，政治システムの硬直化を防ぎ，社会政策や経済制度に変革をもたらしうる．こ

の点を軽視したエリート民主主義理論は現状肯定に陥りやすい．

　以上がウォーカーの論旨である．政治的無関心層は政治に参加しない方が，むしろ政治システムの安定にとって望ましいというエリート民主主義理論は，よしんばそれが現状観察から導かれた結論であっても，理想的な民主主義の姿といえるであろうか．参加民主主義理論はこのような疑問から出発している．

参加と市民教育

　参加民主主義理論は，市民が政治参加の場を持つことでより優れた民主的市民に育っていき，ひいては政治システムも安定するという，政治参加の教育効果に注目する．その意味で参加民主主義理論は古典的民主主義理論と通じているのである．

　古典的民主主義理論を代表する理論家は J.-J. ルソーである．彼は社会的共同を個人と共同体の厚生を増進させる唯一の手段と考えた．ルソーによると，「人間の最初のおきては，自己保存をはかることであり，その第一の配慮は自分自身にたいする配慮である」．しかしながら「人間は新しい力を生み出すことはできず，ただすでにある力を結びつけ，方向づけることができるだけであるから，生存するためにとりうる手段としては，集合する」ことが必要になってくる（Rousseau 1762=1954, 16, 29）．しかし，社会的共同は，個人の自然的自由への権利に対して，何らかの制限を加えるであろう．なぜなら個人に根ざす特殊意志は本質的に「差別」的であり，「平等」的である一般意志とは必ずしも両立しない．

　ここでルソーは，政治参加の機能に注目する．ペイトマンの言葉を借りると，「ルソーの理想的な体制は，参加の過程で得られる効果をつうじて，責任ある個人の社会的，政治的行動を発展させるように企てられている．……彼は他人から協力を得ようとするのであるならば，彼自身の直接的な私的利益よりもより広い事柄を考慮に入れねばならないことに気づくとともに，公的利益と私的利益が結合していることを学ぶ」のである（Pateman 1970=1977, 47）．ルソーは，「国家がよく組織されるほど，市民の心の中では，公共の仕事が私的な仕事よりも重んぜられる．私的な仕事ははるかに少なくなるとさえいえる．なぜなら，

共通の幸福の総和が，各個人の幸福のより大きな部分を提供することになるので，個人が個別的な配慮に求めねばならぬものはより少なくなるからである」と述べ，自己への思慮と公的思慮の融合された国家を理想と考えた（Rousseau 1762=1954, 132）．利己的な個人を公共心に富む個人へ転換する過程，そこに参加の重要性がある．

　J. S. ミルもまた，参加の教育機能に注目した思想家の一人である．彼は，社会全体の幸福量のために自分自身の幸福を犠牲にしうる行動を最高の功利主義的道徳とし，政治制度をこの人間性の発展の場と考えた（Mill 1861=1997）．ミルにとって，民主主義が最善なのは，この政体が参加を要求し，その参加を通して道徳的な市民が育つからである．このような理由から，ミルは，参加装置のない「慈悲深い独裁主義」に反対する（Pateman 1970=1977, 54）．

参加民主主義の現実性

　参加それ自体の価値を重視する立場からは，ルソーがそうであったように，しばしば直接民主政が理想的政体として構想される．しかし，ルソー型民主主義を実際に成り立たせるためには，かなり厳しい条件が必要である．

　18 世紀に米国ニューイングランド地方で実践されたタウンミーティングの検討を通して，古典的民主主義理論の問題点を考えてみよう．M. ザッカマンの研究によれば，この地方の平均的共同体の人口規模は約 100 人と小さく，討論される問題は道の補修や公民館の建設といった比較的簡単なものであった（Zuckerman 1970）．そしてより重要なのは，当時の共同体の構成員が，社会経済的属性の面で均質性が高かったことである．宗教，職業，民族等の相違が増大してきた共同体では，自治区域の分離がしばしば唯一の解決法として採られてきたという．以上から，ルソー型民主主義が機能するためには，第一に，共同体を構成する各成員が均質的でなければならず，第二に，共同体の規模が小さく，その集会で討論される争点は単純なものでなければならず，第三に，各成員が参加へのモティベーションを有していなければならないことが示唆される．

　現代の大規模社会がこれらの条件を満たすことは容易でない．高度に発展した現代社会では，その構成員はけっして均質的ではなく，共同体が抱える問題

も複雑化している．また大規模社会においては，各成員に参加へのモティベーションを持たせることも困難である．政治的決定は集合財の性格をもっているので，市民は政治参加のコストを支払うことなく，政治的産物を享受しようとするフリーライダーになる誘因を持つ．

　参加民主主義の理論家においても，これらの問題は認識されている．例えば，ペイトマンは『参加と民主主義理論』の中で以下のように述べ，大規模集団の政治において個々の市民の役割が限定されざるを得ないことを認めている（Pateman 1970＝1977, 205 を一部改変）．

　　3500 万人の選挙民がいるような場合，個人の役割は，代表者を選ぶことにほとんど尽きざるを得ない．レファレンダムに一票を投じる場合でさえ，個人が結果に与える影響力はごく小さなものにとどまろう．国の政治単位が劇的に縮小されないかぎり，この現実は変わらない．

　したがって，1970 年代に登場したペイトマンや C. B. マクファーソンの参加民主主義理論では，代議制の必要性を前提とした上で，職場や地域社会といった下部集団における直接的参加を拡充することが重視されている（Pateman 1970＝1977; Macpherson 1977＝1978; Held 1996＝1998, 344）．ダールもまた──参加民主主義論者からはエリート民主主義理論の一方の旗頭と目されてきた人物であったが──80 年代の著作において，企業内民主主義の考え方を提示している．企業内民主主義，あるいは自治企業とは，そこで働く人によって企業が所有され，統治される企業システムのことである．自治企業の労働者は，収益の配分や再投資額の決定など，企業内での決定に平等に参加する．企業における参加民主主義を創出することによって，古典的民主主義論者が論じたように，人間性の発達，政治的有効性感覚の向上，他者の利益を思いやる公共心に富んだ市民の育成が図られる（Dahl 1985＝1988）．

　こうした構想の妥当性については，参加の教育効果に関する実証研究の蓄積をさらに待って判断されるべきであろう[4]．なお，J. フィシュキンが指摘するように，レファレンダムや予備選挙での投票といった行為それ自体に市民の公共心を育てる効果があるかは疑わしく，その過程で「熟議（deliberation）」が

行われることが重要であるとの見方も，今日では有力である（Fishkin 2009=2011, 第
3章）[5]．熟議民主主義の理論家たちは一般に，大衆による政治参加（すなわち
参加の量）それ自体よりも，公的決定に際して参加者間で適切かつ十分な議論
がなされたかという質的側面を重視する．この観点からはむしろ，社会全体か
ら代表者を抽選するといった形で，参加者を少数に限定する制度が模索される
ことになる．

5　民主主義と政治的平等

政治参加の社会経済的バイアス

ダールは晩年の著作『政治的平等について』の中で，「すべての人間は等し
い本質的価値をもっており，誰も他人よりも本質的に上位にはなく，すべての
人の幸福や利益が等しく考慮されなければならない」，また「成人のうちの誰
も，国家統治の完全かつ最終的な権限をゆだねられるほど，統治する資質にお
いて他人から傑出していない」と想定し，そこから政治的平等を達成すべき理
想として正当化している．政治的平等を実現するためには，少なくとも市民
（デモス）による「実効的な参加」と「投票における平等」という，民主主義
の理念が満たされる必要があるとダールは論じる．前者は「集団の政策が決定
される前に，デモスのすべてのメンバーが，ほかのメンバーに対してあるべき
政策についての自らの見解を伝える機会を，平等かつ実質的にもっていなけれ
ばならない」こと，後者は「最終的に決定がおこなわれるときには，すべての
メンバーが投票する機会を平等かつ実質的にもっていなければならず，すべて
の票が等しいものとして数えられなければならない」という条件を指している

---

4)　この点につき，十分な蓄積があるとはいえないものの実証研究は存在する．例として
　　Finkel（1985, 1987），Ikeda, Kobayashi, and Hoshimoto（2008）を挙げておく．荒井（2014）
　　は，参加の教育効果の存在を肯定する一方，その効果が生じるのは，若い頃に参加した選
　　挙で期待通りの結果が出た場合に限られると主張する．
5)　なお篠原（2007, 21）は，Mansbridge（1980）やBarber（1984=2009）の理論を検討し，
　　1980年代の参加民主主義論には討議が重要な要素として含まれるようになったこと，す
　　なわち「討議デモクラシー論はまだ登場していなかったが，その原則に近いものがすで
　　に……展開されていた」ことを指摘している．

(Dahl 2006=2009, 7-9, 12)．すなわち，政治的平等が達成されるためには，全市民に参加の機会が制度的に提供されているだけでなく，その機会を有効活用するという実質面でも市民間の不均衡があってはならない[6]．

このように政治参加の実質的平等性を重視する立場から，エリート民主主義理論のいま一つの難点が明らかになる．エリート民主主義理論が示唆するように，政治システムの一時的な安定のためには，たしかに一定の有権者層，特に教育が十分でない社会経済的地位の低い層の政治的受動性が望ましく映るかもしれない．しかしこのような政治社会は，ダールの提示する民主主義の理念を実質面で満たしていない．

ここで問題となるのは，政治的不平等の存在が，社会的格差の維持あるいは拡大につながると考えられる点である．社会経済的地位の高い市民は政府による所得の再分配に否定的な態度を示す傾向にあるから，そうした階層の声が政治システムに集中的に入力されることによって，結果的に社会経済領域における不平等が増幅されてしまうことが懸念される．

『市民文化』の著者の一人であったヴァーバは，政治システムの安定を中心課題とする従来のアメリカ政治学の流行から穏やかに方向転換し，1960 年代後半以降，政治参加の平等性の問題に関心を移すようになった．ヴァーバと N. ナイによる 72 年の著作『アメリカにおける参加』は，米国における有権者の政治参加の実態を包括的に示した金字塔的研究である（Verba and Nie 1972）．ここでヴァーバらは，有権者調査のデータをもとに，序章で紹介した政治参加の形態（モード）分類に関する議論を展開し，学歴や所得の高い市民ほど，さまざまな形態でより政治に参加しているという明確な傾向を確認した．最もコストの低い参加形態である投票においてさえ，社会経済的地位と参加率の正の相関が明らかだったのである．

このことは，大規模な人口動態調査（Current Population Survey）を利用して投票参加者のプロフィールを綿密に分析した，R. ウォルフィンガーと S. ローゼンストンの『誰が投票するのか？』（1980 年）でも確認されている．この著作

---

6)　したがってダールは，市民の政治的影響力を左右する資源（金銭，情報，知力など）が不均等に配分されている問題を，「政治的平等への障害」と捉えている（Dahl 2006=2009, 57-59）．

の中で，ウォルフィンガーらは，特に教育程度の重要性を強調している．教育程度によって有権者を分けると，72 年の選挙において，大卒層の投票率は最低学歴クラス（教育年数 4 年以下）の有権者に比べ 38％ポイントも高かったことが明らかにされている．所得水準に関しては，投票参加を促す独立の効果は大きくないとされるものの，高学歴層ほど一般に所得は高くなるから，結果として高所得者ほど参加するという傾向がはっきりみられる（Wolfinger and Rosenstone 1980, chap. 2）．

　以上の研究は，持てる者が持たざる者よりも積極的に政治参加の機会を利用し，政治的影響力を不平等に行使しているという実態を如実に示している．民主主義が政治に参加する者に有利に働くシステムだとするならば，市民間の社会経済的格差は，政治参加の格差の帰結として，一層広がることになるだろう．実際，V. マーラーは欧米諸国のデータを分析し，所得階層による投票参加の格差が大きな国ほど，所得再分配が少ない傾向にあるとの知見を得ている（Mahler 2008; Mahler, Jesuit, and Paradowski 2014）[7]．さらに，F. ソルトの研究が示唆するように，こうして広がった社会経済的格差が，政治システムへの入力を一層偏ったものに変えていくとすると，政治的不平等と社会的不平等は互いが互いをスパイラル状に強化する関係となっていることになる（Solt 2008）．

　政治参加の格差を縮小させるため，政府は，法制度によって政治活動に上限あるいは下限を設けるという手段を採ることができる．今日オーストラリアやベルギー等で採用されている義務投票制は，市民の政治参加に「下限」を設ける（最低限投票だけは全市民が行わなければならない）制度の実例である．わが国では，公職選挙法や政治資金規正法によって，選挙運動や政治献金の仕方に厳しい法的制限を設けている．これらの制度は，市民の政治活動に「上限」を設定することにより，政治参加の平等性を人為的に高めようという狙いを含んでいる．

　政府が市民の活動量に枠をはめるこうした法的強制は，政治参加の格差を大幅に縮小しうる．しかしここで問題となるのは，政治参加に上限・下限を設けることによって政治的平等を強制的に達成しようとすれば，現代民主政におけ

---

7)　米国の州を単位に参加格差と福祉政策の関係を分析した研究として，Hill, Leighley, and Hinton-Andersson（1995）がある．

るもう一つの原則である，個人の自由を侵すことになりかねない点である[8]．

政治的不平等の解消は可能か

では市民間の政治的不平等は，自由社会において避けられない現象なのだろうか．

『アメリカにおける参加』で分析されたデータは，米国のほか，日本を含む 6 ヵ国で同時期に行われた国際比較調査の一部であった．ヴァーバらはこのデータの分析をさらに進め，1978 年の著作『政治参加と平等』において，政治的不平等の国際比較へと研究をさらに展開させている．ここで注目されたのは，「社会経済的資源……をより多く所有する市民が，そうでない市民と比較してどれだけ多く参加するかは，国によって異なる」という点である（Verba, Nie, and Kim 1978=1981, 1）．実際，米国やインドの政治参加における社会経済的バイアスは強いものであったのに対し，日本やオーストリアではそれほど顕著な格差がなかったことが示されている．

政治参加の格差構造に国ごとの差があるのだとすれば，つぎに論点となるのは，その差をもたらしているシステムレベルの要因は何かという問題であろう．このテーマは，特に 2000 年代に入って，政治学者の関心を集めるようになっている．その背景には，①先進民主主義諸国で所得格差が拡大していること，②「世界価値観調査（WVS）」，「ISSP 国際比較調査」，「選挙制度の効果の国際比較調査（CSES）」といった学術的な国際比較調査データの整備が進んできたこと，の 2 点があると考えられる．具体的な研究成果については，第 5 章で紹介することにしよう．

本章では，民主主義理論の展開の中で政治参加がどのように位置づけられてきたかを説明した．政治学において，参加がなぜ重要な研究テーマとされてきたのかが理解されたであろう．次章では，実証的な比較政治学の成果を検討し，政治・経済・社会の発展と政治参加の関係性について考察しよう．

---

8)　義務投票制に対する，この面からの批判論について Lijphart（1997）を参照．

第2章 社会変動と政治参加

1 はじめに

1960年代前後の比較政治学では，政治発展（political development）に関する研究が隆盛した．政治発展論は，社会経済的近代化の進展と政治システムの構造・機能との関係について，総体的な理解を目指したものである[1]．政治発展論の中で，政治参加には重要な位置づけが与えられた．近代化に伴う政治参加の拡大は，発展途上社会においてそれ自体が目標であると同時に，経済成長や社会経済的平等といった他の目標の達成を促進する，あるいは逆に阻害する要因になると考えられ，政治学者の関心を集めたのである．

その後の比較政治学において政治発展論そのものは下火となったが[2]，各社会が目指す諸目標と政治参加の相互関係を考えるという視座自体は，今日でもまったく重要性を失っていない．本章では，1950〜60年代のアメリカ社会科学において展開された近代化論についてまず取り上げる（第2節）．その上で，社会の諸目標がすべて同時的に達成されていくという近代化論の楽観的見方に疑問を投げかけた，S. ハンティントンの研究を検討する（第3節）．発展途上社会における政治エリートは，拡大する政治参加に直面して，それを許容するか抑圧するかという選択を迫られるが，いずれにせよその帰結は政治的混乱である，というのがハンティントンの悲観的な結論であった．近代化論についてはまた，民主化が進んだ国において，必ずしも大衆の政治参加を通じて経済的平等化が進むわけではないという面からも再考が求められる．S. ヴァーバらが示すように，一般に政治参加は社会経済的地位の高い市民の間でより活発であるため，

---

1) 「政治発展」概念の意味については Pye (1965) が詳しく論じている．
2) 政治発展論が衰退した経緯について Hagopian (2000) を参照．本章で紹介するハンティントンの近代化論批判も，この過程における重要な契機の一つである．

政治システムの出力たる政策にも社会的格差を維持・拡大する方向へのバイアスが生じると考えられる（第4節）．しかし，これらの悲観的予測は，戦後日本の場合には当てはまっていない．この事例をふまえ，発展途上社会のたどりうる，一つの望ましい発展モデルとして蒲島が提示したのが「支持参加モデル」であった（第5節）．本章の最後では，R. イングルハートらの研究を参照しつつ，近代化過程がさらに高度に進んだ現代の先進民主主義国，あるいはポスト工業社会における政治参加について議論する（第6節）．

2　近代化と政治参加

近代化と発展

E. デュルケームや M. ウェーバーによって先鞭をつけられた「近代化（modernization）」研究は，伝統的社会が近代産業社会へと移行するとき，さまざまな経済的，技術的，社会的，文化的，政治的変化を伴うことを明らかにしてきた．近代化が進む中で，動力革命・情報革命といった技術発展が起こり，第一次産業中心から第二次・第三次産業中心へ，自給自足経済から市場的交換経済へといった経済的変化を生じる．社会的には都市化，教育水準や識字率の向上，社会集団の機能分化，核家族化といった現象を一般に伴う．文化的には実証的知識の重視，合理主義精神の形成といった傾向をもたらす（富永 1996, 34-37）．

政治的な面での近代化のメルクマールは，政治参加の拡大である[3]．D. ラーナーは，大衆が選挙で投票したり，公的問題について意見を表明したりする点を，近代的社会の特徴に挙げている（Lerner 1958, 51）．ハンティントンもまた，大衆参加が，権威の合理化や政治機能の分化と並んで，政治的近代化の重要な要素であるとみなしている（Huntington 1968=1972, 上, 34）．

こうした社会の多方面における変化は，当時のアメリカ社会科学において，それぞれ「発展（development）」の諸相と位置づけられ，肯定的に評価された[4]．新興国はこれらの社会経済的・政治的発展を目標として目指すことにな

---

3)　篠原（1977, 10）の言葉を借りれば，「政治的近代化理論の中で，政治参加はもっとも基本的概念の一つ」である．Bell（1973=1975, 上, 23）も，「近代政治形態の基軸原理は《参加（participation）》」であると述べている．

る．1950～70 年代の政治発展論が特に重要視したのは，経済発展，経済的平等，民主主義（参加の拡大），政治的安定，国家の自律性という 5 つの社会目標であった（Huntington 1987, 4-6）．

　ここで焦点となったのは，これら複数の目標がどのようなプロセスをたどって達成されていくのか，各目標の間の関係性はどのようなものか，という問題である．ハンティントンは，この問題に対するアプローチを，複数の目標が同時的に達成されると想定する「共存理論（compatibility theories）」，目標間の矛盾について強調する「対立理論（conflict theories）」，そして目標間の対立を調和する方策について模索する「調和理論（reconciliation theories）」の 3 潮流に分類した（Huntington 1987）．

共存理論——リベラル・モデル

　1950 年代から 60 年代にかけ，ラーナー，S. リプセット，K. ドイチュらの研究を通して，近代化論（modernization theories）がアメリカ社会科学における一大パラダイムとなった（Lerner 1958; Lipset 1959, 1960; Deutsch 1961）．近代化論の想定では，近代化の各側面は互いに密接に関連しており，社会が伝統型から近代型へ移行する際には，経済・文化・政治等あらゆる面での発展が同時に進行するとされる．このパラダイムの下で，政治参加を含む社会の諸目標は，近代化が進むとともにすべて矛盾なく達成され，共存するものと楽観的に捉えられたのである．

　ハンティントンは，この共存理論の発展経路を図 2-1 のように図式化し，リベラル・モデルと名付けている（Huntington and Nelson 1976）．このモデルにおいて，経済発展は政治参加を拡大するだけではなく，社会経済的平等，政治的安定をも高める．政治参加は，社会経済的発展，社会経済的平等，政治的安定の関数と考えられている．同時に，政治参加は政治的安定に貢献する．市民の政治参加が拡大すれば，政府は国民の選好に敏感になり，政治システムの正統性が高まることで，その安定につながると考えられたのである．

　近代化論の考え方は，1960 年代のアメリカ社会科学において大きな影響力を

---

　4)　ハンティントンは「近代化」と「発展」を同義語として用いている（Huntington and Nelson 1976, 17）．

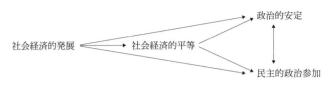

図 2-1   リベラル・モデルの発展経路
出所：Huntington and Nelson（1976, 19）.

持った．第二次世界大戦での勝利によってゆるぎなき覇権を確立した米国の知
識人たちは楽天的であった．彼らは，自国の経験に照らして，経済発展がより
平等な社会を導き，それが政治の安定と民主主義の確立をもたらすと信じた．
社会の後進性こそが政治的暴力や制限的な政治参加の要因なのであり，新しく
独立した旧植民地諸国においても，経済発展さえ進めばこうした病理はおのず
から治癒されると考えられたのである．

社会経済発展と政治参加

近代化論者たちがリベラル・モデルの妥当性を示す根拠としたことの一つに，
マクロレベルにおける社会経済発展度と政治参加度の間の相関関係があった．
社会経済的に発展した国ほど，高度な政治参加が行われている，すなわちより
民主主義的であることが統計的に確認されるというのである．1950 年代に 54 ヵ
国を対象に行ったラーナーの分析によると，社会的近代化の水準を表す「都市
化度」，「識字率」，「メディア普及度」と，「政治参加」変数の間には相互に強
い正の相関関係が表れている（Lerner 1958, 63）[5]．G. パウエルもまた，60〜70 年
代の各国のデータに基づき，社会的近代化の諸指標（1 人当たり GNP，識字率，
非農業人口割合）と選挙の投票率の間に正の相関関係を確認している（Powell
1982, 37-39）[6]．

社会経済発展と政治参加にこうした関連がみられる理由として，ハンティン
トンと J. ネルソンは以下の 5 点を挙げる（Huntington and Nelson 1976, 43-45）．①
社会経済発展は国民の所得，教育程度を上昇させ，社会的地位の高い職業への

5）「政治参加」の指標は，「直近 5 回の国政選挙の平均投票率」で測定されている．

6）　Blais and Dobrzynska（1998）は，1970 年代以降の 91 ヵ国の選挙（324 ケース）を対象
に分析を行い，パウエルの知見を追証している．

就業機会を与える．一般に社会経済的地位の高い市民ほど政治に関与する傾向があるから，こうした社会変化はマクロレベルでの参加の拡大をもたらす．②社会経済の発展に伴い，多様な社会集団が形成され，それらの間で緊張が高まる．各集団は社会的対立の中で意識を高め，利益保護・推進のため，政治に向けて集合的に行動するようになる．③経済の複雑化とともに，組織や結社が増加し，多くの市民がそうした団体に関わるようになる．そして団体に関わる市民は一般に，政治にもより関与する傾向がある．④経済発展に伴い，政府の機能が増大していく．こうして拡大した政府の資源に接近するため，市民は政治に参加せざるを得なくなる．⑤社会経済発展の過程で，人々は狭い共同体での政治生活から国民国家の枠組みの中へ組み込まれていく．国民意識を高めた市民は，国家への参加が平等に与えられた権利であり，かつ義務であると理解するようになる．

3　政治秩序と政治参加

共存理論への懐疑

社会科学界に強い影響を持った共存理論であったが，1960 年代も後半に入ると，これに懐疑的な見方を示す研究が出現するようになる．その背景には，共存理論の予測に合わない，発展途上国の実態が次第に明らかになってきたことがあった．

第一に，多くの発展途上国において，経済成長は必ずしも所得の平等化に結びつかず，かえって持てる者と持たざる者の間の格差が拡大していた（Huntington 1968=1972, 上, 53-55）．経済学者の S. クズネッツは，経済発展と所得格差の間に逆 U 字状の関係があるとの仮説を発表している（Kuznets 1955）[7]．経済発展は長期的にみれば，伝統的社会におけるよりも平等な所得分配を社会にもたらす．しかし，経済発展の初期段階に限ってみれば，産業化に伴ってむしろ貧富の格差は拡大する傾向にあるとされる．低開発状態からの急速な経済成長は，そこで生まれる富の配分を少数者に集中させるのである[8]．

---

7)　クズネッツ仮説に対しては近年，Piketty（2013=2014）が反論を提示している．

　第二に，1960 年代以降，近代化論の楽観的な想定に反し，多くの新興民主主義国で政治的安定は達成されず，むしろ大衆暴動や内乱が発生し，その反動としてクーデタが起き，権威主義的な軍事政権が成立するといった現象がみられた．こうした事態を受け，研究者たちは従来の近代化論の想定を疑うようになっていく．M. オルソンは，急速な経済成長とそれに伴う社会秩序の変化が政治的不安定や革命を生み出す要因になっていると論じ，G. オドネルは，ラテンアメリカにおいて経済発展と民主主義は両立しないという議論を展開した（Olson 1963; O'Donnell 1973）．J. ドネリーも，高度成長を目指す発展途上国は発展指向型の権威主義的政府を持たなければならないと述べている．なぜなら民主的政府はあまりにも「ソフト」過ぎるため，高度成長のための資源の動員，消費の削減，投資の促進ができないからである（Donnelly 1984）．

　このように，発展の諸目標が同時的に矛盾なく達成されるとする共存理論の想定は疑わしいものであることが，新興諸国における現実の発展経路から明らかになってきた．リベラル・モデルはあまりに楽観的な見方であり，多くの近代化途上社会においてこの定式は適切でない．こうした問題意識から，発展の目標間の複雑な相互関係について突き詰めた研究者がハンティントンであった．

ギャップ仮説

　ハンティントンの著作『変革期社会の政治秩序』（1968 年）は，発展途上社会において政治的安定が損なわれるメカニズムを明らかにした記念碑的業績である．社会の近代化は政治参加——しばしば暴力を伴う——を拡大させ，結果として政治的無秩序を招くというのである．政治参加に伴う混乱を制御するためには，その政治システムにおいて十分に「政治的制度化（political institutionalization）」が進んでいる必要があるが，多くの途上国はこの面で未熟な段階にある．ここで政治的制度化の進んだ状態とは，官僚機構，議会，政党といった機関が組織化され機能しており，また政治的対立を解決する手続きについて社

---

8)　Adelman and Morris（1973＝1978, 166）は発展途上国のデータを詳細に分析し，「低所得国における近代部門の初期の急成長は相対的所得分配を悪化させ，この状態は農業部門における労働の限界生産物が工業部門の制度的賃金水準に上昇するまで継続する」との結論を得ている．

会集団間に合意がある状態を指す.

　ハンティントンの議論は,次の定式によって理解することができる（Hunting-
ton 1968=1972, 上, 52 を一部改変）.

$$① \quad \frac{社会的流動化}{経済発展} = 社会的挫折感$$

$$② \quad \frac{社会的挫折感}{移動の機会} = 政治参加$$

$$③ \quad \frac{政治参加}{政治的制度化} = 政治的不安定$$

　第一に,近代化は社会的流動化,すなわち都市化,教育水準の上昇,マスメ
ディアの発達などをもたらし[9],それによって「伝統的文化の知覚的・態度的
な障壁は打破され,［人々の］新しい抱負と欲求のレベル」が高まってくる. し
かし経済発展,すなわち「移行社会がこうした新しい抱負を充足しうる能力」
は,「抱負そのものよりもずっと遅いスピードでしか増進しない. その結果,
抱負と期待,欲求形成と欲求充足……との間に,ギャップが進展する. このギ
ャップが社会的挫折と不満を生みだす」のである（Huntington 1968=1972, 上, 51）.
第二に,社会的挫折感と政治参加の関係は,社会的・経済的な移動の機会がど
の程度あるかにかかってくる. 例えば,農村において農民の社会的挫折感が高
まっても,都市に移り,高収入の職に就くことが可能であれば,彼らは離農す
ることで不満の解消を図るであろう. しかしそうした移動機会に恵まれなけれ
ば,政治参加によって要求実現を目指す動きが強まることになる. 第三に,政
治参加が高まっても,それに応じて政治的制度化が十分に進んでいれば政治シ
ステムの安定性は維持される. しかしそうでない場合,政府は政治参加の高ま
りに対応しきれず,政情が不安定になる.

　発展途上国では一般に,経済発展に伴って社会的流動化が進む一方,移動の

9）「社会的流動化」は social mobilization の訳である. ドイチュはこの概念を「伝統型から
　　近代型の生活様式に移行しつつある諸国の大部分の人口に起きている変化の過程全体」
　　と定義している（Deutsch 1961, 493）.

機会と政治的制度化の度合いが十分でないために，参加の拡大が政治的不安定をもたらしている．これがハンティントンのギャップ仮説である．政治秩序を維持するためには，政治参加の拡大に見合うだけの政治的制度化を進めることが必要となる．しかし現実には，近代化の進展はむしろ伝統的な政治制度を破壊しさえする．ハンティントンは，この点を次のように説明している（Huntington 1968=1972, 上, 6-7 を一部改変）．

　社会的・経済的変動——都市化，識字率の上昇と教育の拡充，工業化，マスメディアの拡大——により，政治意識は高まり，政治的要求は多様化し，政治参加は広がる．こうした変動は，政治的権威の伝統的源泉と伝統的な政治制度を弱め，政治的結社の新しい基盤を作り，正当かつ有効な新しい政治制度を創出するという問題を著しく複雑化する．社会的流動化と政治参加の拡大は速いが，政治的組織化と制度化の進展は遅い．その結果，政治的不安定と無秩序が生じる．

　政治的無秩序は，政治的制度化と政治参加の水準のギャップが大きいほど激しいものとなる．革命とは，こうした無秩序の極限において生じる現象である．革命的事態を避けるため，近代化途上にある政治システムは制度化を加速させなければならない．しかし他方で，過剰に硬直的な政治制度の存在は，社会の変化そのものを阻害してしまうであろう．したがって，秩序の維持された理想的な発展経路とは，政治参加の水準が政治的制度化の度合いに見合った程度であること，つまり図 2-2 における斜線部分を通るものでなければならない [10]．

　以上のハンティントンの議論は，経済発展と政治的安定の両立を楽観視した従来の近代化論，あるいはリベラル・モデルに根本的な修正を迫るものであった．ハンティントンの見るところ，リベラル・モデルの発想は米国の 2 つの歴史的経験に根ざしている．米国はその発展の過程で経済発展，政治的安定，社会的平等を同時に達成し，アメリカ人はそれゆえ「あらゆるよいものは一致し，

---

[10]　図 2-2 のモデルは Tilly（1978=1984, 34-35）の議論も参考にしている．ティリーは，「近代化」と「制度化」を対置するハンティントン理論と，「分化」と「共有信念」を対置したデュルケーム理論との類似性を指摘する．

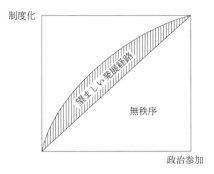

図2-2　ハンティントンの政治発展モデル

ある望ましい社会目標を達成することは他の目標を達成するのを助ける」と信じるに至った（Huntington 1968=1972, 上, 7）. さらに, 米国は生まれながらにして効率的な政治制度と統治の技術を備えていた. そのため彼らは政府の権威を高め, 統治能力を向上させることには関心を示さず, むしろ政府の権威の制限と権力の分割, 政治参加の拡大を強調したのである.

対立理論──テクノクラティック・モデルとポピュリスト・モデル

こうした認識の下に, ハンティントンは, 発展の諸目標の間の不協和を念頭に置いた政治発展理論, すなわち対立理論を構築していく. 1976年の著作『容易でない選択』において, ハンティントンはネルソンとともにリベラル・モデルに代わる, より現実的な近代化途上社会の発展モデルを提示した（Huntington and Nelson 1976）. 社会の近代化がある程度進んだ段階で, 政治エリートは, 強まる政治参加圧力に対し, どのように対応するかを決めなければならなくなる. ここでのエリートの選択によって, 発展途上国のたどる道は2通りに分岐する.

第一のパターンは, エリートが政治参加を抑制し経済成長を優先させる結果, 政治的不安定に陥るというテクノクラティック・モデルである（図2-3）. 対立理論によると, 持たざる者の政治参加は経済成長を抑制する. なぜなら, 政治参加の拡大の結果として, ①平等化政策への圧力が強まり, 経済成長のための資本蓄積を, 経済が離陸する前に食い潰してしまう, ②効率的な政治的意思決定が損なわれ, 一貫性のない政策を生じる, ③大衆の暴動が発生し, 経済成長

図2-3　テクノクラティック・モデルの悪循環
出所：Huntington and Nelson（1976, 24）.

の阻害要因となると想定されるからである（Nelson 1987, 142）. こうした観点か
ら，統治エリートは，高まる政治参加を一時的であれ抑圧する誘因を持つ. し
かし政治参加，すなわち社会からの再分配要求が抑制されると，経済成長は達
成されたとしても，社会経済的不平等は増大してしまう. 所得格差の拡大は大
衆の不満を高め，政治的安定性を損ねる要因になる. ここでエリートがさらに
抑圧を強め，所得格差が一層拡大するという悪循環が繰り返されれば，いずれ
は大衆による「参加の爆発（participation explosion）」を生じ，政治秩序は崩壊
するだろう.

　途上国の陥りやすい第二のパターンはポピュリスト・モデルと呼ばれ，これ
はテクノクラティック・モデルと対照的な展開を示すものの，結果としてはや
はり政治的不安定に向かうモデルである（図2-4）. ここでは統治エリートが広
範な政治参加の存在を許容し，その圧力から政府による所得再分配は拡大する
が，政策の効率性や一貫性が損われる等の理由で経済成長が減速してしまう.
このモデルにおいては，限られた経済的パイを諸集団が奪い合うことになるこ
とから，社会的な対立が続き，政治的不安定につながる. ここでエリートが政
治参加をなお許容し，以上の過程を繰り返すと，最終的には内戦による社会崩
壊あるいは「参加の内破（participation implosion）」，すなわち軍部による政権
掌握と参加の抑圧といった事態が生じることになる.

　多くの発展途上国が実際に，2つのうちいずれかのモデルに似た発展形態を
示している. 1970年代初頭でいえば，チリ，インド，スリランカ，タンザニア，
ウルグアイのたどった経路はポピュリスト・モデルに近く，インドネシア，コ
ートジボワール，ケニア，スペインのそれはテクノクラティック・モデルに近
い. またこの2つのモデルは相互排他的ではなく，ブラジルのように50年代
後半から60年代前半はポピュリスト・モデル，64年の軍事クーデタの後はテ

図 2-4　ポピュリスト・モデルの悪循環
出所：Huntington and Nelson（1976, 25）.

クノクラティック・モデルで説明できるケースもある（Huntington and Nelson 1976, 25-26）.

　以上の議論は，政治参加の水準が近代化の度合いだけで自動的に決まるのではなく，統治エリートの政策的な選択の結果でもあること，またその選択がいずれにせよ政治秩序の崩壊をもたらす可能性をはらんでいることを示している．発展途上社会における統治エリートは，高まる政治参加への対応をめぐり，こうした「容易でない選択」を迫られるのである．

4　経済的平等と政治参加

民主主義と経済格差

　近代化論のパラダイムでは，民主化・政治参加の拡大と社会経済的平等は同時的に達成されると想定された．単純な近代化論を批判したハンティントンもまた，この点については前提として認めている．彼の提示するポピュリスト・モデルでは，政治参加の拡大が社会経済的平等性を高めると想定され，それゆえにこそ，結果としての経済成長の鈍化と政治的不安定が懸念されたのである．

　政治体制の民主化が進み，大衆による政治参加が拡大すれば，政府に対する再分配要求が強まり，政府の政策的対応を経て結果的に所得・資産の平等化が進む．「政治的民主化に多くの人々が期待するところは，まさにこの効果である」と，ヴァーバらは指摘する．「選挙権の拡大や，労働者，農民及び少数者集団の政治活動を行う権利の拡張は，政治的平等を促進し，再分配政策を要求して圧力を加える機会を，社会的に劣位に置かれた人々に提供する」のである（Verba, Nie, and Kim 1978=1981, 3）.

　経済学者による理論的分析の結果も，民主化による経済格差の縮小を予測し

ている．A. メルツァーと S. リチャードの理論モデルによると，政府の再分配政策に決定的な影響力を持つ投票者（decisive voters）がどの程度の所得を得ているかによって，政府の規模，すなわち所得の再分配率は変化する（Meltzer and Richard 1981）[11]．多数決制による民主的な選挙が行われているならば，決定的投票者とは理論上，中位所得の有権者（中位投票者）となる[12]．有権者間における所得格差が大きい，あるいは低所得層の割合が大きな社会においては，中位投票者の所得は社会の中で相対的に低くなり，その再分配要求はより急進的なものとなる．結果として，そうした国ではより寛大な再分配政策が採られ，所得配分の格差は縮小することになる．以上の考察から，メルツァーとリチャードは，20 世紀後半における各国の政府支出の増大は，それまでの選挙権の拡大，すなわち民主化の進展により低所得層が投票者に含まれるようになったことに原因があると結論づけている．

　ところが，こうした理論的想定とは裏腹に，これまで行われてきた計量的な実証研究は，必ずしも民主主義と経済的平等の間に明確な関連性を見出していない[13]．R. ジャックマンの国を単位とした古典的研究によると，民主主義度と経済的平等の間には正の相関があるが，この関係は見かけ上のものに過ぎず，経済発展のレベルを統制すると，経済的平等に対する民主主義度の影響は消滅する（Jackman 1975）．最近の研究としては，D. アセモグルらがより体系的なデータセット，洗練された統計手法を用いた検証を行っているが，やはり民主主義による経済格差の是正効果は確認できていない（Acemoglu et al. 2015）．

民主主義体制内での政治的不平等

　このように，民主主義と経済的平等の関係もまた，近代化論が想定したように単純なものではない．社会の近代化が進み，民主化が進展して政治参加の総量が増加したとしても，そのことが社会経済的格差の縮小に即，結びつくわけではないのである．

---

11)　政治体制と社会経済格差の理論的関係について Acemoglu and Robinson（2006）も参照．

12)　中位投票者の影響力に関する古典的研究として Downs（1957=1980）を参照．

13)　この点に関する先行研究のレビューとして Acemoglu et al.（2015），Scheve and Stasavage（2017）を参照．

　その理由の一つは，現実の民主主義国において，理論が想定するようには各市民の政治的影響力が平等に発揮されていないことにあるだろう．民主化が所得再分配に結びつくというメルツァー＝リチャード・モデルの含意は，新たに投票権を与えられた低所得層が実際に参加することを前提として導かれたものだった．民主主義が経済的平等をもたらすとされるのは，低所得者が選挙で数に訴えることよって，政府の政策に影響を与えることを想定した上での主張なのである．しかし仮に，低所得層が与えられた投票権を行使しないとすると，投票参加者の中での中位所得額は高い水準にとどまるから，中位投票者の求める経済政策は大きな再分配効果を伴うものにならないだろう．

　要するに，どれだけ多くの人が政治に参加しているかという量あるいは水準ではなく，どのような階層の有権者がより積極的に参加しているかという参加者の「構成」の問題こそが，政治参加と経済的平等の関係を理解する上での鍵なのである．高所得層に比べ，低所得層の参加度が高いほど，政府による所得再分配は積極的に進められる（あるいは，そうした政策を推進する政党が政権を取る）であろう．

　しかし現実に起きている事態は，往々にしてむしろこれと逆である．すなわち一般に，社会経済的階層と政治的影響力は密接に関連しており，社会下層の市民は上層の市民と同じようには参加の機会を利用しない．ヴァーバらの研究は，参加に比較的コストを要さない投票においてすら，参加率と社会経済的地位に正の相関があることを示している．政治献金のような，よりコストの高い参加形態においては，一層そうしたバイアスが強く表れる．ヴァーバらは次のように述べている（Verba, Nie, and Kim 1978=1981, 1）．

　　現代民主主義社会のほとんどないし――おそらくは――全てが，社会的経済的領域に関しては，原則としても，また実際上も，平等主義的ではない…….所得，教育水準及び職業的地位のいずれについても，個人差は大きい．この個人差は，政治活動ないし政治的影響力行使のために使用しうる諸々の資源（resources）が，市民に不均等に配分されていることを意味する．市民が，これらの資源を政治的影響力行使へと転換するが故に，政治的不平等が出現するのである．

　かくして，市民の自由な政治参加を認める民主主義体制下において，社会経済的格差は縮小するどころか，むしろ拡大する契機さえあることが示唆される[14]．民主的な政治システムでは，出力たる政策の内容に，入力たる政治参加の構成が強く反映されるはずだからである．近代化が進めば社会経済的格差はおのずと解消するという，近代化論の単純で楽観的な想定は，ここでも修正されることになる．社会経済的平等の達成は，民主主義的な政治制度を備えた社会においてさえ，やはり容易でない目標なのである．

5　悪循環の回避——戦後日本の経験

　以上でみてきたように，発展途上社会が経済成長，経済的平等，政治的安定といった複数の目標を同時に達成することは容易でないことが，諸事例に照らして明らかとなった．共存理論に代わり，ハンティントンの立場に代表される対立理論は，より現実に対する説明力の高い議論として有力となったのである．
　しかし，急速に近代化を遂げようとする社会は，テクノクラティック・モデルにせよポピュリスト・モデルにせよ，ハンティントンの主張するような悪循環のパターンに嵌るよりほかに本当に道はないのであろうか．悪循環を回避あるいは脱出し，発展の諸目標を調和させられる可能性があるとすれば，それはどのような道か．
　ここで示唆に富む事例が，第二次世界大戦後の日本である．終戦直後の日本は，第一次産業従事者が就業人口の約 5 割を占め，国民 1 人当たり GDP はメキシコ以下という発展途上社会であった[15]．この状況からわが国は，民主主義体制を維持しながら奇跡的な高度経済成長を達成しただけでなく，社会経済的格差を低水準に抑え，かつ極度の政治的安定を実現した．これは対立理論からの明らかな逸脱事例である．戦後日本の経験をどう理解するかが，発展途上社会

---

14)　資産格差と民主主義の関係について諸研究をレビューした Scheve and Stasavage（2017）は，民主主義体制が社会経済的平等を必ずしも促さない理由として，富裕層が相対的に大きな政治的影響力を持つことのほか，階級とは別の社会的亀裂が存在すること，国民によっては経済格差の是正を公正とみなさないことを挙げる．

がテクノクラティック／ポピュリスト・モデルの陥穽を脱し，「第三の道」を開くための鍵となろう．

戦後初期における政治参加と政治的制度化

ハンティントンのギャップ仮説によれば，変革期社会では往々にして，政治的制度化の進展が政治参加の拡大に追い付かず，政治的不安定に陥る．わが国の場合も，終戦直後についてみると，この見方の通り，政治秩序の崩壊に陥りうる状況であったと言える．

1940年代後半の日本では，既存の政治制度の弱体化ないし流動化が生じた．終戦直後には戦前以来の政治エリートが公職追放され，新憲法が制定されるなど，占領改革によって「ゲームのルール」の変更が一挙に進んだ．こうした中，多くの政党が並び立ち，それらの間で合従連衡が繰り返されるなど，政党間競争の形は安定しなかった．また，敗戦国となった日本は軍備を禁じられただけでなく，国内秩序維持の要であった内務省や中央集権的警察制度が解体（自治体警察制度が導入）されるなど，社会に対する政府の統制力は大いに減衰した．

他方この時期，脆弱な政治的制度化の状況とはアンバランスに，国民の政治不満と政治参加が噴出した．終戦直後は経済活動が著しく混乱し，極度のインフレーションに見舞われ，消費財も大幅に不足していた．特に都市部における食糧不足はきわめて深刻で，1,000万人の餓死者が出るとの予測さえあった（吉田 2014-15, 上, 173）．こうした中，民主化気運の高まりと相まって，急進左翼勢力が影響力を強めるようになり，特に日本共産党は人民政府の樹立を掲げて労働運動や大衆運動を指導した．とりわけ激しい政治参加が噴出したのは，1945年末からの生産管理闘争，46年5月の「食糧メーデー」，47年2月に予定されていた「二・一ゼネスト」の頃であった．当時の労働運動は，単に労働者の賃金を上げるだけでなく，資本主義体制自体の打倒を目指す政治闘争であ

15）　1950年前後のデータでみると，第一次産業比率は英国で5％，米国で1割，西ドイツで2割，フランスで3割程度となっており，これらに比べ日本は圧倒的に農業国であった（升味 1983, 下, 付表1A）．1人当たりGDPでみると，50年時点の日本は1,837ドル（1990年米ドル換算）と推定されている．同時期のメキシコの値は2,085ドル，米国の値は9,573ドルに達する（伊藤 2007, 31）．また佐藤栄作首相周辺の認識では，65年の時点でなお日本は「中進国」の段階にあった（村井 2019, 166）．

った．首相を務めていた吉田茂は，当時の社会状況を指して「革命的」と表現
している（吉田 2014-15, 中, 125）.

　さらに，1949 年から実施されたドッジ・ラインが社会的混乱に拍車をかける
ことになった．ドッジ・ラインは，日本の経済的自立と米国の占領コストの削
減のため，占領軍の指導のもと政府が進めることになった，自由経済化，緊縮
財政政策である．このデフレ政策の下で，日本経済は深刻な不況に陥り，各企
業で大規模な人員整理が進んだ．これに対し，左翼政党に指揮された労働組合
は大いに抵抗を示し，各地で激しい労働争議が生じた．国鉄でも大量人員整理
が予定される中，下山事件，松川事件といった怪事件が続発し，社会不安が高
まった．

　しかし，政治的制度化と政治参加のバランスが欠けた状況であったにもかか
わらず，この時期にわが国の政治秩序が崩壊することはなかった．それは，弱
体化した日本政府に代わり，占領軍が絶対的な権威として機能したからであっ
た．連合国軍最高司令官総司令部（GHQ）は，日本の非軍事化と民主化を至上
命題として急進的な占領改革を始めたが，冷戦が激化する中，日本国内におけ
る秩序の維持，政治的安定をより重視する方針へと次第にシフトしていった．
1947 年 2 月 1 日に予定されていたゼネストは，全国で 400 万人もの労働者を動
員する大規模な計画であったが（石川・山口 2010, 35），政府はこれを止められず，
マッカーサーの命令により結局中止された[16]．その後，GHQ の意向に基づき，
政府は政令 201 号を発令，公務員の労働権を制限した．49 年には，ポツダム命
令の一環として団体等規正令が施行され，「占領軍に対して反抗し，若しくは
反対し，又は日本国政府が連合国最高司令官の要求に基いて発した命令に対し
て反抗し，若しくは反対する」団体の結成が禁じられる．50 年には，やはりマ
ッカーサーの指令に基づき，共産党員やそのシンパを公職や企業から追放する
レッド・パージが実施された．これらは占領軍の威光と軍事力があってこそ可
能となった，強権的な政治参加の抑制であった．

　こうした状況であったから，1952 年 4 月に独立を回復し占領軍が撤収したの

---

16)　吉田茂は，「あの乱暴極まる当時の労働攻勢は，甚だ困ったものだとは思いながらも，
　　いざとなれば，占領軍の実力で押えてしまうことは確信していた」と述懐している（吉田
　　2014-15, 上, 175）.

ち，「権威の空白」を埋めること，すなわち秩序維持のために政治的制度化を
進めることが政府の急務となったのは当然であった[17]．実際，占領が解除され
た3日後の52年5月1日には，早くも「血のメーデー」として知られる大規
模な暴動が生じている．これに対し政府は，主権回復後に失効する団体等規正
令に代え，7月に破壊活動防止法を成立させた．治安維持の観点から当局に不
安視されていた自治体警察制度についても，54年の法改正により廃止され，警
察力の中央集権化が進められた．さらに政府は警察予備隊を保安隊，自衛隊に
改組・発展させ，日米安全保障条約に基づき，「内乱」鎮圧に出動可能な米軍
基地を占領終了後も国内に残した．

　また，分立していた保守政党の合同が主権回復後の保守政界の懸案であった
が，この問題も1955年11月に自由民主党が結成されたことで解消した．自民
党は最大野党・日本社会党の倍ほどの議席を有する巨大政党であり，以後，保
守政権の安定化が進んだ．政権交代の可能性が極小化された，いわゆる55年
体制が形成され，保守一党支配が固定化していったのである．55年にはまた，
共産党が武装闘争方針の全面放棄を決定し（大嶽2007, 31），主要政党間におい
て，議会制民主主義の枠内で競争するという「ゲームのルール」が定まった．
長い占領期の助走を経て，主権回復後，わが国における政治的制度化の度合い
は急速に高まったのである．

高度成長期における諸目標の同時的達成

　1950年代後半から70年代にかけての日本は，ハンティントンのギャップ仮
説とほぼ反対の発展経路をたどった．敗戦によって失意の底にあった国民の経
済的な欲求水準は通常時に比べると低かった．その上，朝鮮戦争勃発以降，景
気拡大が急速に進んだため，もともと低い国民の期待水準が充足され，社会的
挫折感は低く抑えられることになった．さらには，高度成長期のきわめて旺盛
な社会移動も社会的不満の吸収・解消に寄与した．景気拡大が続く中，義務教
育を終えてすぐ職を得ようとする人でさえ，都市部では労働力不足の中にあっ

---

17)　1950年代の反占領改革の動きを総称して「逆コース」という．「逆コース改革の主要課
　　題は参加への制約である．総じて，この時期の保守党の政治指導は，ほかの政治目標より
　　も政治的秩序を優先させた」と村松岐夫も書いている（村松・伊藤・辻中 1992, 82）．

て「金の卵」ともてはやされ，高い賃金上昇を享受した．ハンティントンの理論に沿って考えると，もともと低かった社会的挫折感と大きな移動の機会の組み合わせによって，激しい政治参加が抑制されたことになる．

　保守政権が体制崩壊まで懸念するような，大量かつ激しい政治参加が最後にみられたのは 1960 年であった．この年には日米安保条約の改定問題をめぐって，国会を大群衆が包囲し，岸信介首相が自衛隊出動を検討する事態となった．また同じ時期，北九州の三池炭鉱では「総資本と総労働のたたかい」と呼ばれた激しい労働争議が起きていた．1 年におよぶ三池争議では，労働組合側が延べ 30 万人，警察側が延べ 50 万人を動員し（平井 2000, 8），衝突の中で死者も出ている．

　しかし，国民所得倍増計画が発表された 1960 年は，戦後政治史における局面の転換点であった．安保闘争が終わった直後，週刊誌に踊った「デモは終わった，さあ就職だ」との文句はきわめて象徴的である[18]．60 年代の高度成長は，資本家だけでなく労働者層を含む多くの市民に恩恵を与え，階級対立を和らげた．この時期，自己の生活水準を「中の中」と規定する有権者が激増し[19]，憲法改正問題などイデオロギー的争点に対する社会的関心は低下した（境家 2017, 第 3 章）．70 年には日米安保条約の延長が行われたが，この問題に関心を持つ一般市民はもはや少数となっていた．「70 年安保」は新左翼セクトや急進的労働組合に率いられた一部学生と労働者による（過激ながらも）小規模の闘争にとどまり，大衆的基盤を得ることなく終わっている．その新左翼運動も，72 年の連合赤軍事件を境に沈静化していく（小熊 2009）．

　しかし，こうした社会一般の「脱政治化」傾向の裏で，高度成長期にむしろ政治へのコミットメントを強めていく有権者集団があった．経済成長の直接的な恩恵を受けることの少ない旧中間階層，特に農民である．農村部の住民は地元政治家との関係を深め，農業協同組合を通して農業政策に関する陳情を行うなど，日常的かつ積極的に政治に関与しようとした．選挙では都市部で投票率が低下していく中，農村部では高い投票率が維持された．

　農村住民の要求は，経済発展とともに拡大しつつあった所得の地域間格差，

---

18)　『週刊文春』1960 年 6 月 27 日号.

19)　内閣府「国民生活に関する世論調査」.

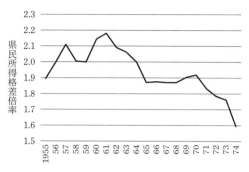

図 2-5 県民所得格差の推移

縦軸は1人当たり県民所得の上位5県平均と下位5県平均の比.
1972 年以降も沖縄県は計算に含めていない.
データ：内閣府「県民経済計算」.

セクター間格差を是正することにあった. 経済成長の果実の分配を自然の趨勢
のままに任せておくならば, 相対的に生産性の高い都市住民がその便益を多く
受け, 農村住民は劣勢に立つことになる. ほとんどの発展途上国で, 経済成長
に伴って所得の不平等が拡大するのはこのためである. 高度成長期における農
村から都市への人口移動は, 社会全体として政治参加を抑制することになった
が, 農村に残り経済発展の果実を直接得られなかった人たちは格差縮小の政治
的要求を強めることになったのである.

　こうした政治システムへの「入力」に対し, 自民党政権は積極的な「出力」
で応じた. すなわち, 農産物の価格維持, 公共事業や補助金の配分を通し, 自
民党議員たちは農村部への露骨な利益誘導を行っていく. その結果として, 所
得面での地域間格差, セクター間格差は縮小に転じた. 図 2-5 は県民所得の格
差の推移を示したものであるが, 1960 年代初頭から 70 年代にかけての縮小傾
向が明らかである[20]. 70 年代には, 農家世帯の1人当たり所得は勤労者世帯と
同等以上にまで高まり (暉峻 2003, 176), 電気冷蔵庫, 洗濯機といった耐久消費
財の普及率も非農家と遜色ない程度に上昇している (満薗 2014).

　以上のように, 第二次大戦後の日本は, 平等なる高度成長を達成した稀なケ
ースである. それは, 経済成長から構造的に取り残された農民が政治的に力を

---

20) ジニ係数（県単位の所得格差を総合的に捉える指標）の推移を見ても, グラフの形状
　　は図 2-5 とほぼ同じになる.

持ち，政策的に多くの資源が都市部から農村部へ分配された結果であった．注目すべきは，この分配システムをもたらした農村住民の政治参加が，けっして反体制的ではなく，むしろ体制支持的でさえあったという点である．持たざる者による大量の政治参加は，既存の政治秩序の変革を促し，政治的不安定の源になるとしばしば考えられてきたところである．ところが日本の農家は，55年体制期を通じて，政権党であり，かつ財界に支援された右派政党である自民党を強く支持していた．社会経済的地位の低い農民による積極的な政治参加は，政治的安定を阻害するどころか，逆に自民党政権の持続の原動力となったのであった．

　こうして保たれた政治的安定という基盤の上で，通産官僚など経済テクノクラートは産業政策を推進していった．高度成長期における経済官僚の役割の評価については今日，賛否両論あるところだが[21]，一般論として政治的安定そのものは経済成長に有利に作用するのであり，財界の期待した状況であったことは疑いない[22]．高度成長の時代，民間大企業にとって，農村部への政府支出は政治的安定を得るための必要経費として捉えられたのである．

調和理論——支持参加モデル

　戦後日本の発展過程においては，きわめて高水準の経済成長が実現されただけでなく，経済的平等と政治的安定という目標も同時に達成された．これは，対立理論の悲観的な予測に対する明らかな反例であった．このことをふまえ，社会の諸目標が同時的に達成される発展モデルとして定式化されたのが，蒲島による「支持参加モデル」である（Kabashima 1984b; 蒲島 2004, 第 1 章）．ここでは，社会下層による積極的かつ体制支持的な政治参加こそが，テクノクラティック的悪循環あるいはポピュリスト的悪循環を回避する鍵であると理解される[23]．

　支持参加モデルでは，低所得層の体制支持的な政治参加が，政治的安定と政

---

21)　通産省による産業政策の役割を積極的に評価する古典的研究として Johnson（1982=2018），経済学者による産業政策の評価として小宮・奥野・鈴村（1984）を参照．産業政策の役割に否定的な議論の例として三輪・ラムザイヤー（2002）を参照．

22)　そもそも 1955 年の保守合同の背景に，政治的安定を求めた財界の積極的な後押しがあった（升味 1983, 下, 436-39）．

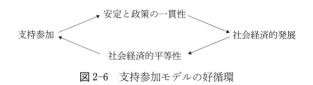

図2-6 支持参加モデルの好循環

府による政策の一貫性を保証する．政治の安定と一貫性ある政策は経済発展に
寄与する．経済発展により増大したパイは，政府によって支持集団に分配され，
社会経済的平等性が高まる．平等性が高まることにより，低所得層の体制への
支持はさらに強まる（図2-6）．

　ハンティントンは，蒲島の議論を調和理論として分類し，その理論的位置づ
けを以下のように説明している（Huntington 1987, 20-21）．

　経済的な目標が政治的な目標の達成とどのように共存しうるかという学際的
研究は稀である．そのような研究の一つは蒲島郁夫の研究で，彼は民主主義，
成長，平等がどのようにして共存しうるかを示した．ジョアン・ネルソンと
私は，より進んだ発展途上国は往々にして，（1）政治参加の拡大→社会経済
的平等の促進→経済成長の鈍化→階級間の対立の激化によってもたらされる
軍事クーデタと政治参加の「内破」からなるポピュリスト的悪循環と，（2）
しばしば軍事クーデタから始まり，政治参加の抑圧→高度経済成長→社会経
済的不平等の拡大→大衆の不満の鬱積と体制に対する参加の「爆発」からな
るテクノクラティック的悪循環の2つのうち1つを選択しなければならない
と主張した．「必ずしもその必要はない」と蒲島郁夫は反論する．彼による
と，日本では「支持的」政治参加が政府の安定を補強し，ひいては高度経済
成長を可能にし，それが持てる者から持たざる者への所得の再分配をもたら
し，その結果，支持的参加がさらに強化されている．「発展理論に対する」
日本の事例の「最も重要な含意」は，「ハンティントンとネルソンが主張し
たように，持たざる者による政治参加が経済発展を阻害するとは限らないこ

---

23) ハンティントンも，「遅れて近代化をはじめた諸国にあっては……政治的安定の鍵は，
　農民大衆が，現行政治システムに反抗するのではなくて，そのシステムの内部で政治に動
　員される度合である」と指摘している（Huntington 1968=1972, 70）．

と」だと彼は主張した．

好循環の条件

　ハンティントンは支持参加モデルをこのように評価した上で，「問題は，そ
れが日本以外でも成立するのか，もし成立しなければそれはなぜか」であると
問うている．この疑問が投げかけられた 1980 年代当時，経済成長と経済的平
等の 2 目標についてでさえ，同時達成した事例は日本のほか，シンガポール，
韓国，台湾など少数を除きほとんど存在していなかった（Huntington 1987, 20）．
どのような条件において諸目標が同時的に達成されるのかという点は，現実の
発展途上国における統治エリートにも指針を与える重要な検討課題である．

　戦後日本の経験は以下のことを示唆する．第一に，政治秩序の存在は発展の
好循環に入るための前提条件である．したがって，経済発展の初期段階におい
て政治参加の圧力を和らげること，あるいは十分な政治的制度化を進めること
は，ハンティントンの強調する通りきわめて重要である．日本の場合，占領軍
の権威の下に政治的制度化が進んだという特殊事情があった．政治参加と政治
的制度化のギャップが最大化する，統治エリートにとって最も危険な時期を，
外国の強制力を背景に乗り切ったわけである．また占領期間の存在は，政治家
や官僚に，戦後型の新たな「ゲームのルール」に関する相互了解を形成する時
間的猶予を与えた点でも，主権回復後の政治過程を円滑化する重要な意味を持
った．

　このように一定水準の政治的制度化が確保された上で，政治システムが安定
的に機能し続けるためにはさらに，経済成長と経済的平等を同時的に達成する
ことが求められる．そのための鍵こそが，蒲島のいう「支持参加」，すなわち
低所得層による体制支持的な政治参加ということになるが，では政治参加が体
制支持的となるのはどのような条件においてであろうか．

　日本の農民が体制支持的であったことの説明として，蒲島は，農村住民の
「保守性」を挙げている（蒲島 1988, 190）．農民の多くは急激な変化を好まず，
権威に対して従順で，自分の生活に関わりがなければ統治者の決定に介入しよ
うとしないという．しかし，こうした文化的要因は無視できないにせよ，おそ
らくより重視すべきなのは農村の社会構造の面であろう．戦後における農家の

意識，行動を考える前提として，農地改革による土地所有平等化の影響はいくら強調してもし足りない[24]．戦前の不平等な地主・小作人制度を改革する必要性については，食糧増産を目的として，すでに戦時期から農林官僚を中心に検討されていた．しかし地主層の抵抗が強く，抜本的な改革の実施は占領軍の権威があって初めて可能となった．占領期の農地改革の結果，農村における土地所有は大幅に平等化され，多くの小作農家が小規模ながらも自営農として自立した．その結果，農村における階級対立はかなりの程度緩和され，急進的な左翼勢力の浸透が防がれたのである．農村住民が反体制化しなかった大きな要因は，経済社会の構造あるいは「下部構造」までの徹底的な民主化を志向したGHQ・ニューディーラーたちの改革にあったといえる．

　さらに 55 年体制期についていえば，農民が体制支持的であり続けたのは，自民党による分配政策が彼らにとって納得可能な水準に達していたからと考えるのが自然である．実際，農林漁業者の自民党支持率は（もともと低くはなかった一方）1960 年代に上昇を続けている．その結果，70 年代になると，農林漁業者は他の職業集団に比べ，突出して自民党支持の厚い集団となった（石川 1978, 第 4 章）[25]．農村住民の自民党支持は文化によるものだけでなく，政権与党の政策に対する能動的な反応でもあったのである．

　自民党による農村票の「買収」は，都市から農村への膨大な所得移転をもってなされたわけであるが，高度成長期には都市住民も鷹揚に構えていた．その理由の一つはこの時期の都市・農村の人的つながりの強さにあったが――都市には農村からの新規流入者が多く含まれた――，より重要だったのは，都市住民の所得が順調に伸びていたというマクロ経済的条件であった．要するに，この分配システムは高度成長により経済的パイが拡大し続けていたという条件の下で維持されていたのであった．実際，1970 年代の石油危機を経て低成長時代に入り，国家財政の悪化が進むと，都市住民はもちろん，自民党を支援してきた財界も，農村偏重政策に反発を強めるようになる．このように考えると，奇跡とまで称された日本の高度経済成長が，支持参加モデルの好循環を維持する

---

24)　農地改革の背景と内容について，詳しくは暉峻（2003, 第 4 章, 第 5 章）を参照．

25)　1960 年頃まで，自民党支持率が最も高い職業集団は，農林漁業者ではなく，商工業者であったことを石川は指摘している．

ための前提であったことは明らかである.

　1950 年代後半に始まるわが国の驚異的な経済成長は，政治の安定によって促された面があるにせよ，それはせいぜい一因であったに過ぎない．戦後日本の急成長の要因として通常挙げられるのは，国民の高い貯蓄性向や安定的な労使関係といった「日本型経済システム」，低国防支出を可能にした国際的条件に加え，明治以来の近代化政策の経験である．この歴史的蓄積の中には，経済構造の高度化，技術水準の向上，質の高い官僚制の整備，そしてなにより教育の普及が含まれる．戦後の発展期，良質の労働力が農村部からただちに都市部へと補給されたことは，高度成長を可能にしたきわめて大きな要因であった.

　要するに，戦後日本における諸目標の同時的達成は，外的権威による政治的制度化と社会的平等化の推進，経済運営に集中可能な国際環境，戦前からの近代化政策といった複合的条件の賜物であった．以上の条件がすべてそろうことは稀有であろう．しかし，このうちいくつかの条件が備えられていれば，支持参加モデルのような好循環過程に入りやすいと言えるかもしれない．1980 年代以降に民主主義的な先進国へと脱皮した——そして明らかに戦後日本の発展過程に範を取っていた——韓国や台湾といった事例の発展経路を検討することで，調和理論をさらに深化させることができるだろう.

6　ポスト工業化と政治参加

先進諸国における従来型参加の停滞

　1990 年代以降，先進民主主義諸国において，市民の政治活動の停滞を指摘する報告が相次いでいる．最も頻繁に言及されるのは投票率の低落である．M. ワッテンバーグは，先進 19 ヵ国における 50 年代と 90 年代の選挙を比較し，ほぼすべての国（17 ヵ国）で投票率が低下していることを明らかにしている（Wattenberg 2000）．米国については，S. ローゼンストンと J. ハンセンが 1993 年の著作の中で，「近年のアメリカ政治において，最も重要で，最もなじみ深く，最も分析され，最も推測されてきた傾向は，30 年間にわたる国政選挙での投票率低下である」と述べている（Rosenstone and Hansen 1993, 57）[26]．日本と欧州諸国における投票率の低下傾向は，序章（図 0-1，図 0-2）でも確認した通りで

ある.

　先進諸国において停滞しているのは投票参加だけではない. R. パットナムによると, 米国では 1960 年代中葉から 90 年代にかけて,「公職への立候補や, 議会や地域新聞に投書することによって自身の考えを公に発言することが 10〜15％, 政治や公的問題への関心が 15〜20％, 投票がおおよそ 25％, 公的集会への出席が, 政党的なものも党派色のないものでも約 35％, そして政党政治や, あらゆる種類の政治的, 市民的組織への参加が約 40％低下した」という (Putnam 2000=2006, 50).

　R. ダルトン, ワッテンバーグらは, 先進諸国の市民に共通した傾向として, 投票参加だけでなく, 選挙過程全体から退出しつつあることを指摘する. 彼らは 1950 年代から 90 年代までの調査データを分析し, 政党や候補者のために働いた経験のある市民の割合が, 先進 28 ヵ国中 23 ヵ国で減少していたことを明らかにしている. こうしたデータをふまえ, ダルトンらは「当代の有権者たちは, 選挙に参加しなくなりつつあり, より観客 (spectator) 的になっている」と結論づけている (Dalton, McAllister, and Wattenberg 2000, 58).

　先進民主主義諸国における以上の現象は, 政治学者にパズルを突きつける. 本章でみてきたように, 近代化の進展は理論上, 政治参加の拡大に結びつくとされてきた. 例えば経済発展とともに国民の教育水準が高まっていくが, 教育は個人の投票参加を促す重要な要因であるから, 近代化の進展は結果としてマクロレベルの投票率を押し上げるはずである. ところが, 最も近代化が進んでいるはずの日米欧諸国において, 実際には投票率は上がっていないどころか低落傾向にあるのである. R. ブロディは, 1970 年代末においてすでにこのパズルを指摘している (Brody 1978).

ポスト工業化と価値観変容

　近代化の進展は, なぜ政治参加を直線的に高めないのか[27]. それは近代化の過程そのものが非線形的だからである, というのが近年の比較政治研究が示

---

26)　McDonald and Popkin (2001) は, 1972 年以降にみられる外見上の投票率低下はその算定方法に由来したもので, 実質的な投票参加の減少はみられないと主張する. しかしこの研究においても, 60 年代に大幅な投票率低下があったことは否定されていない.

唆する解答である.

　近代化がある段階まで進展すると,それまでと構造が質的に異なる社会が現出し,それ以降の発展の仕方にも変化が生じる.このことを初めて明確に述べたのが,社会学者の D. ベルであった.ベルは 1973 年の著作において,先進工業諸国で「ポスト工業化（post-industrialization）」というべき社会変化が起きていると主張した（Bell 1973=1975）.工業化が高度に進むと,それまでの第二次産業すなわち製造業中心から,第三次産業すなわちサービスセクター中心の産業構造へとシフトする.その結果,ブルーカラー労働者は減少し,ホワイトカラー層あるいは新中間層が増大することになる.ベルは,サービス経済優位の社会を「ポスト工業社会（post-industrial society）」と呼び,米国は 60 年代からこの段階に入っているとした.富永健一によれば,日本と西欧諸国の多くも70 年代にはポスト工業社会と呼べる段階に到達している（富永 1996, 428）[28].

　このように経済発展の高度に進んだ「豊かな社会」において,市民の政治的価値観にそれまでと異なる傾向が生じていると指摘したのが,『静かなる革命』,『カルチャー・シフトと政治変動』等の著作で知られる R. イングルハートであった（Inglehart 1977=1978, 1990=1993, 1997）.第二次世界大戦後,西側欧米諸国は平和な環境の下で,大きな経済成長を遂げた.この環境で育った新しい世代の市民は,それまでの世代と異なる価値観を身に着けたとされる.すなわち,欠乏と戦争の時代に社会化された旧世代は,身体的安全や経済的安定を価値として優先する物質主義的価値観（materialist values）を強く持つのに対して,豊かさと平和の時代に社会化された新世代は,言論の自由や政治への発言権増大といった自己実現欲求をより重視する脱物質主義的価値観（postmaterialist values）を相対的に強く持つ.時代とともに世代交代が進み,先進諸国では脱物質主義的価値観の強い市民が社会の中でしだいに比重を高めていくことになる.イングルハートはまた,先進諸国では脱物質主義的価値観の浸透に加え,宗教意識や性規範の面でも変化（世俗化,男女同権志向など）がみられると議論している[29].

---

27)　経済発展と投票率の関係が直線的でないことを示す実証研究として Blais and Dobrzynska（1998）,Norris（2002, chap. 3）を参照.

28)　「ポスト工業化」,「ポスト工業社会」という訳語は富永（1996）による.

　こうした社会構造・価値観変化には，少なくとも部分的に，市民の政治参加を抑制する作用があると考えられる（Norris 2002, 23）．例えば，産業構造の高度化は，労働組合の伝統的な構成員であるブルーカラー層の減少をもたらし，労組の組織力および動員力の低下につながる．さらに，市民の価値観変化によって伝統的権威に対する不服従の傾向が強まるが，これも政党，労組，教会といった旧来型組織の動員力低下に結びつく．実際，多くの先進国で，労働組織率や教会活動への参加率が低下しており，既成政党に対する市民の愛着，党派心も薄れたことが実証的に確認されている（Norris 2002, chap. 9; Dalton and Wattenberg 2000）．

　伝統的社会から近代的社会への移行は一般に，市民の政治参加の拡大を伴う．しかし，以上の議論に示されるように，近代化の水準がある段階以上に至った社会では，少なくとも投票や選挙活動といった従来主流であったタイプの参加形態において，むしろ停滞あるいは退潮の傾向が生じるのである．

民主主義の衰退か変形か

　市民の広範な政治参加，とりわけ選挙への参加こそが民主主義の不可欠の要素とみる立場からは，先進諸国のこうした現状を，民主主義の危機あるいは「衰退」として捉えることになる．こうした衰退論者（declinist）の一人であるパットナムは，2000 年の著作『孤独なボウリング』の中で米国の民主主義について以下のように述べ，警鐘を鳴らしている（Putnam 2000＝2006, 35-36）．

　投票行動は，政治的活動の中でも最も一般的な形態であり，それは平等という，最も本質的な民主主義原則を体現するものである．棄権は政治的コミュニティからの離脱である．さらに，採掘坑で危険を知らせるカナリアのように，投票行動は，広範な社会変化を示す有用な代替指標となる．……最近の知見によれば，投票行動それ自体が，ボランティアや，その他よき市民としての行動形態を促進することが示されている．よって，投票率が 25 ％，あるいはそれ以上低下しているというのは米国民主主義において，決して小さな

29）　Inglehart（1997）は，こうした文化的変容を包括的に「ポスト近代化（postmodernization）」と称している．

問題ではない.

　他方, 先進諸国の民主主義は衰退しているのではなく,「変形」しているに過ぎないとする議論も有力である. イングルハート, ダルトン, P. ノリスら変形論者（transformationist）によると, 先進諸国の市民はたしかに投票や選挙活動といった従来型の政治活動に消極的になっている一方, これまで主流でなかった（あるいは存在さえしなかった）形態の活動を活発に行うようになっているという. しかも, そうした市民活動のスタイルの変化は, 民主主義にとって好ましいことであると楽観的に捉えられる. 新たな方法によって, 市民の選好がより直接的に政治システムに入力されるようになっているというのである. 近代化のさらなる進展に伴い, 政治参加は形を変えつつも増大していくとみる点で,「ネオ近代化論」ともいうべき立場である.

　例えばダルトンは, 米国, 英国, ドイツ, フランスにおいて, 1974 年から 2008 年にかけて行われた 5 時点の調査を分析し,「請願書への署名」「合法的なデモへの参加」という形態の経験率がいずれの国でも単調に上昇していることを示している. これらの活動は, 投票など従来型の参加形態と同様,「政治エリートに対する市民の圧力を強め……政府をより応答的にする」と評価されている（Dalton 2019, 58, 61）[30].

　欧米先進国で政治参加のスタイルが変化してきた背景には, 近代化の進展に伴う市民の政治的スキルや価値観の変化があるとされる（Inglehart 1977=1978; Barnes and Kaase et al. 1979）. ポスト工業化段階にまで至った先進諸国において, 市民は政治に関する知識や情報に恵まれ, 政治参加そのものを自己実現の目標とする脱物質主義的価値観を身に着けるようになる. 他方, 旧来の権威, 組織に服従することを嫌うこうした市民たちは, より直接行動的でよりエリート挑戦的な形態を選んで政治に関与するようになるとされる. 序章でもふれた, ポスト工業社会における「抗議活動」の高まりである.

　日本でも 1960 年代から 70 年代にかけて, 従来と異なるタイプの市民運動が

---

[30]　Norris（2002, Table 10.3）も, 1970 年代中葉から 90 年代中葉までのデータを分析し, 先進 8 ヵ国で「請願書への署名」や「合法的なデモへの参加」が増加していることを確認している.

噴出するようになった．70 年前後の学生を主体とした新左翼運動は，社会党や共産党といった既成政党の影響を避け，むしろそれらと対立した点で，従来の革新運動と決定的に異なる．同じ時期，市民個々人の自発的な参加に基づく（中央集権型組織の動員によるのではない）平和運動や反公害の住民運動も広がりを見せていた[31]．ここまでは日本も西欧諸国と似たルートをたどったのである．しかしその後，両者の道は分かれていく．この点は第 6 章で改めて説明する．

---

31)　新しいタイプの平和運動の典型として，「ベトナムに平和を！市民連合（べ平連）」がしばしば取り上げられる．1970 年前後の同団体の活動について，詳しくは小熊（2009, 第 15 章）を参照．べ平連型反戦運動や住民運動の，既成革新運動からの独立性については，高畠（1977）を参照．

第3章 政治制度と政治参加

1 はじめに

　本章では，前章に引き続いて，政治参加のマクロレベル（システムレベル）要因について検討を進める．前章で見たように，社会経済発展度は，各国における政治参加の水準を決める重要な変数である．しかし他方で，経済発展の水準が近い国々を比較しても，政治参加の程度には相当な幅がみられる．例えば，2017 年にはオランダ，ドイツ，日本，フランスで下院選挙が行われたが，投票率はそれぞれ 81.9％，76.2％，53.7％，48.7％と大きな開きがある[1].

　政治参加のマクロレベル要因として，社会経済発展度と並んで先行研究が注目してきたのは，国ごとの政治制度（political institution）の違いである．ここでいう政治制度には，執政制度や選挙制度（議席配分方式）といった憲法レベルの基本的枠組みから，有権者登録の方法，投票所の設置数といった選挙実施上の細かなルールに至るまで含まれる．さらにこうした公式の法制度だけでなく，本書では S. ヴァーバらの用法に倣い（Verba, Nie, and Kim 1978=1981, 6），社会的亀裂の政治的に制度化された形である政党間競争構造，すなわち政党システムもまた広義の政治制度として含める．すなわちここでの政治制度は，序章（表 0-3）で示した P. ノリスの用法における国家構造（structure of the state）と同義である．政治制度あるいは国家構造は，市民にとっての政治的環境ないし文脈を構成し，その環境の違いが政治行動の意思決定に影響する．

　以下，第 2 節でまず，本書が準拠する理論的枠組みとして，A. ダウンズによる合理的投票者モデルを紹介する．ダウンズ・モデルそのものはミクロレベルの（有権者個々人を単位とする）議論であるが，含意としてはむしろ，マクロ

---

1) International IDEA および総務省の統計を参照．いずれも登録有権者数を分母とした割合．

レベルにおける政治参加の水準に関して重要な示唆を与える．この枠組みをふ
まえ，第 3 節で各国の制度配置，特に選挙制度と政党システムの投票率に与え
る影響についての研究状況を概観する．第 4 節では，前章からの議論の総括と
して，近年の国際比較調査データを用いてマルチレベル分析を行い，投票参加
に与えるマクロレベル変数の効果について包括的な検証を行う．

2 ダウンズ・モデルとその含意

合理的市民の投票参加

米国の政治経済学者ダウンズは，民主主義的決定プロセスについて，経済学
的視点から体系的な分析を行った．彼の著書『民主主義の経済理論』（1957 年）
は，その後の政治学理論に多大な影響を及ぼした記念碑的研究である．ここで
示された有権者行動のモデルや政党間競争の理論は，その後さまざまな修正・
精緻化が試みられたものの，モデリングのベースとなるアイデアやそのモデル
が導く含意の重要性という点で，今日でもまったく価値を失っていない．

経済学的アプローチを用いたダウンズは，その民主主義理論の基礎に各アク
ター（有権者，政党）の合理性を置く．すなわち，ダウンズ・モデルにおける
行為主体は，①一連の選択肢に当面するとき常に意思決定を行うことができる，
②選択肢のすべてについて選好の順序をつけられる，③選好の順序づけは推移
的である，④常に選好順位の第 1 位の選択肢を選ぶ，⑤同一の選択肢に直面す
るたびに常に同じ決定を行う，と仮定される．以上の合理性基準は，数理的な
経済学分析において用いられる標準的な仮定である（Downs 1957=1980, 5-6）[2]．

こうした合理的政党，合理的市民が，民主主義的な政治社会において互いに
競争し，あるいは投票行動を決定する．ダウンズの想定する民主政は以下の条
件を満たす（Downs 1957=1980, 24 を一部改変）．

①　単独政党（または政党の連合）が，政府機構を運営するために，普通選

---

2)　以上の合理性の基準に，「有権者は所得の最大化を目指す」とか「政党は議席数最大化
　　にのみ関心を持つ」といった具体的行動目標が含まれていない点に十分注意されたい．経
　　済学における合理性の意味について，加藤・境家・山本（2014, 第 4 章）も参照.

挙により選出される.

② 選挙は一定期間内に実施され, その期間は政権党の単独行動で変えることができない[3].

③ 社会の居住権者であり, 健全かつその土地の法律を順守する成人はすべて, どの選挙にも投票する資格がある.

④ 各有権者は各選挙において, 一票かつ一票に限り投票できる.

⑤ 投票の過半数を得た政党 (もしくは政党連合) は, 次の選挙まで政府権力を引き継ぐ資格が与えられる.

⑥ 選挙で敗れた政党は, 勝利を収めた政党 (もしくは政党連合) の政権掌握を, 武力, もしくはいかなる非合法的手段によっても妨害しようとしない.

⑦ 政権党は, いかなる市民もしくは他の政党に対しても, 武力で政府を転覆しようとしない限り, 政治活動を制限してはならない.

⑧ 毎回の選挙で, 政府機構の支配をめぐり, 競合する2つもしくはそれ以上の政党が存在する.

これらの条件は, 第1章でふれたJ. シュンペーターやR. ダールの民主主義理論に基礎づけられており, 現実に存在する民主政を念頭に構成されたものである[4].

　以下, 投票参加の意思決定に関わる部分についてダウンズの議論を追っていこう. ダウンズのモデルにおいて, 有権者は政府活動から得られる効用が最大になるよう選挙行動 (投票するか棄権するか, またどの政党に投票するか) を決定する[5]. この計算は, 投票することにより得られる利益と参加に伴うコストとの比較考量によって決まる. 投票という行動は少なくとも時間という希少資源を消費するから, 必ずゼロでないコストを伴う. また有意義な投票を行う

---

3) 議会の解散により, 選挙を一定期間内にいつでも実施できると公理を変えた場合でも, 分析から得られる結論は本質的に変わらないという (Downs 1957=1980, 12).

4) とりわけシュンペーターの影響は大きい. 「シュンペーターの民主主義に関する深遠な分析は, われわれの主張全体の基礎となっており, かれに負う学恩はきわめて大きい」とダウンズは記している (Downs 1957=1980, 30).

ためには，政治や選挙の仕組み，各政党の政策などについて一定の理解が必要となるが，政治に関する知識や情報を得るにも時間や労力を要する．こうしたコストを上回る分の利益を得る見込みがある場合に限り，合理的市民は投票に参加するのである．

　市民が投票参加から受け取る利益の大きさは，いくつかの要素によって決まる．第一は，「他の党よりもある党を勝たせたいというかれの欲求の強度，つまりかれ［にとって］の政党間差異の大きさ」である（Downs 1957=1980, 276）．いま仮に 2 つの政党 A，B が競争しているとする．ある有権者にとって，政党 A が選挙に勝利し，$t+1$ 期の政権を担当した場合に得られる期待効用を $E[U^A_{t+1}]$，政党 B が勝利した場合の期待効用を $E[U^B_{t+1}]$ と表すとき，この有権者にとっての「政党間差異の期待値（expected party differential）」は $E[U^A_{t+1}] - E[U^B_{t+1}]$ という簡単な数式で表現することができる[6]．この値の絶対値が大きいほど，選挙の帰結がもたらす個人的影響は大きなものとなるから，有権者は投票に行く意欲を増すと想定される．政党間差異の大きさを決めるのは，各政党のイデオロギー，あるいは選挙で公約される政策の位置である．

　第二の要素は，他の有権者の影響力を考慮したときの政党間差異の割引（discount）の程度である．自分の一票によって選挙結果が変わる可能性はほとんどないという場合，政党間差異がどれほど大きく認識されていても，その値打ちは大きく割り引かれ，有権者は投票に行く動機を弱めるであろう．逆に，自分の投票の価値，あるいは選挙結果に対する影響力が大きいと感じられるときには，政党間差異が小さい場合でさえ，その有権者は投票所に向かうかもしれない．

---

5)　ここで市民は，「自分の実質的所得にほとんど結びつかない事態」から効用を得ることもできる．ダウンズは以下のように述べている．「狭義の利己主義と『自己の最大便益のための行動』とが同一であると単純にいうことはできない．というのは，自己否定的慈善は，しばしば自分自身にとっての便益の偉大な源泉となるからである．このように，われわれのモデルは，基本的に自利心の公理にもとづいてはいるが，一方では利他主義にもその余地を残している」（Downs 1957=1980, 38）．

6)　Downs（1957=1980, 第 3 章）は，将来予測を伴うこの計算は実際には困難であるとして，代わりに政権党の過去の業績といった情報から政党間差異を推定するモデルも提示している．議論の煩雑化を避けるため本書での扱いは避けるが，どのモデルによっても，有権者の認識上の政党間差異が意思決定の鍵であるという議論の根幹に影響はない．

　しかしここで現実の選挙を考えると，そこには同時に多数の投票者が存在し
ているから，自分1人の投票で選挙結果がひっくり返る可能性はほとんど無い
に等しい．他方で，投票には時間等のコストを要することから，多くの人にと
って投票は割に合わない行為ということになろう．このように考えると，選挙
に参加しない有権者がいることではなく，むしろ一定数以上の市民が実際には
投票に行っていることがパズルと理解されるようになる．ダウンズの研究以降，
政治学者の間で「投票参加のパラドクス」として知られるようになる理論的問
題である．

　ダウンズ自身は，市民が投票参加から受け取る利益に関して，「投票それ自
体の価値」という第三の要素を考慮することで，このパズルを解こうとした．
すべての有権者が短期的なコスト負担を嫌って棄権に回れば，選挙が成立しな
くなり民主政そのものが崩壊するであろう．しかし，ダウンズの仮定する合理
的市民は，民主主義の原理に賛同しており，その存続にコミットしようとする[7]．
選挙結果に対する影響力の考慮とは別に，選挙そのものを成立させるために参
加しようとする社会的責任感が，程度の差はあれ各市民に備わっていると想定
するのである．これにより，「合理的な人びとにとって，投票による利益がコ
ストを上回ることもありえ」るとダウンズはいう（Downs 1957＝1980, 278 を一部
改変）．

　以上のダウンズの着眼をより明示的に数理モデル化したのが，W. ライカー
と P. オードシュックであった（Riker and Ordeshook 1968）．ライカーらのモデル
では，「自分の一票が選挙結果に影響する確率（P）」と「自分の支持する候補
者が当選した場合と他の候補者が当選した場合の効用の差（B）」を掛け合わせ
た値 PB と，「選挙への参加そのものから得られる満足感（D）」の和がコスト
（C）を上回るときに人々は投票すると仮定される．すなわち，PB－C＋D＞0 の
とき有権者は投票し，PB－C＋D≦0 のとき棄権する．

　このモデルの B 項は，ダウンズ理論における「政党間差異の期待値」に相当
する変数である．P は前述の通り通常の選挙ではゼロに近い値であるから，こ
の項と B との積である PB の値もまたゼロに近い値となる．したがって，投票

───────

　7）　市民が民主主義の存続を望むことと，その市民が経済学的な意味で合理的であること
　　　とは矛盾しない点に注意されたい．この点に関し，本章注2，注5も参照．

は比較的コスト（C）の低い参加形態であるとはいえ，ほとんどの有権者にとって PB−C はマイナスの値になってしまう．「投票参加のパラドクス」はこうした演繹的推論から導かれるパズルであった．

　しかしライカーらは最後に D 項を導入する．これはダウンズ理論における「投票それ自体の価値」に類した変数で，投票義務感とも呼ばれる．ライカー＝オードシュック・モデルにおける D 項の実質的な役割は，有権者の参加意欲に対するコスト（C）のマイナス効果を相殺する点にある．高い投票義務感を持つ有権者は，そのコスト負担にもかかわらず，P ないし B が比較的に大きい状況では投票に参加するであろう．

合理的投票者モデルの含意

　ダウンズの合理的投票者モデルは，有権者個々人の行動に関するミクロレベルの議論であった．しかしその意義はむしろ，各選挙におけるマクロレベルの投票率の水準を説明・予測する上で有益な示唆を与える点にある[8]．ダウンズ（ないしライカー＝オードシュック）・モデルにおいて，一票の影響力（P），政党間差異の期待値（B），参加コスト（C），投票義務感（D）は，有権者個々人によって値の異なる主観的変数である反面，各市民が取り囲まれている客観的文脈ないし政治制度の配置によって規定される側面がある．特定の制度配置を採る国において，有権者の参加意欲が全体的に高まる，つまりマクロレベルの投票率が高まると考えられるのである．逆に，マクロレベルの投票率が抑制されるような制度配置もあるだろう．

　投票を例に具体的に説明しよう．投票に参加するコストの大きさ（C）は，政治知識の水準や体調といった有権者個々人の状態に依存する一方，全国民に関係する要素として，投票の手続きに関する法制度によって左右される部分がある．例えば米国では，有権者登録が自動で行われないため，市民が投票に参加する際のコストが大きく，そのことが国際的にも低い投票率につながってい

---

8)　ダウンズ自身の意図としても，モデリングの一義的な目的が，有権者個々人の現実の行動を模写することではなかった点に注意されたい．「理論モデルは，モデルの仮定の現実性によるよりも，予測の正確性により主としてテストさるべきである」と彼は明記している（Downs 1957＝1980, 22）．

るとの説明がなされてきた（例として Powell 1986）．逆に，罰則付き義務投票制
の存在は，市民にとって棄権に伴うコストを高め（これにより，参加に伴うコ
ストが相殺され），投票参加のインセンティブを高めることになる．実際，オ
ランダでは義務投票制が敷かれていた 1967 年下院選の投票率は 95.0％であっ
たが，同制度を廃止した 71 年選挙では 79.1％にまで低下している[9]．

　わが国では 2000 年前後に公職選挙法の改正がなされ，投票終了時刻の延長
や期日前投票制度の導入が行われた．これらの改革は，投票環境の整備という
面から参加のハードルを下げようとする努力とみなせよう[10]．他方で日本では，
戦後を通して有権者 1 人当たりの投票所数が減少を続けているが，投票所まで
の距離が遠くなることは，有権者の参加意欲を一般に低下させることになるだ
ろう（西澤 1991; 坂口・和田 2007; 松林 2016）[11]．

　有権者の参加の意思決定に影響する文脈的要因は，投票の手続きに関する法
制度だけではない．この分野の古典的業績に挙げられる G. パウエルや R. ジャ
ックマンの研究では，国単位の集計データを用いて，選挙の全国的競争性，選
挙制度の比例性，政党システム，議会制度（一院制／二院制）といった制度的
変数の効果が分析されている（Powell 1982, 1986; Jackman 1987）．その後これまで
の研究蓄積の中で，多くの制度的要因について，投票率に対する効果が検証さ
れてきた．

3　制度的文脈と投票率

　多様な制度的変数のうち，本節では，比較的研究例の多い選挙制度と政党シ
ステムの効果について詳しく検討する．これらの変数は，戦後日本の投票率の
変動を理解する上でも鍵となる．

---

9)　International IDEA のデータベースを参照．
10)　これらの制度改革の影響に関する研究として品田（1999），和田・坂口（2006），松林
　（2017）を参照．
11)　海外の研究例として，Dyck and Gimpel（2005），Haspel and Knotts（2005），Brady and
　McNulty（2011）を参照．

選挙制度の効果

実在する選挙制度は非常に多種多様であるが，ここでは議論を単純化するため，有権者の投票を議席に変換する方式として対照的な性格を持つ小選挙区制と比例代表制の比較に焦点を絞ろう．小選挙区制は多数代表制の一種で，一選挙区の定数を1とし，各区における最大得票者を当選者とする．これに対し，比例代表制では全国あるいは一定の区域において有権者の投票を集計し，各政党に対し，得票率に比例させる形で議席を配分する．

投票率の点からこれら2つの制度を比べると，比例代表制のほうが高くなると想定する研究が多い．比例代表制では有権者が自分の投票の影響力を相対的に高く評価するだろう，というのが第一に挙げられる理由である．比例代表制では小政党に対する一票であっても，その党の議席配分率を高めることに貢献できるから，幅広い層の有権者が参加意欲を維持すると考えられる．これに対し，小選挙区制では各選挙区の当選者が1名しかいないから，支持する候補者が当落線上にないと予想されるとき，有権者は投票に行くモティベーションを弱めるであろう（Jackman 1987）．

第二に，比例代表制では政党による動員活動が全国規模でより活発に行われ，このことがマクロレベルの投票率を高めるとする議論がある（Powell 1986）．小選挙区制の場合，強力な候補者がいて結果が事前に読めるような選挙区では，どの政党も熱心に運動をしないであろう．対して比例代表制では，地域によらず票を掘り起こすインセンティブを各党が持つ．次章で説明する通り，組織・団体による動員は，参加に伴うコストを軽減し，あるいは参加を拒否するコストを高めることにより，有権者の投票参加を促す働きをする．

ジャックマンの研究を始め，既存の実証分析は，概ね以上の理論的予測に沿った知見を得ている．特に先進民主主義諸国を対象とした研究では，比例代表制，あるいはより比例性の高い選挙制度を採用している国において高投票率がみられるとする分析結果が多く得られている（Blais 2006; Geys 2006; Cancela and Geys 2016）．

政党数の効果

政党システムは，選挙制度によって強く規定される一方，社会的亀裂構造な

ど他の要因によっても異なってくる（Lipset and Rokkan 1967）．したがって，投票率に対する政党システムの効果は，選挙制度とは独立に検討される必要がある．政党システムとは政党間競争の構造・パターンを意味するが，その分類にあたっては，政党数に加え，各党のイデオロギー配置という面にも着目するのが通例である[12]．そこで以下でも，この 2 つの側面から，政党システムと投票率の関係を理論的に検討しよう．

　まず政党数という観点からは，多党制において一般に，各有権者が自分の理想とする政党を見つけやすく，また政党による動員活動の総量が大きくなると考えられることから，高投票率になるとの予測が一方で可能である．しかし他方で，中小政党が乱立するようなシステムでは，有権者にとって各党の違いを理解するための認知的コストが上昇するであろう（Blais 2006; Stockemer 2017）．また多党制下では選挙後に政党間の連立交渉が行われると予想されるが，このことは有権者が自分の一票によって政権構成を決められるという感覚（deci-siveness）を弱める可能性がある．合理的投票者モデルの枠組みでいえば，選挙後の連立交渉を前提とする多党制は，各有権者の主観的な投票価値を低下させることにつながると考えられるのである．以上のように，政党数の増加には，マクロレベルの投票率を高めるメカニズムも，逆にこれを押し下げるメカニズムもともに想定できる．

　実証的にはどうか．2006 年に行われた先行研究のレビューによると，全体としては政党数と投票率には負の相関があることを示す研究が多い（Blais 2006）．他方で，このレビュー論文によると，ラテンアメリカ諸国を対象とした研究では両変数の相関が捉えられていないという．また，04 年以降の諸研究を対象としたメタ分析論文では，多くの既存分析で政党数の効果は（正負の方向性を問わず）検出されていないとされている（Stockemer 2017）．政党数の効果について，実証的には明確な結論に至っていないというのが妥当な判定であろう．もっとも，上記のように政党数の効果は理論的に見てプラスの効果とマイナスの効果がともに想定されるので，これらが相殺されていると考えれば（正負いずれであれ）明確な効果が検出されないことも不思議ではない．

---

12)　Sartori（1976=2000）の政党システム分類論を参照．

政党システム分極性の効果

　つぎに政党システムの分極性，すなわち政党間のイデオロギー距離という面から政党システムの効果を検討しよう．この点に関してダウンズの合理的投票者モデルからは，「政党間のイデオロギー距離が大きいほど，あるいは政党システムがより分極的であるほど有権者の投票参加は促される」との予測を導き出せる．各政党がイデオロギー的に大きく離れている状態とはすなわち，各有権者にとって「政党間差異の期待値」（ライカー＝オードシュック・モデルにおける B 項）が大きい状況であることを意味する．このとき，どの党が政権を取るかによって，各有権者にとってのその後の利害に大きな影響が生じる．これに対し，各党の政策的志向がほとんど変わらないような状況では，選挙の結果がどうであれ，その後の政権運営がそれほど大きく異なることはないと予測されよう．比較すれば，前者のような政党システムにおいて，一般により高い投票参加意欲が有権者に生じるであろうことは，直感的にも十分理解可能である．

　この理論的予測の妥当性について検証するため，これまで米国を中心に実証研究が蓄積されてきた（Campbell 1960; Brody and Page 1973; Zipp 1985; Plane and Gershtenson 2004; Adams, Dow, and Merrill 2006; Leighley and Nagler 2014）．その多くは，ダウンズ・モデルに基づく上記の仮説が妥当であることを示唆している．例えば，全米選挙調査（ANES）を用いた 2010 年の研究では，政党間の政策やイデオロギーの距離をより大きく認識している有権者ほど，大統領選の投票に参加していたことが明らかにされている．ここから，米国における 1980 年代末以降の投票率の回復傾向は，この時期に進んだエリートレベルでのイデオロギー的分極化の帰結であるとの含意が導かれる（Dodson 2010）．日本でもダウンズ仮説の検証は行われており，少なくとも選挙制度改革後の衆院選に関する分析で仮説に整合的な結果が複数得られている（三宅・西澤 1997; 岡田 1998; 岡田 2003）．近年では，境家が 2012 年衆院選のデータを用いて検証を行い，有権者が二大政党間のイデオロギー距離をより大きく認識しているほど，投票参加する傾向があったことを報告している（境家 2015, 2020）．

　他方，同じテーマに関し，国際比較可能な有権者調査や政党公約データを用いた多国間比較分析も試みられているが，これまで明快な結果は得られていな

い（Aarts and Wessels 2005; Dalton 2008; Kittilson and Anderson 2011）．その理由について境家は，既存の国際比較研究における分析方法の不備を指摘している（境家2016）．すなわち，ダウンズ理論は有権者個人レベルの議論であるから，実証分析を試みる際にも，政党システム分極性は有権者個々人の認識によって可変的な変数として定義されるべきである．客観的に同じ政党システムが与えられても，全国民が同じように状況を認識するとは限らない[13]．にもかかわらず，R.ダルトンの分析を始め，これまでの国際比較研究では，政党システム分極性を一国ごとに固定値が与えられる（当該国の有権者全員にとって共通の値をとる）システムレベル変数として定義してしまっている．この理論と実証上の操作との齟齬が，分析結果を不鮮明化しているというのが境家の主張である．

4　国際比較調査データを用いたマルチレベル分析

　政治参加のマクロレベル要因に関する議論のまとめとして，国際比較調査を用いたマルチレベル分析により，政治制度の効果を実際に検証してみよう．ここでは，2001〜06年に実施された「選挙制度の効果の国際比較調査（CSES）」モジュール2に，経済発展度や政治制度に関する国レベル変数を統合したデータセットを利用する[14]．分析対象となる国の数は27で，先進民主主義国から発展途上国まで含まれる．

変数の定義

　本項では，システムレベル変数と個人レベル変数の効果を同時に検証するため，レベル1を回答者個人，レベル2を国単位としたマルチレベル・ロジット分析を行う．従属変数は，直近の議会選挙における「投票参加の有無」である．独立変数には，個人レベル変数（レベル1変数）として「年齢」「性別」「教育

---

13)　Leighley and Nagler（2014, chap. 5）は，米国において，高所得層ほど二大政党のイデオロギー差異をより大きく認識しているという傾向を見出している．日本の事例については本書第8章を参照．
14)　個票データおよびシステムレベル変数のデータは，CSESのサイト（https://cses.org/）より入手した．システムレベル変数の概要については Bargsted et al.（2011）も参照．

程度」「世帯所得」「都市規模」「労組加入」および「政党システム分極性」，システムレベル変数（レベル 2 変数）としては，「1 人当たり GDP」「体制の自由度」「執政制度（大統領制／半大統領制／議院内閣制）」「義務投票制」「選挙制度の非比例性」「選挙の競争性」「有効政党数」を独立変数に含めた．分析対象国における各システムレベル変数のデータを表 3-1 に掲げておく．

　「政党システム分極性」指標については追加的な説明が必要である．前述のように，既存研究では，この変数を当該国の有権者全員にとって共通の値をとるシステムレベル変数として扱っている．しかし本項では，ダウンズの元々の議論に沿うように，個人レベルで可変的な変数，すなわちレベル 1 変数として扱う．当変数（主観的分極性指標 Perceived Polarization Index: *PPI*）の操作的定義は以下である．

$$PPI_j = \frac{1}{5}\sqrt{\sum_i \left[PVS_i * (LR_{ij} - ALR_j)^2\right]}$$

　ここで PVS_i は政党 i の得票％（0〜100）を表す．LR_{ij} は，回答者 j の評価に基づく政党 i のイデオロギー位置を表す．ALR_j は $\Sigma_i LR_{ij} * PVS_i / 100$ で定義する．つまり，回答者 j の評価に基づく，その国の政党イデオロギー位置の重心（各党の得票率でウェイト付けされた荷重平均）である．1/5 という係数は，変数の範囲を 0 から 10 とするために掛けられたもので実質的な意味はない．最小値を取るのは，その回答者が全政党を同じイデオロギー位置として評価した場合，つまり政党間のイデオロギー的区別がまったくついていない場合である．

　以上の定義式は，統計的分布に関する標準偏差の計算法に似ており，要するに各有権者が認識するところの，政党間のイデオロギー面でのばらつき度合いを表現している．*PPI* は，ダルトンが 2008 年に提唱した分極性指標（Polarization Index: *PI*）を改良したものである[15]．ダルトンの指標は，一国ごとに固定値が与えられるシステムレベル変数であるが，これを個人レベルで可変的にな

---

15)　Dalton（2008）の分極性指標は，

$$PI = \frac{1}{5}\sqrt{\sum_i \left[PVS_i * (LR_i - ALR)^2\right]}$$

と定義される．ここで，LR_i は政党 i のイデオロギー位置に関する全回答者の評価の平均，ALR は $\Sigma_i LR_i * PVS_i / 100$ で定義される．

表3-1　システムレベル変数に関するデータ

国	選挙年	1人当たり GDP[a]	体制の 自由度[b]	執政制度	義務 投票制[c]	選挙制度の 非比例性[d]	選挙の 競争性[e]	有効 政党数[f]
アルバニア	2005	4,729	3	議院内閣制	0	11.68	60.75	2.77
オーストラリア	2004	27,872	1	議院内閣制	3	8.52	2.36	3.13
ブラジル	2002	7,480	2.5	大統領制	2	0.08	87.60	8.37
ブルガリア	2001	6,333	2	半大統領制	0	7.52	18.08	3.92
カナダ	2004	28,809	1	議院内閣制	0	10.06	59.15	3.77
チェコ	2002	16,556	1.5	議院内閣制	0	5.97	67.14	4.81
デンマーク	2001	28,706	1	議院内閣制	0	1.61	86.61	4.70
フィンランド	2003	26,551	1	議院内閣制	0	3.74	89.34	5.92
ドイツ	2002	25,546	1	議院内閣制	0	4.31	4.89	3.87
ハンガリー	2002	14,159	1.5	議院内閣制	0	7.30	95.71	2.80
アイスランド	2003	29,197	1	議院内閣制	0	2.20	83.63	3.93
アイルランド	2002	35,653	1	議院内閣制	0	6.77	20.66	3.95
イスラエル	2003	21,853	2	議院内閣制	0	3.68	24.66	6.97
韓国	2004	16,204	1.5	大統領制	0	12.07	74.41	3.36
メキシコ	2003	8,798	2	大統領制	2	6.74	58.32	3.41
オランダ	2002	29,550	1	議院内閣制	1	1.00	36.71	6.02
ニュージーランド	2002	20,657	1	議院内閣制	0	4.15	26.46	4.10
ノルウェー	2001	34,828	1	議院内閣制	0	4.07	77.10	6.15
ポーランド	2001	10,611	1.5	半大統領制	0	6.33	9.30	4.50
ポルトガル	2002	18,398	1	半大統領制	0	5.33	87.80	3.15
ルーマニア	2004	7,721	2.5	半大統領制	0	4.14	73.28	3.80
スロヴェニア	2004	19,251	1	半大統領制	0	5.58	62.14	5.92
スペイン	2004	23,453	1	議院内閣制	0	5.39	79.66	3.04
スウェーデン	2002	26,468	1	議院内閣制	0	1.64	14.63	4.51
スイス	2003	30,656	1	議院内閣制	0	2.26	83.17	5.46
英国	2005	29,571	1	議院内閣制	0	16.77	50.89	3.59
米国	2004	36,665	1	大統領制	0	3.27	82.47	2.18

a 選挙年における値（2000年国際ドル）.
b フリーダム・ハウスの指標に基づく.
c 3＝強制の強い義務投票制, 2＝強制の弱い義務投票制, 1＝強制のない義務投票制, 0＝義務投票制なし.
d Gallagher（1991）の指標に基づく.
e Pérez-Liñán（2001）の指標に基づく.
f Laakso and Taagepera（1979）の指標に基づく.
データ：CSESモジュール2, Bargsted et al.（2011）.

るよう修正を施した．*PI* が高い国では *PPI* の平均値も高いという関係があり（*r* = 0.60），両指標には密接な関係がある．しかし，各国内における *PPI* のばらつきもまた相当程度存在する[16]．

推定結果

　マルチレベル・ロジット分析の推定結果は表 3-2 に示されている．システムレベル変数のうち，統計的に有意な効果を従属変数に与えているのは執政制度の種別と，義務投票制の有無，それに選挙制度の非比例性である．

　経済発展度（1 人当たり GDP）の効果は，他のシステムレベル変数や個人レベル変数を統制した結果，ゼロと推定されている．そもそも理論上，経済発展度と投票参加の関係は（あるにしても）直線的なものとは考えにくい，という点は前章で議論した．

　執政制度については，大統領制，半大統領制の採用国において，議院内閣制の国より投票参加が抑制されるという推定結果が出ている．執政制度の効果は先行研究でも検討が進んでおらず，そのメカニズムについて今後の研究が望まれる．

　義務投票制（特にオーストラリアのような強い強制を伴う制度）は有権者の投票参加を促進する．これは自然な結果で，既存研究の知見とも整合的である．

　選挙制度については，小選挙区制のような比例性の低い制度である場合に，投票参加が抑制される傾向がある．これは，比例代表制採用国の投票率が相対的に高いとする，大方の先行研究の結果と整合する．

　選挙の競争性については，既存研究では投票参加への影響を認めるものも存在するが（Blais 2006; Stockemer 2017）[17]，今回の分析ではまったく効果が出ていない．合理的投票者モデルは，競争性の高い選挙ほど，各有権者が一票の影響力を高く評価し，参加意欲を高めることを含意する．今回の分析では，全国レベルでの政党の勢力比が競争性の指標として用いられているが，より細かく選挙区ごとの競争性を指標に取れば，結果は変わるかもしれない．

---

16)　*PI* と *PPI* の関係について，詳しくは境家（2016）を参照．
17)　日本では衆院選について田中（1977），山田（1992），知事選について石上（2006）の分析がある．いずれも選挙の競争性と投票率に正の相関関係を認める．

表3-2　投票参加の規定要因

	係数	標準誤差	
固定効果			
年齢	0.027	0.001	***
男性	0.036	0.036	
教育程度	0.148	0.013	***
世帯所得	0.145	0.015	***
都市規模	− 0.066	0.018	***
労組加入	0.297	0.051	***
政党システム分極性	0.082	0.008	***
1 人当たり GDP	0.000	0.000	
体制の自由度	0.246	0.368	
大統領制	− 0.912	0.373	*
半大統領制	− 0.648	0.366	+
義務投票制	0.614	0.176	***
選挙制度の非比例性	− 0.067	0.036	+
選挙の競争性	0.000	0.004	
有効政党数	− 0.124	0.093	
切片	− 0.476	1.163	
ランダムパート			
Level2 分散	0.302	0.086	
Level2 N	27		
Level1 N	28,363		

*** $p < .001$, * $p < .05$, + $p < .10$.
「大統領制」「半大統領制」の参照グループは「議院内閣制」.
データ：CSES モジュール 2.

　政党システムの性質に関し，有効政党数に有意な効果が認められないのは，近年の大方の先行研究の結果と一致する．政党数の増加には，投票参加を促進する効果と抑制する効果がともに想定でき，これらが相殺されて結局，正負どちらの効果も検出されないと考えられる．

　他方，政党システム分極性の効果は明確に有意である．すなわち，政党システムをより分極的と認識している有権者ほど投票に参加する傾向がある．既存研究は，政党システム分極性をシステムレベル変数として定義し，明快な結果を得られていなかった[18]．ダウンズ理論により忠実に，この変数を個人レベルで可変的な変数として定義すれば，このように理論的予測通りの結果がはっ

きりと得られる.

　最後に他の個人レベル変数, すなわち基本的な社会的属性の効果についてみると, 性別を除き, すべて従属変数に有意な効果を与えている. 高年齢層, 高学歴層, 高所得層, 農村部住民, 労組加入者に投票参加傾向が強い. 一国内の有権者間における, こうした参加志向の差はどのように理解できるだろうか. この点は次章の検討課題としよう.

---

18)　本項の分析でも, *PPI* の代わりに *PI* を投入した場合, 政党システム分極性の効果は有意にならない.

第4章 | 誰が政治に参加するのか

1 はじめに

　本章では，政治参加のミクロレベル（個人レベル）要因について検討する．前章まで議論してきたように，政治参加の水準には，経済発展度や政治制度といったシステムレベルの変数が影響する．しかしその一方で，同じ社会に属する市民の中で比べても，政治への関与の度合いには大きな違いがある．街頭デモに参加するきわめて活動的な人がいるかと思えば，選挙の投票にさえめったに行かない人もいる．どのような属性の人が，より活発に政治に関わろうとするのか．この点を理解することは，社会における政治的影響力の分布，あるいは政治的平等性の問題を考える際の糸口になる．

　誰が政治に参加するのかを分析するにつき，今日最も標準的な理論枠組みとされるのが，S. ヴァーバらの3要因モデル（Civic Voluntarism Model）である．このモデルでは，有権者各人が「資源を持っているか」「動機を持っているか」「動員を受けたか」という3点に着目して参加行動を説明する．本章でもこの枠組みに依拠しつつ，ミクロレベルにおける政治参加の規定要因を整理していきたい．

　以下，まず3要因モデルについて第2節で説明し，その枠組みを用いながら，第3節で性別，年齢，教育程度といった個人の社会的属性と政治参加の関係について議論する．第4節では，次章以降の主要テーマである，社会経済的地位と参加の関係についてさらに考察を深める．現代民主政においてどの社会階層の選好が政治システムに対し過大／過小に入力されているのか，国際的多様性も考慮しつつ総括的に論じる．

2　政治参加の 3 要因モデル

ヴァーバらが 1995 年に発表した『声と平等』は，今日の政治参加研究にお
いてスタンダード・レファレンスに位置づけられる著作である（Verba, Schloz-
man, and Brady 1995）．この書では 89〜90 年に実施された質問調査に基づき，米
国における政治参加の実態が詳らかにされている．ここでヴァーバらが提示し
た理論枠組みが，以下で説明する政治参加の 3 要因モデルである．

人はなぜ政治に参加するのか．この問題について考えるためには，逆に「な
ぜ政治に参加しない人がいるのか」を問うてみるべきである，とヴァーバらは
いう．彼らの議論によれば，ある市民が政治に参加しないとき，その理由はつ
まるところ，「できないから（they can't）」，「したくないから（they don't want
to)」，「誘われなかったから（nobody asked）」に三分される．言い換えれば，市
民が参加に必要となる資源（resources）を備えているか，参加の動機となる心
理的関与（engagement）を持っているか，政治的動員のネットワーク（recruit-
ment networks）の内部にいるか，の 3 点が参加行動を説明する柱になると考え
られる．それまで多くの実証分析が政治参加者の属性について明らかにしてき
たが，ヴァーバらの議論は，それら多種多様な要因群を整理して位置づける枠
組みを示したものといえる．以下，3 要因を簡単に「資源」「動機」「動員」と
呼ぶことにし，それぞれについて詳しく検討しよう．

資　源

政治活動を行うためには，それに伴うコストを負担する力が市民に備わって
いなければならない．すなわち，一定の資源を保有することが，市民にとって
政治に参加するための必要条件になるのである．そうした資源の具体的要素と
して時間，資金，市民的技能が挙げられる．

第一に，どのような形態の政治参加であれ，それを行う際には時間という希
少資源を消費する．投票という比較的手軽な政治参加を行うためにも，少なく
とも投票所までの往復時間を必要とするし，有意義な投票を行おうと思えば，
争点や候補者に関する情報を事前に集め，検討する時間も求められる．まして

候補者のために選挙活動を手伝ったり，政治家に対して直接陳情を行おうとする場合，投票とは比較にならない量の時間を消費する覚悟が必要になる．したがって，労働など他の社会活動の分を除いた時間的余裕を持っていることは，政治に参加するための前提条件となる．

　政治活動のために割きうる時間の長さは，各人のライフスタイルに応じて長短があり，けっして均一ではない．他方で，時間は誰に対しても 1 日につき 24 時間しか与えられないという意味で，この資源の配分は社会的平等性が高い．すなわち，他の資源と異なり，各人の持つ余剰時間の長さは，教育程度や所得，職業といった社会経済的地位の高さと必ずしも連動しない．それどころかむしろ，近年の日本の調査によると，社会経済的地位の高い人ほど労働時間が長く，余暇時間は短い傾向がある（黒田 2012）．

　第二に，政治に参加するためには（その形態によって程度には大きな差があるが）一定の財力を要する．政治家に対して献金を行うか否か，またどの程度行うかという判断には，個々人の財産の多寡がほとんど決定的な意味を持つ．献金ほど直接的ではないにしろ，他の形態の政治参加においても，財力は参加の意思決定を左右するファクターとなりうる．あらゆる政治参加は時間を要し，したがって機会費用の面で金銭的コストを負担することになるからである．政治活動をしなければ，その分の時間を労働等，他の社会経済活動に充てることができる．

　いうまでもなく，現実の社会において財力は，個人間・集団間できわめて不均等に配分されている．そして財力の大小は，定義によって，社会経済的地位の高低と連動している．各市民が持つ時間量は 1 日 24 時間と決まっているのに対し，資金量にはそうした天井がなく不平等性がきわめて高い．そのため，政治資金に関する規制が緩い国では，財力を利用した政治参加の格差が大きくなりがちである．ヴァーバらが 1990 年に米国で行った調査によると，年間世帯収入が 7 万 5,000 ドル以上の集団では年間に 56％が何らかの献金を行っていたのに対し，1 万 5,000 ドル未満の集団ではその割合は 6％でしかない．また献金者の中だけで比べても，世帯収入最高位（12 万 5,000 ドル以上）の集団では年間平均 1,000 ドル以上を寄付しているのに対し，最低位（1 万 5,000 ドル未満）の集団では 100 ドルに満たない（Verba, Schlozman, and Brady 1995, 190, 192）．

　第三に，政治活動に携わるためには，市民に一定のコミュニケーション能力や組織能力（organizational skills）が求められる．これらをヴァーバらは総称して「市民的技能（civic skills）」と呼ぶ．例えば，政治家に陳情の手紙を書こうというとき，その市民には一定以上の語彙とライティング・スキルが要求される．また，会議の場に慣れディベートに長けた人は，政治集会に出席し他の参加者と議論することも厭わないであろう．このように市民的技能の有無は，政治参加を行うかどうかという市民の意思決定を左右する．

　市民的技能は，生来的な素質によって決まる部分もあるが，後天的にも，社会生活を積み重ねるにつれて培われていく．成人するまでは，家庭あるいは学校教育の場でこうした技能が養われる．さらに，ヴァーバらの強調するところによれば，成人後も職場や地域社会での経験によって，市民的技能は鍛錬されていく．例えば会社の勤め人は，社内会議を取り仕切ったり，企画書を作成したりといった経験を積んでいく．町内会やマンション管理組合といった近隣の集まりに参加すれば，そこで集団的意思決定の方法を実地に学ぶことになる．こうした非政治的領域での社会生活上の経験が，市民の一般的なコミュニケーション能力や組織能力の向上につながり，そうした技能がひいては政治の世界でも活かされるのである．

　市民的技能は後天的に培われるものである以上，社会の中で均質に配分されていることはあり得ない．特定の社会的立場にある市民が意見表明や討論を実践する機会をより多く持つのであり，市民的技能を大きく伸ばすことができるのである．具体的には，職の有無や職場内での地位，宗教団体など各種社会集団における活動の有無によって，市民的技能の高低には差が生じるであろう．

動　機

　政治参加には一定の心理的指向性を要する．政治意識の高い市民は，資源面の制約があっても何らかの形で政治に関わろうとする一方，動機を欠いた市民はどれほど資源に恵まれていても政治活動に時間や資金を割こうとしない．このように政治参加を促す心理的・主観的変数を総称してヴァーバらは「政治的関与（political engagement）」と呼ぶ[1]．彼らが取り上げる政治的関与の要素は，「政治関心（political interest）」，「政治的有効性感覚（political efficacy）」，「政治

情報（political information）」，「党派心（partisanship）」の 4 種である（Verba, Schlozman, and Brady 1995, 345-48）.

　政治関心の高い人ほど政治参加に積極的であるというのは，トートロジーではないにせよ，自明のことである．したがって，政治参加の規定要因を実証的に探ろうというとき，政治関心の効果そのものは，多くの場合，研究者の興味の対象ではない．それでも既存研究の多くが政治関心を独立変数に加えてきたのは，この変数の影響を統制した上でなお，他の興味ある独立変数（例えば資源量）に効果が認められるかを明らかにしたいからである[2].

　政治的有効性感覚は，政治意識の中でも党派心と並んで重点的に研究されてきた変数である．政治行動研究者はこれまで，内的有効性感覚（internal efficacy）と外的有効性感覚（external efficacy）の二種を区別してきた（Craig, Niemi, and Silver 1990）．内的有効性感覚とは，自分がどれだけ政治に影響力を持っているかという自己評価を指す．対して外的有効性感覚とは，政治システムの応答性の高さに関する各市民の評価を意味する．理論的に見て，これらの感覚を強く持つ有権者は積極的に政治参加しようとするはずである．なお，政治的疎外感（political alienation）とは政治的有効性感覚の逆のベクトルを持つ心理的指向である．政治的疎外感を強く持つ，すなわち自己の政治的影響力が小さく政治システムの応答性が低いと認識している市民は，政治に自ら関わろうとする意欲を欠くことになる.

　どのような政治情報あるいは政治知識を持っているかという点も，市民の政治参加行動を説明する重要な変数である[3].　いま政治の世界で何が争点となっているのか，どのような政策を訴える政党が存在するのか，選挙区にどのような政治家がいるのか等々，こうした情報をまったく持たずに自発的に政治に参加しようとする市民は稀であろう．逆に，政治に詳しいほど，その市民は自己

---

1)　わが国の政治行動研究者は伝統的に，心理的変数である political engagement を「政治的関与」と訳してきた（ゆえに本書でも踏襲する）が，日常語としての「関与」は心理面というより行動面での関わりを想起させる点で注意を要する.

2)　ヴァーバらは，3 要因モデルにおいて「資源」を最も重要な要因に位置づけている．その理由として，資源量の測定が客観的に行いやすいこと，資源と参加の因果関係の向きが明確であること，資源と参加の関係がアメリカ政治にとって実質的に重要な含意を持つこと等が挙げられている（Verba, Schlozman, and Brady 1995, 270）.

の理想と現実との乖離をよく認識し，政治に影響を与えようと自ら行動を起こすであろう．

　ヴァーバらの取り上げる最後の政治的関与は党派心である．投票行動のミシガン・モデルの枠組みでいう，政党帰属意識（party identification）の強度のことである[4]．特定の政党に対する，認知面だけでなく感情面を含めての愛着の強さを意味する．強い党派心を持つ市民は，支持政党の勢力拡大に貢献するため，積極的に投票に赴き，場合によっては政治献金や選挙活動の手伝いにも加わろうとするだろう．

動　員

　ヴァーバらの政治参加モデルにおける第三の柱は動員である．資源や動機を欠いた市民であっても，周囲からの誘いや依頼があれば，消極的ながらも政治に参加する可能性が高まる．ここでいう動員には，政党や政治家後援会といった（狭義の）政治団体によるキャンペーン活動だけでなく，職場，業界団体，宗教団体，地域社会や知人関係，家庭内（配偶者間，親子間など）において行われる政治的な働きかけを幅広く含む．動員活動は，それを受けた人にとって，政治参加に伴うコストを低減させる（Rosenstone and Hansen 1993, 27）[5]，あるいは参加を拒否するコストを上昇させる[6]機能を果たす．政治的買収もまた，違法

---

3)　政治情報量は「資源」の一種として数えることも可能かと思われるが，ここではヴァーバらの分類に従う．ヴァーバらは，政治情報量が政治参加の（原因になるだけでなく）結果として増えるという可能性を考慮している．彼らのモデルでは内生変数は「政治的関与」の範疇に含められており，「資源」は外生変数のみによって構成されている（Verba, Schlozman, and Brady 1995, 304）.

4)　ミシガン・モデルについては Campbell et al.（1960），三宅（1989, 第3章）を参照.

5)　例えば，政治的組織や社会集団による選挙運動は，有権者に政治情報を与える役割を果たし，結果として参加を促す（境家 2006）．組織・団体はまた，選挙に際し，有権者を投票所まで物理的に運び，彼らの移動コストを肩代わりすることさえある．石原慎太郎は自身が出馬した1979年総選挙に関し，以下のように回想している．「私自身が運転し彼女［家のお手伝いさん］を投票所まで運んだ」，「投票所周辺であるものを目にして慄然とさせられた．……車体に『総評』，『同盟』と記されたバスがピストン輸送で彼等の支持者を投票所に運んでいる．公明党支持の創価学会は自ずと知れているし，共産党の隠れた機動力も同じことだ．私の事務所も何人かの支持者に頼んでマイカーを動員し便宜を計ってはいるようだ」（石原 2001, 下, 66-67）.

行為であれ，市民に政治参加の外的なインセンティブを与えるという点で，一種の動員活動とみなすことができる．

　動員活動が政治参加を実際に促進することを示す研究は多いが，なかでも A. ガーバーと D. グリーンが 1998 年に行ったフィールド実験は，その後の研究に多大な影響を与えている（Gerber and Green 2000）．彼らは実際の選挙に合わせ，ランダムに選ばれた有権者に対し個別訪問，ダイレクトメール送付，電話掛けを事前に実施し，投票参加に与える影響を観察した．その結果，3 手段のうち個別訪問に参加を促す大きな効果を確認している．これに対し，ダイレクトメールの影響はごく小さく，電話にはまったく効果がみられなかった．

　ガーバーらの研究は，有権者にとって外生的に与えられる環境である，政治団体や社会集団の活動の活発さや動員戦略の違いが，マクロレベルの政治参加水準に影響することを示唆する[7]．S. ローゼンストンと J. ハンセンの著作『アメリカにおける動員，参加，民主主義』（1993 年）は，この文脈において重要な研究に位置づけられる．彼らは，「市民が選挙や政府に参加するのは，市民が政治に向かうとともに，政治のほうが市民に向かうからである」と述べ，動員の役割の大きさを強調する（Rosenstone and Hansen 1993, 6）．この研究によると，米国では 1960 年代から 80 年代にかけて，政党や社会運動による市民への働きかけの機会が減少した．同じ期間に，投票，選挙活動，政治献金を行う人の割合も減っているが，その減少幅の少なくとも 50％は，動員活動量の低下によって説明できるとする．

　投票参加における動員の重要性は，集計データを用いた国際比較研究からも明らかにされている．例えば M. グレイと M. コールは，先進民主主義諸国における 1950 年代からの投票率の増減が，各国の労働組織率の変化によって説明できることを示した（Gray and Caul 2000）．このうち多くの国では，90 年代までに労働組合の組織率と動員力が落ちており，その結果として選挙の投票率も低

---

6)　例えば，職場で上役からの政治的勧誘を拒絶することは，その後の労働環境に悪影響を及ぼす可能性があろう．同様に，地域社会や家庭における人間関係も，各市民の政治的意思決定を左右する重要な要素となる．

7)　Norris（2002, 20）は「動員主体（mobilizing agencies）」を，政治参加の要因としてマクロレベルとミクロレベルの中間（メゾレベル要因）に位置づける（序章表 0-3 参照）．

下していると主張されている.

3　政治参加者の社会的属性

　現代民主政において，原理的には政治参加の機会は各市民に平等に開かれている.しかし，現実にはすべての人がその機会を同程度に利用しているわけではない.最も手軽な参加形態である投票すら全員が行うわけではなく，投票以外の政治活動についてはむしろ関与しない人の方が圧倒的に多い.では，政治参加者には，社会的属性の面からみてどのような偏りがあるのだろうか.

　本節では，前述の 3 要因モデルとの関連を意識しながら，すなわち誰が資源・動機・動員の各要素により恵まれるのかという点に着目しつつ，政治参加者の社会的属性を説明する.政治行動論におけるこれまでの研究蓄積の状況，および日本政治論における重要性という観点から，社会的属性の中でも特に性別，年齢，居住地域，社会経済的地位（教育・所得・職業）に焦点を当てよう[8].

性　別

　1960 年代に諸国の研究成果を検討した L. ミルブレイスは,「男性の方が女性よりも政治に参加する傾向が高い，という調査結果は，社会科学において最も完全に実証されたものの一つである」と総括している.古代ギリシャの直接民主政でもそうであったように，古来多くの社会で政治は男性の仕事とされてきた[9]. 20 世紀後半までに多くの国で女性参政権が法的に認められた一方，実態としては,「政治的役割は女性ではなくて男性がになうという伝統的な分業体制は，いまだに消滅していない」というのである（Milbrath 1965=1976, 187）.

　ミルブレイスは,「経済的・社会的近代化によって，この性別の差は徐々にではあるがなくなりつつある」と楽観的な見方も示している（Milbrath 1965=1976,

---

　8)　本章では議論しないが，他の切り口として信仰宗派，人種・エスニシティが特に重要である.米国では，Verba, Schlozman, and Brady（1995）がこれらの属性に着目した分析を行っている.

　9)　アテネにおける古代民主政の実態について，Held（1996=1998, 第 1 章）を参照.

188). しかし，R. イングルハートと P. ノリスの分析によれば，2000 年代の先進民主主義諸国において，なお性別による政治参加の格差は消えていない（Inglehart and Norris 2003, chap. 5)[10].

　N. バーンズらは，この政治的不平等の根源に，（非政治的な）日常生活における男女格差があると主張している（Burns, Schlozman, and Verba 2001). 家庭，学校，職場，任意団体，教会での活動において，男性は一般により優位な立場にあり，そこで政治参加を促す資源や動機，動員される機会を得やすいというのである[11]. ポスト工業化段階まで進んだ社会において，なお男女間に根強く存在する社会的不平等が，政治的不平等を生み続けている.

年　齢

　年齢と投票参加には密接な関係があり，基本的に，年齢層が高いほど参加率も高くなる. これは，これまで様々な国の選挙で確認されてきた普遍的傾向である. ただし，投票参加に対する年齢の効果は直線的ではなく，一定の年齢に達すると，むしろそれ以降は参加率が低減することが知られる[12]. 図 4-1 は，ISSP の 2014 年調査から，参加形態別に各年齢層の経験率を示したものであるが，「投票」のグラフはたしかにそうした曲線を描いている（各国のデータを合算して集計. 日本に関する近年のデータは第 6 章で示す)[13].

　一般的に，人は加齢に従い，政治参加を促す資源・動機・動員の機会により恵まれるようになる[14]. 年齢が上がるとともに，各市民は職業上の地位を高め，所得も上がるなど，政治活動に必要な資源を得やすい. また社会生活を重ねていく中で，多くの人は経済的な面などから政府活動の影響をより直接的に受けるようになり，政治に対する関心を高めていく. さらに，年齢を重ねるごとに

---

10)　投票参加については，先進国ではほとんど性差がなくなったとする議論もある（Norris 2002, chap. 5).

11)　当仮説の日本における検証例として前田（2007），山田（2007）を参照.

12)　Milbrath（1965=1976, 185）は 1960 年代までの諸国の研究事例を総括し，50 歳台が政治参加のピークであるとする. しかし多くの国で平均寿命が延びた今日，このピークは後ろにずれたとみるべきである. 図 4-1 によると，投票には 60〜70 歳台が最も参加している.

13)　データは ISSP のサイト（http://www.issp.org/menu-top/home/）から入手した.

14)　ライフサイクルと政治参加に関する研究例として Verba and Nie（1972, chap. 9), Schlozman, Verba, and Brady（2012, chap. 8), Dalton（2017, chap. 5）を参照.

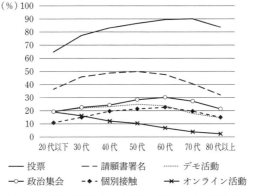

図 4-1　年齢と政治参加（過去 1 年間における経験率）

データ：ISSP 2014.

　親族（配偶者を含む）や職場関係，近隣地域といったネットワークに組み込まれる機会が多くなり，政治的刺激や動員を受ける可能性も高まる．投票の場合，参加するかどうかという意思決定において，資源の要素はそれほど重要でないものの，動機と動員の作用は大きい．以上が，ある段階まで年齢と投票参加が正の相関関係にある理由である．

　しかしさらに年齢を重ね，人生の終盤に差しかかるころになると，徐々に人は政治活動から遠ざかるようになる．その理由の一つは，老化に伴う心身的負担感の上昇である．投票は比較的コストの低い政治参加であるが，外出すること自体を負担に感じる高齢者も少なくない．実際，明るい選挙推進協会が 2017 年総選挙時に行った調査によると，棄権した理由として「体調がすぐれなかったから」を選んだ割合は全体の 11.9 ％であったが，70 歳以上に限れば 52.2 ％と顕著に高くなっている[15]．

　また，ライフサイクルの終盤になると，人は政治に対する関心そのものを低下させるようである．明るい選挙推進協会の調査結果では，選挙について「非常に関心があった」とする割合は基本的に加齢とともに高まり，70 歳台でピークの 40.4 ％となるが，80 歳以上になると 32.4 ％に低下している．この年代にな

15)　明るい選挙推進協会「第 48 回衆議院議員総選挙全国意識調査　調査結果の概要」2018 年.

ると，PTA，職業団体，労働組合，地域団体（町内会等）といった社会的ネットワークとの関わりも一般に弱まり（蒲島 1988, 123-24），周囲から動員される機会も減るから，政治関心の低下はそのまま選挙での棄権につながりやすい．

　選挙活動や個別接触といった形態の参加率と年齢の関係も，投票の場合に類似することが先行研究によって指摘されている（Dalton 2017, chap. 5）[16]．すなわち，ある年齢層（ピークの年代は形態ごとに異なる）までは参加率が高まり，そこからは低下していく．図4-1でも，「政治集会」や「個別接触」と年齢の間に山型の関係が見て取れる．曲線的関係となるメカニズムはやはり，各市民のライフステージごとの環境や心身的状況の違いによって説明されよう．

　他方，抗議活動やオンライン活動といった非従来型の形態においては，多くの国で年齢との相関が弱いか，むしろ若い世代ほど行っていると報告されている（Dalton 2017, chap. 5; Marien, Hooghe, and Quintelier 2010）．図4-1を見ると，「デモ活動」の参加率は，20歳台以下と（最高率を示す）50歳台の間で5％ポイントしか差がない．「オンライン活動」と年齢の関係については，はっきりと負の相関が確認できる．

　これら非従来型参加形態と年齢の関係は，各世代の価値観やスキルの違いから理解できる．第2章で議論したように，先進諸国における非従来型参加の高まりは，脱物質主義的価値観の若年世代への広がりと関係があると考えられている．近年の欧米先進国の調査でも——ポスト工業化段階に入って久しいにもかかわらず——なお若年層ほど脱物質主義指向が強いことが確認されている（Dalton 2019, 99）．オンライン活動が若い世代で多いのは，技術面での慣れの問題であろう．参加度と年齢が（ある年代まで）正の相関関係にあるという一般則の，唯一の明確な例外になっている点で，オンライン活動の位置は特別である．しかし単に技術的な習熟度が問題なのだとすると，この形態における若年層のアドバンテージは，将来的に（世代交代，あるいは技術の全世代的な浸透に伴い）失われていくものと考えられる．実際，ヴァーバらの最新の研究によると，ソーシャル・メディアの利用率はたしかに若年層ほど高いものの，2008年から12年の4年間にも格差はかなり縮小している（Schlozman, Brady, and Ver-

---

16）55年体制期の日本の事例については蒲島（1988, 99-100）を参照．

ba 2018, chap. 6).

居住地域

　居住地域の都市規模（都市度）も，有権者の政治参加行動を説明する重要な変数である．近代化研究が盛んであった 1960 年代前後に，都市規模——都市化の度合いは近代化の水準を示す代表的指標である——の政治参加に与える効果を検証する研究が各国で行われた．ミルブレイスはそれらの成果を網羅的に検討し，都市住民の方が農村住民よりも積極的に政治に参加すると一般化している．その理由について彼は，社会の「中心 - 周辺」という概念を用いて説明している．都市住民の政治参加度が高いのは，農村住民よりも社会の中心に位置し，社会的相互作用とコミュニケーションの機会を多く持つためであるとする（Milbrath 1965=1976, 177）．

　都市と農村の政治参加度の差を，主に両者の社会的環境の違いによって説明しようとするのが，K. ドイチュの「社会動員モデル」である（Deutsch 1961）．都市住民の職業的地位，教育程度，所得，組織加入率は農村住民よりも高い．この都市の社会的環境が，住民の政治的関与を高め，人々を政治に「駆り立てる」と考えられる．事実，これら社会的環境の影響を取り除くと，都市部と農村部の政治参加度に違いはないとする分析結果が報告されている．

　しかしこうした一般化の試みがある一方で，その反証となる事例もまた（ミルブレイス自身も挙げているように）少なくない．実際，第 II 部で詳しく見るように，この面において戦後日本は代表的な反例に挙げられる．B. リチャードソンの 1970 年代の研究によれば，少なくともスイス，ドイツ，フランス，英国，日本で，都市規模と投票参加の負の相関関係が報告されている（Richardson 1973）．国際比較調査を用いた本書の分析結果（表 3-2）でも，農村的地域に住む有権者ほど投票参加する傾向が示されていた．

　都市規模と政治参加の関係に一貫性がみられないのは，都市化に，住民の政治参加を（促進するだけでなく）抑制する作用もあるからだと考えられる．都市では一般にコミュニティ内のつながりが弱く，農村に存在するような強固な地域的ネットワークが発達していない．このことは，都市部において，有効な動員活動が行われにくいことを意味する．そのうえ都市住民は一般に住居移転

が頻繁で，そもそも地域の政治に関心を持ちにくい[17]．都市化が進み，コミュニティの規模が大きくなると，政治問題が複雑化し，理解が困難になるという問題もある．また J.-J. ルソーが主張したように，共同体の人口規模が大きいほど，政策決定における住民 1 人当たりの影響力は小さくなるから，市民の政治参加への意欲は一般に低くなるだろう（Dahl and Tufte 1973=1979, 第 4 章）．こうした議論はいずれも，都市部に居住する市民にとって，地域の政治に参加する動機が一般に弱いことを示唆する．

　ヴァーバ，N. ナイ，J. キムは，都市規模と政治参加の関係について，正の相関を想定する動員モデル（mobilization model）と，逆に負の相関を想定する地域社会衰退モデル（decline-of-community model）を対置し，国際比較分析を行っている（Verba, Nie, and Kim 1978, chap. 13）[18]．その結果，地域活動に関しては一般に，都市規模との間に負の相関が表れており，地域社会衰退モデルの説明力が高いとする．これに対し，選挙活動と投票については，都市規模と明確な相関関係が見られなかった．このように，都市規模と政治参加の関係は，参加の形態によっても差がみられる．

教育・所得・職業

　ヴァーバとナイの古典的著作『アメリカにおける参加』（1972 年）をはじめ，これまで数多くの研究が社会経済的地位（socio-economic status: SES）と政治参加の関係を中心的なテーマとしてきた．それはこの 2 変数の関係が「実証的に強力」であり，また「政治的に重要（politically relevant）」とみなされてきたからである（Verba, Schlozman, and Brady 1995, 281）．SES——通常，教育程度，所得，職業によって測定される——の高い市民により強い参加傾向があれば，結果として高 SES 層をより優遇する政策が出力されやすくなると考えられる．この場合，政治過程を通して「富める者がさらに富む」という社会経済格差拡大の循環が生じることになる．逆に，低 SES 層が政治参加により積極的であるならば，

---

17)　居住期間の長さと政治参加の関係については Milbrath（1965=1976, 184）を参照.

18)　「動員モデル」，「地域社会衰退モデル」という訳語は，三宅一郎による（Verba, Nie, and Kim 1978=1981, 326）．ここでの「動員」は「より大きな社会に関与していく過程」を指す.

政治過程を通じて社会経済格差は縮小に向かう可能性があると考えられよう.

　政治参加の社会的格差について，最も実証研究が蓄積されてきたのは米国であるが，そこでの既存研究の見解は一貫している（Verba and Nie 1972; Wolfinger and Rosenstone 1980; Rosenstone and Hansen 1993; Verba, Schlozman, and Brady 1995; Schlozman, Verba, and Brady 2012; Schlozman, Brady, and Verba 2018）．教育程度や所得水準が高く，職業的地位の高い市民は，形態を問わず政治に参加する傾向が強いというのである．ヴァーバらは，SES の高低によって政治参加度を説明するモデルを「標準モデル（standard model）」と呼んでいる（Verba and Nie 1972, chap. 8）．ここでは人種や組織加入といった SES 以外の要因による政治参加度の高低は，標準モデルが予測するベースラインからの逸脱（deviation）と理論的に位置づけられる.

　他国の事例を合わせてみても，SES と政治参加に正の相関があるというのは，一般化可能性の高い命題である．ミルブレイスは，「さまざまな研究から一貫して明らかになるのは，高い階級の人間の方が，低い階級の人間よりも政治に参加する傾向が強い，ということである」と結論づけている（Milbrath 1965=1976, 162）.

　SES の高い市民ほど政治活動に積極的である理由として第一に，この集団が政治参加に必要な資源を豊富に備えている点を挙げられる．例えば政治献金は高所得層においてより多く行われているが，その理由がこの層の豊かな資金力にあることは自明である．また高い教育を受けた人，高い職業上の地位についている人は，コミュニケーション能力など市民的技能を磨く機会に恵まれており，その高い技能を政治に転用できる.

　第二に，高 SES 層は政治的関与の水準が高い傾向がある[19]．G. アーモンドとヴァーバは，5 ヵ国の調査データを分析し，教育程度の高い人ほど政治関心や政治的有効性感覚が高いことを示した（Almond and Verba 1963=1974, 第 3 章, 第

---

[19]　さらに，米国の研究では，高 SES 層は動員を受ける機会も相対的に多いとの見方も示されている（例えば Verba, Schlozman, and Brady 1995, chap. 13）．ただし，Karp, Banducchi, and Bowler（2008）の国際比較分析によると，政党の動員活動への接触と教育程度に関連が見られたのは 8 ヵ国中, 2 ヵ国（米国とカナダ）であったに過ぎず，この関係性は普遍的と言いがたい.

9 章)．ナイらも 1990 年代の米国の調査データを分析し，高学歴の市民ほど政治に関する知識が豊富で，関心も高いことを明らかにしている (Nie, Junn, and Stehlik-Barry 1996)．

　既存研究は，SES の構成要素の中でも，とりわけ教育程度の役割を強調してきた．教育は職業選択や所得水準に通常は先行する変数であり，教育程度の高い人ほど，将来的に社会的地位の高い職に就き，高い収入を得やすい．その意味で，教育こそが SES の基底的要素とみなせるのである[20]．ヴァーバらは『声と平等』終章において，人々の政治参加度を説明する上で，教育に「特別な役割（special role）」を認めている (Verba, Schlozman, and Brady 1995, 514)．ナイらは半世紀にわたる米国の実証研究を総評し，「ほぼ例外なく，学校教育は，市民が政治的にどう行動するか，政治についてどう考えるかを説明する最も強力な因子である」と述べている (Nie, Junn, and Stehlik-Barry 1996, 2)[21]．

4　社会階層と政治参加

　最後に，次章以降の主要な関心事となる，社会階層による政治的不平等の構造について，さらに詳しく検討し，理解を深めておきたい．参加形態や時期による違い，国際的多様性といった観点から，多角的に議論しよう．

参加格差の累積構造

　ダルトンは先進 20 ヵ国に関して，5 種類の市民活動の参加経験（およびそれらを足し合わせた「総合指標」）と教育程度の相関を，国ごとに算出している (Dalton 2017, 47)．表 4-1 はその結果を集計したものである．「20 ヵ国平均」の

---

20)　この他，先行研究が特に教育程度に焦点を当ててきた背景として，所得や職業的地位に比べ，学歴が測定しやすいという実践的理由もあったと考えられる (Gallego 2015, 14)．所得を質問調査で正確に聞き出すのは容易でないうえ，学歴に比べ短期的な変動も大きい．

21)　教育程度と政治参加の関係を「因果関係」と理解してよいか（市民により高い水準の教育を施すと政治参加志向が強まるのか）という点では激しい論争がある (Dee 2004; Milligan, Moretti, and Oreopoulos 2004; Tenn 2007; Kam and Palmer 2008; Sondheimer and Green 2010; Berinsky and Lenz 2011; Henderson and Chatfield 2011; Mayer 2011)．本書は Gallego (2015, 20-21) 同様，因果関係の有無にかかわらず，SES によって参加格差があることはそれ自体，政治的に重要な含意を持つ問題であると考える．

表 4-1　教育程度と政治参加の相関に関する統計

	投票	献金	個別接触	デモ活動	オンライン	総合指標
20 ヵ国平均	0.07	0.21	0.24	0.32	0.21	0.32
範囲	−0.04〜0.31	0.11〜0.29	0.04〜0.33	0.15〜0.46	0.13〜0.49	0.14〜0.42

データ：ISSP 2004, 2014.
Dalton（2017, Table 3.1）を元に著者作成.

行を見ると，どの参加形態でも，一般に教育程度との正の相関があることが分かる．国別に見ても，投票でごく小さな負の相関が散見されるほかは，すべての参加形態について相関係数は正の値である．なおダルトンによると，所得と政治参加の関係で見ても，表 4-1 と同様，あらゆる参加形態で国際的に正の相関が確認できる．世界の多くの国で，政治参加の社会経済的格差は累積的構造を成しているといってよい．高 SES 層は，より頻繁に投票に行き，政治献金を行い，政治家に接触し，デモに加わり，インターネット上で意見表明を行っているのである．

　政治参加の高 SES バイアスは，有権者行動の実証研究が始められて以来，指摘され続けてきた構造である[22]．ポスト工業社会におけるエリート挑戦的な抗議活動の増加，インターネットという新しい情報通信技術の普及は，この格差構造の鉄則を崩すのではないか，と期待されたこともある．抗議活動はかつて，持たざる者による非制度的な参加形態と理解されたし，インターネットは，万人に政治参加のための安価で効果的なツールを提供すると考えられた．しかし実態としては，表 4-1 に示された通り，デモ活動やオンライン活動における社会経済的バイアスの程度は，他の伝統的な参加形態の場合に優るとも劣らない．特に，伝統的かつ最も一般的な参加形態である投票と比べた場合，これら非従来型参加形態における高 SES バイアスは顕著である．

　ダルトンの見方では，デモ活動や請願書署名といった非制度的政治参加は一般に，参加者に多くの資源や強い動機が求められるため，教育程度との相関が高く出る傾向がある（Dalton 2017, chap. 3）．インターネットについては，そもそも普及の度合いに社会経済的な格差があるし（デジタルデバイド），ヴァーバ

22）　米国では，1920 年代の実証研究ですでに，「習慣的棄権者の大部分は貧しい環境にある女性である」と指摘されている（Merriam and Gosnell 1924, 51）.

らの研究によると，普及者の中だけでみても，インターネットを政治的に利用
するのは相対的に SES の高い層である（Schlozman, Brady, and Verba 2018, chap. 6）.
オンラインで政治情報を取得したり発信したりするためには，前提として，も
ともと高い政治関心を備えておらねばならず，「オフライン」の世界で政治知
識を蓄えている必要があるのだろう.

参加格差の拡大傾向

　以上から明らかなように，現代民主政における参加形態の多様化は，総合的
にみて政治的不平等を拡大こそすれ，その是正につながってはいない. さらに，
伝統的かつ最も一般的な政治参加である投票だけで見ても，その参加者の属性
はますます高 SES 層に偏りつつあるという証拠がある. ダルトンは長期にわた
る調査データを分析し，カナダ，デンマーク，ドイツ，イタリア，日本，オラ
ンダ，ノルウェー，スウェーデン，米国において，2000 年代前後で投票参加の
社会経済的ギャップが拡大していることを確認している（Dalton 2017, 178）.

　先進国における投票参加の格差拡大傾向は，投票率の低落現象と密接に関係
している. A. ガレゴの実証研究が示すように，参加水準の高い（投票率の高
い）国では，参加格差が小さい（SES による投票率差が小さい）傾向にある
（Gallego 2015, chap. 2）. 罰則付き義務投票制の採用国で実際そうであるように，
投票率が 100％ に近づけば，社会階層間の参加格差が小さくなるのは必然であ
る. しかし実際には，1990 年代以降，多くの先進国で投票率は低下している.
この棄権の増加は社会各層に一様に起きているのではなく，低 SES 層に集中し
ているのである.

　投票には原理的に，「各市民が各選挙で一票を持ち，かつ一票しか持たない，
強制的平等性がある」点で（Verba, Schlozman, and Brady 1995, 9），参加の諸形態の
中でも特別な性質が備わっている. また投票は本来，他の参加形態に比べコス
トが低く，個人の政治的資源量が参加の意思決定に影響しにくいという点でも
特別である. 以上をふまえれば，投票という形態においてさえ多くの国で参加
格差が存在し，しかも拡大しつつあるという状況は，現代民主政の深刻な問題
として捉えられなければならない.

表 4-2　社会経済的地位と政治参加の相関

	投票	選挙活動	地域活動
オーストリア	−.06	.13	.17
インド	.00	.33	.30
日本	.02	.06	.13
オランダ	.10	.11	.27
ナイジェリア	.07	—	.23
米国	.24	.29	.27
ユーゴスラヴィア	.19	—	.21

出所：Verba, Nie, and Kim（1978=1981, 表 4-5）を一部改変.

参加格差の国際的多様性

　ここまで国際的に共通する傾向を確認してきたが，表 4-1 はまた，政治的不平等の程度に，国によってかなりの幅があることも明らかにしている．表中の「範囲」から分かるように，例えば投票については，教育程度と参加の相関が最低値の国（アイルランド，ポルトガル）で−0.04，最高値の国（米国）で 0.31 という大きな開きがある．

　参加格差構造が国によって多様であることは，少なくとも 1970 年代のヴァーバらによる国際比較研究ですでに強調されていたことである．表 4-2 は，この古典的研究に掲載された，各モードにおける参加と SES との相関を示している．ここからは，国ごとに参加格差構造の特徴が大いに異なっていることが見て取れる．オーストリアや日本のように，どのモードでも参加格差が小さい国もあれば，米国のようにすべてのモードで格差の大きい国もある．インドでは投票における参加格差はほとんどないが，その他のモードでの格差は米国以上に激しい．

　表 4-2 はまた，参加格差という点で，投票というモードが特別な位置を占めることを明らかにしている．他のモードの場合と異なり，投票は SES との相関がゼロどころかマイナスの国さえある．このことは，表 4-1 の「範囲」からも見て取れる．少なくとも投票については，特定の社会的，政治的条件の下で，参加格差を是正あるいは解消できるのである．その条件の一つは厳格な義務投票制の導入であるが，少なくともオーストリアやインド，日本における低格差

は別の要因による[23]．どのような社会的，政治的状況において，政治参加の社会経済的格差が大きく／小さくなるのか，この点は次章の検討課題としよう．

---

23)　オーストリアでは，大統領選挙において，1980年まで義務投票制が採用されていた．他方，表4-2における同国のデータは66年国民議会選挙に関するもので，ここでは義務投票制は用いられていない．

第5章 | 参加格差のマクロレベル要因

1 はじめに

　S. ヴァーバらは古典的著作『政治参加と平等』の冒頭,「社会経済的条件に恵まれている市民が政治的にも優位にある, という事実は, 全ての国でみられる……. もっとも, 社会経済的資源（socioeconomic resources）をより多く所有する市民が, そうでない市民と比較してどれだけ多く参加するかは, 国によって異なる」と問題提起している（Verba, Nie, and Kim 1978=1981, 1）. 社会経済的地位（SES）と政治参加の相関の国際的差異は, どのように説明されるだろうか. 参加格差の程度を規定する要因について明らかにすることは, 政治的不平等の是正に向けて前提となる, 重要な研究課題である.

　前章では政治参加のミクロレベル（個人レベル）要因について議論したが, そこでの知見から国単位での参加格差構造の特徴を明らかにすることはできない. ここで私たちは再び, 社会構造や政治制度といった, 各国の政治社会を特徴づけるマクロレベル（システムレベル）変数に目を向ける必要がある. すなわち, どのような社会的・政治的文脈の下で, 政治参加に対する SES の効果がより強く, あるいはより弱くなるのかを検討することが本章のテーマとなる.

　既存研究は2つの観点から, 各国の参加格差構造を説明してきた. 第一に, 社会的亀裂構造や諸集団の組織化のパターンの違いに注目する議論がある. どの社会階層が集団意識を高め, 組織的動員を集中的に受けるかによって, 政治参加の格差構造は変わってくる. 例えば, 低 SES 層が強力に組織化された社会では, この層の政治参加度が比較的高水準となり, 政治的不平等は小さくなるだろう. 第二に, 政治参加に伴う制度的なコストの性質から, 参加格差の程度を説明しようとする研究の系譜がある. 特定の選挙制度や政党システムの下で, 市民にとって政治参加に伴う認知的負荷が高くなる. そうした国では, 個人的

な資源や動機を欠きがちな低 SES 層の参加が抑制されるであろう．以下，それ
ぞれの議論について順に詳しく見ていく．

2　政治社会の亀裂構造と参加格差

集団の力

　集団への帰属は一般に，市民の政治参加度を高める[1]．強い集団帰属意識を
持つ人は，その集団全体の（ひいてはそれに属する自分自身の）目指すべき利
益，目標を認識するようになり，それが政治参加への動機となる．集団がフォ
ーマルに組織化されていれば，そのメンバーはさらに政治参加の可能性を高め
る．組織内で活動することを通して，市民は政治活動に転用可能な技能を高め，
社会的問題に関わる情報を得，刺激を受ける．また，組織は集団帰属者に直接
的に働きかけ，政治的動員を行う．つまり集団への帰属は，市民の持つ資源，
動機，動員の機会，すべての要素を強め，政治参加の可能性を高めるのである．
　このように，政治的に活発な集団・組織の存在は，その社会のマクロレベル
の政治参加水準を高める方向に寄与する．しかし集団・組織は通常，利害の共
通する特定の有権者層と強く結びつくから，その活動は社会全体の政治参加度
を一様に引き上げるわけではない．どの集団の政治意識が高まっており，組織
化されているか，言い換えれば，「ある社会における社会的亀裂（social cleav-
age）のパターンと，その亀裂の制度的表現としての政党対立」のあり方によ
って，政治参加の格差構造は特徴づけられるのである（Verba, Nie, and Kim
1978=1981, 6）．
　本章で焦点を当てるのは，SES による投票参加の格差構造であった．政治的
に活発な集団・組織が特定の社会経済的階層と強い結びつきにあるとき，その
階層の市民は集団として参加傾向を強めるであろう．前章でみたように，一般
則としては SES と政治参加には正の相関関係があった．ヴァーバらが「標準モ

---

1)　本書において「（社会）集団」とは，組織化の程度を問わず，経済的地位，人種，言語，
　地域，宗教など特定の社会的カテゴリーに基礎を置いた人々の集合体を指す．また，集団
　に「帰属する」とは，市民がフォーマルな組織に正式な構成員として加入することだけで
　なく，集団に対する心理的な親近感，愛着を持つことまで広く意味する．

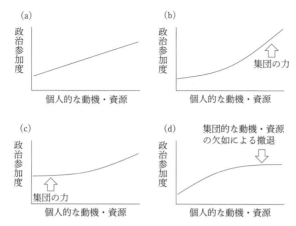

図 5-1　政治参加と個人的動機・資源の相関に対する集団の干渉
Verba, Nie, and Kim（1978＝1981, 第 1 章）を参考に著者作成.

デル」と呼んだ，ベースラインとなる関係性である．しかしある社会において仮に，SES の低い人々の集団帰属意識が強く，その集団の動員力が大きい場合，社会全体でみて政治参加の不平等は標準モデルの想定よりも緩和されることになるだろう．逆に，高 SES 層が強い集団的基盤を持つ場合は，かえって社会レベルにおける政治参加の不均衡は増幅されると考えられる．

　図 5-1 は，参加格差構造に与える集団の影響について，いくつかのパターンを示したものである．（a）は，社会集団の影響が存在せず，政治参加度が各市民の個人的（集団との関係づけを持たない）動機や資源量のみによって決定されるケースを示している．この場合，個人的動機・資源をより多く持つ高 SES 層ほど政治参加するという標準モデルの直線的関係が生じる．

　しかし，現実の各社会には集団に根ざした動員過程，あるいは集団的な動機・資源という要素が存在し，その効果によって SES と政治参加の関係は修正される．（a）の図式が具体的にどう変化するかは，どの社会集団が活動的になるよう動機づけられ，また，有効な資源——つまりは強力な組織——を備えているかに依存する．

　（b）は，集団的な動機・資源が，個人的な動機・資源に恵まれた人々により多く見出される状況を示している．この場合，政治参加の社会経済的格差は，

集団の力によってさらに拡大される．これに対して（c）は，集団の効果が，個人的動機・資源を欠いた階層により強く表れるケースである．この場合は，集団の力が個人的な動機や資源の不足を補い，政治参加の不平等が緩和される．(d) は，集団・組織への帰属が政治参加の前提となる状況で，集団的基盤を欠いた高 SES 層の参加度が，本来その個人的動機・資源量から想定されるよりも，抑制されるケースである．例えば，支持（帰属）政党が存在しなければ，高い市民的技能や政治関心を持つ市民であっても，選挙活動に携わる機会は少ないだろう．

　実際の社会にはさまざまな集団・組織が存在し，その影響力によって SES と政治参加の相関関係を補強したり，減殺したりすることになる．ヴァーバらによれば，米国の場合，基本的には個人を基礎に政治活動が行われる傾向が強く，(a) の状況のように，SES の高い市民の参加度がアンバランスに高い．また集団に根ざした動員過程においても，米国では上層市民ほど集団に関わる資源や動機に恵まれているために，総合的にみれば，(b) のように，持てる者と持たざる者の参加格差を一層広げる方向に作用しているという（Verba, Nie, and Kim 1978=1981, 17）．ただし，1960 年代における黒人のケースはこうしたパターンの例外に属している．この時期，人種意識を高めた黒人は，その SES の低さにもかかわらず，集団に根ざした動員過程によって政治的な活発性を高めた．公民権運動は，米国における参加格差を，(c) のメカニズムによって緩和させる方向に作用したと考えられる[2]．

低 SES 層の動員による格差縮小

　参加格差構造の国際的な差異は，各社会における集団の作用の違い，つまりは社会的亀裂構造とそれを反映した政党間対立構造（政党システム）の差異によって理解できる．これこそが，7 ヵ国の参加格差構造の説明を試みたヴァーバらの着眼であった[3]．

　政治参加の平等性を高める方向に作用する，すなわち低 SES 層を集中的に動員する代表的な組織として，労働組合およびそれと結びついた左翼政党が考え

---

2)　米国における黒人の政治参加の実態とその含意について，Kabashima（1984a），Rochon and Kabashima（1998）を参照．

られる．労組や左翼政党の組織力が強い国では，その働きによって労働者階級
が（その SES から予測されるよりも）高い割合で投票等に参加するようになる
と想定される．したがって，他の条件が等しければ，労組・左翼政党が強力に
低 SES 層を動員する社会において，政治参加の社会経済的格差は比較的小さく
なるであろう[4]．

　この点，米国における深刻な参加格差の一因は，労働者層の階級的組織化が
進んでおらず，政党の集票も階級に基礎を置いていない点にあるとみられる．
ヴァーバらの言葉を借りれば，「アメリカの政治において社会階層はなんら重
要ではないが，同時に甚だ重要」である．そこでは逆説的にも，「社会階級を基
盤にした目に見える抗争が存在しないからこそ，社会の持てる者が政治生活で
過大の役割を演じる」（傍点原文）ことになる（Verba, Nie, and Kim 1978＝1981, 320-
21）[5]．

　低 SES 層を政治に動員しうるのは，労働組合と左翼政党だけではない．政治
社会によっては，宗教勢力あるいはそれと強く結びつく政党が，低 SES 層を政
治参加に導く重要な働きをする．「柱状化社会」として知られるオランダでは，
宗教に沿った社会的亀裂が顕著で，各下位文化集団が特定の政党と強く結びつ
いている[6]．ヴァーバらの分類による 7 つの下位文化のうちでは，「信仰心の

---

3)　ヴァーバら自身の説明によれば以下の通りである．「集団に根ざす諸力は国によって異
　なる．その差異は，社会的な亀裂のパターンの差異として，また，その亀裂が政党や他の
　組織へと制度化されていく方式の差異として現われる．……これらの制度的制約（institu-
　tional constraint）が政治活動に対する個人の性向を修正する方式を知ることによって，
　我々は，参加者人口の代表性の国ごとの相違を説明する有力な手掛かりを得ることになる」
　（Verba, Nie, and Kim 1978＝1981, 21）．
4)　もっとも，労働組合・左翼政党の強さと参加格差の関係について，国際比較の枠組みで
　はこれまでほとんど実証研究が行われていない（Gallego 2015, 115）．米国の州を単位とし
　た研究としては Leighley and Nagler（2007）がある．
5)　ヴァーバのこの見解は，1995 年の著作『声と平等』でも維持されている．「アメリカ政
　治が世界の民主主義国の中でも例外的だと言われるのは，一つには，恵まれない人々を政
　治生活に参加させる組織が弱い点にある．他国では，社会民主主義政党や労働党，政治的
　に活発な労働組合が，さもなければ（所得や教育水準からみて）政治に参加しないであろ
　う人々を政治的に動員する重要な役割を果たしている．……対して米国では，労働組合が
　比較的弱く，労働力のうち相対的に小さい割合しか加入していない．加えて，米国の政党
　は構造的にバラバラで，労働者階級のための政党も農民政党も存在しない」（Verba,
　Schlozman, and Brady 1995, 384-85）．

強いオランダ改革派とその他のプロテスタント」の多くがキリスト教歴史連合（CHU）を，「正統カルヴァン教徒」のほとんどが反革命党（ARP）を支持しており，他と比べても，宗派や政党への帰属意識が強い．結果として，これらの集団（セグメント）は，SES の面では比較的下位であるにもかかわらず，投票や選挙活動を活発に行っていたことが明らかにされている．

　また，政治参加の社会経済的格差を考える上で，工業化途上にある社会では，旧中間層たる農林漁業者に対する動員過程についても考慮する必要がある．ヴァーバらの研究では，1960 年代のオーストリアにおいて，最低 SES 層である（そして政治関心もほぼ最低水準の）農民が保守政党・国民党（ÖVP）による動員を受け，全セグメント中最も積極的に投票参加していたことが明らかにされている．農民は都市ブルーカラー層と対抗する政治的な「陣営（Lager）」に属し，ÖVP 支持率が 90％超とその党派性はきわめて明確であった．「政治的抗争の一方の極への帰属の過程が……［SES と］参加の相関を減少させる」メカニズムをここに見ることができる（Verba, Nie, and Kim 1978=1981, 206）．

高 SES 層の疎外による格差縮小

　政治参加の社会経済的格差は，集団的基盤を欠いた高 SES 層の参加が抑制されることによっても緩和されうる．そうした「抑制セグメント」の例として，ヴァーバらは，1960 年代のオーストリアにおける「無宗教中間階級」，オランダにおける「上層無宗教」グループを挙げている．

　オーストリアの無宗教中間階級は，その階層的地位の高さから社会民主党（SPÖ）を支持しづらく，他方でカトリックと結びつく ÖVP への支持もためらわれる．明確な帰属政党を持たないこのセグメントは，SES が最も高く，政治関心も比較的高いにもかかわらず，平均以下の程度にしか選挙活動を行っておらず，投票参加に至っては全セグメント中，最低の水準となっている．

　同様に，オランダの上層無宗教セグメントの政党支持も，宗教色の薄い自由主義政党（VVD），社会主義政党（PVDA），その他に分散している．これは，カトリックやプロテスタント系の各セグメントが，カトリック党（KVP），CHU，

---

6)　オランダ政治社会の柱状化現象について篠原（1986, 139-42）を参照．

ARP といった明確な帰属政党を持っているのと対照的である．党派性の弱い上層無宗教セグメントは，SES や政治関心が他より圧倒的に高いにもかかわらず，選挙活動や投票を社会の平均程度の頻度でしか行っていない．

　米国と異なり，オーストリアやオランダでは，有力政党の多くが特定の（社会的亀裂を構成する）集団と密接な関係を作っており，明確な帰属先を持たない市民は，たとえ個人として資源や動機に恵まれていてもそれを発揮する機会を与えられず，政治の場から「締め出される」ことになる[7]．その結果，図 5-1 (d) に示されるように，社会全体としては，政治参加の社会経済的格差が比較的小さくなる．ヴァーバらの言葉を再び借りれば，「表面に現われた抗争が社会集団間にあるとき，そして抗争が政治の制度構造に反映されているとき，政治活動における階級間の，表面に現われない偏りは減少しうる」のである（Verba, Nie, and Kim 1978=1981, 321）．

動員ネットワークの衰退とその含意

　ところで，ヴァーバらが国際調査を行った 1960 年代と今日とでは，先進諸国の社会構造，また各国市民の価値観やライフスタイルに大きな変化がみられ，組織・団体の活動にも影響が生じている．「集団の力」が重要だとすると，時代とともに各国の参加格差構造にも変化が起きているとみるべきだろう．

　例えば，ポスト工業化に伴い，北欧諸国を除くほとんどの先進民主主義国において，労働組織率が低下している（Visser 2006）[8]．労働組合にとって，組合員数の減少はそれ自体，選挙等での動員力の衰退を意味する．さらに，労働組織率の低下に伴い，組合員の属性の重心も変化しつつある．1970 年代以降，各国で，公共セクターの専門職（教師，医師等）の組織率が安定ないし上昇傾向にあったのに対し，ブルーカラー産業労働者の組合加入率は大きく低下した．その結果，今日では多くの国で，労働組合員が非組合員よりもむしろ平均的に

7）「締め出し」とは，「ある市民が，彼の社会経済的資源から予想される参加のレベルを下回り，かつそれが制度への非帰属と関連する」状況を指す（Verba, Nie, and Kim 1978=1981, 100）．ここでの「制度」は「組織」とほぼ同義である．

8）　スウェーデン，フィンランド，デンマーク，ベルギーではむしろ組合員数の増加がみられるが，いずれも，組合員に失業給付が加算されるゲント制（Ghent system）の採用国である（Gallego 2015, 121）．

学歴が高くなっている (Gallego 2015, chap. 5)[9].

以上が示唆するのは，多くの先進国において，労働組合がもはや低 SES 層を集中的に動員する働きをなしておらず，したがって参加格差の是正に寄与していないということである[10]．実際，2000 年代の先進諸国のマクロレベル・データを分析した A. ガレゴによると，労働組織率と参加格差（教育程度による投票参加バイアスの程度）の間にはほとんど関係性がみられないという (Gallego 2010; 2015, chap. 5).

先進諸国では，政党の組織力，動員力も，かつてに比べ衰退している．O. キルヒハイマーが早くも 1960 年代に指摘したように，各国の政党は包括政党（catch-all party）と化し，特定の社会集団との強い結びつきを持たなくなっている (Kirch-heimer 1966)．市民の側からみれば，党員として活動する者が減っただけでなく，政党一般に対する忠誠心や愛着もこの間，顕著に低下した．R. ダルトンらのいう政党脱編成（partisan dealignment）の過程である (Dalton and Wattenberg 2000).

政治団体や（強い政治的志向を持つ）利益団体に限らず，そもそも市民社会における団体活動そのものが全般的に弱まっているとの見方もある．米国においては R. パットナムが，1990 年代までに多くの自発的結社が会員数や活動量を減少させていること，すなわち社会的ネットワークの全体的衰退が進行していることを指摘している (Putnam 2000=2006)．ポスト工業社会では，特に若い世代において脱物質主義的価値観の広がりが見られるが，脱物質主義者は伝統的権威に反発し，階統的な組織に属すること自体を是としない傾向があるとされる．欧州諸国で一般に教会活動に参加する市民が減少しているのは，こうした傾向の象徴的な表れである (Norris 2002, chap. 9; Norris and Inglehart 2011, chap. 3).

組織・団体との関わりの減少は，必ずしも低 SES 層に限られた現象ではない．しかし，組織・団体活動の衰退は，低 SES 層の政治参加を相対的に多く減らす可能性が高い．高 SES 層は元から個人的な資源と動機を備えているから，周囲

---

9) Norris（2002, 183）も，1990 年代半ばの 47 ヵ国のデータから，高学歴層ほど労働組合加入率が高いことを明らかにしている．

10) なお企業別組合を主体とした戦後日本では，労組加入者の多くは官公労働者，民間大企業従業員で，1970 年代以前でも SES 下層に属していたとは言えない．このことは，ヴァーバらによる 60 年代のデータの分析からも明らかにされている (Verba, Nie, and Kim 1978=1981, 219).

からの働きかけがなくても，自発的に政治に参加しうる．しかし低 SES 層はそうした政治参加の基礎条件を欠いている．ヴァーバらはいう（Verba, Nie, and Kim 1978＝1981, 16-17）．

　　地位の高い市民が政治的に活動的になる過程と，地位の低い市民が活動的になる過程は，興味深い対照をなす．地位の高い市民が，政治生活において不均衡に大きい役割を果たすには，集団に明確に根ざした動員過程はなんら必要ではない．政治的動員は，個人のレベルで十分に可能である．……対照的に，地位の低い集団が，政治活動において地位の高い集団と肩を並べるには，集団に根ざす政治的動員が不可欠である．すなわち，モティベーションとしては自覚を伴ったイデオロギーが，資源としては組織が必要なのである．……ミヘルスが，組織こそ――我々はさらにイデオロギーを加えたい――弱者の武器である，というとき，我々の議論と一致するのである．

　　低 SES 層の不十分な資源・動機を，他者が補填することは比較的容易であり，効果的である．例えば発展途上国の選挙では，しばしば票の買収――非合法であれ，周囲からの働きかけの一種である――がみられるが，これによる参加促進効果は低所得層に対してより顕著だとされる[11]．逆に，高所得の投票行動を金品によって動かすのは，無理でないにせよ効率が悪い．先進民主主義国では，買収のような非合法的動員は（けっして皆無ではないが）比較的目立たない．しかし同じロジックで考えれば，組織・団体が市民に政治情報を提供したり，投票所まで物理的に誘導するなどして，投票参加のためのコストを引き受けようという場合，その恩恵を大きく受けるのは，やはり個人的資源・動機を欠いた低 SES 層ということになろう[12]．したがって逆に，そうした組織・団体の活動が弱まれば，より参加行動を抑制するのも低 SES 層ということになる．

　　要するに，先進諸国でポスト工業化が進み，動員の基礎となる社会的ネット

---

11)　Goel（1970），Blaydes（2011）はそれぞれインド，エジプトにおいて，低 SES 層の買収が「効果的」であることを指摘する．

12)　境家（2005; 2006, 第 5 章）は，日本の 2000 年総選挙時の調査データを分析し，選挙キャンペーンの参加促進効果が政治関心の低い層ほど強くみられることを示している．

ワークが全体的に衰退したことは，特に低 SES 層の政治参加を抑制し，社会における参加格差を広げたと考えられる．ヴァーバらは 1970 年代の著作において，すでに各国で——米国はもちろん，集団の影響力が強いオーストリアやオランダ，日本においてさえも——伝統的社会集団，政党への帰属意識が薄れつつあり，政治活動に動員される機会も少なくなったと指摘し，これから先，「政治的平等は増大するよりもむしろ減少しつつあるのではなかろうか」と予測していた（Verba, Nie, and Kim 1978=1981, 323）．本書第 II 部で詳述するように，この予測はその後，少なくともわが国において現実化する[13]．

3　政治参加の制度的コストと参加格差

本節では，政治参加に伴う制度的なコストの性質から，国ごとの参加格差構造の違いを説明する．なおここでは，研究蓄積の状況から，議論の焦点を投票参加と教育程度の関係に絞る[14]．

政治制度の均一的／不均一的効果

第 3 章では，合理的投票者モデルの検討を通し，投票参加に伴うコストが制度的文脈によって異なり，その違いによってマクロレベルの参加水準に差が出ることを理論的に示した．投票参加の制度的障壁が低い（高い）国において，全体の投票率は一般に高く（低く）なるはずである．

では，投票参加の制度的コストの違いは，参加の格差構造にも影響を与えるだろうか．この点についてガレゴは，制度的コストに 2 つのタイプがあることを指摘する．図 5-2 は，相対的に参加コストの低い制度（I）と高い制度（II）の下で，有権者の教育程度と投票参加率の関係がどのように変化するか，2 つのパターンを表している．(a) は，投票参加と教育程度の相関関係が，制度によって変化しない場合を示している．ここでは政治制度の違いは参加水準にの

---

13)　オーストリア，オランダにおいても，今日までに教育程度による投票参加格差が拡大していることを示すデータがある．オランダでは，「学歴民主主義（diploma democracy）」に向かっていると懸念されているという（Dalton 2017, 172, 178-79）．

14)　Dalton（2017, chap. 8）は，投票以外の形態の参加格差構造を分析する貴重な文献である．

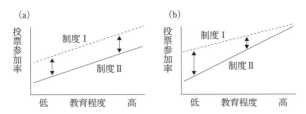

図 5-2　制度的コストの均一的効果（a）と不均一的効果（b）
Gallego（2015, 43）を参考に著者作成.

み影響し，格差構造には影響していない．対して（b）では，制度 I に比べ，
制度 II の下で参加の不平等がより大きくなっている．制度 II では，参加コスト
の高さから参加水準が全体として低いが，その影響は特に教育程度の低い層に
集中的に表れている．言い換えれば，（a）では制度的コストが教育程度により
ず均一に作用しているのに対し，（b）ではその効果の大きさが不均一である．

　均一的効果をもたらす参加コストの例として，ガレゴは投票所での待ち時間
を挙げる（Gallego 2015, 42-43）．投票所が混雑しており，順番待ちの時間が長く
かかると予想されるとき，その時間を惜しむ有権者が現れ，参加水準は全体と
して低下するであろう．この投票率のマイナス効果は，教育程度を問わず均一
的に表れると考えられる．一般に，参加に伴う時間的コストや物理的コスト
（投票所まで往復する身体的負担など）の大きさは，参加の社会経済的格差の
構造に体系的な影響を及ぼさない．時間の価値や身体的能力は，学歴によって
大きく変わるものではないからである．

　これに対して，参加の認知的コスト（cognitive costs）の高低は，認知的能力
が教育程度によって異なることから，参加水準だけでなく，参加格差の構造に
も影響する（不均一的効果をもたらす）と考えられる．認知的コストとは，投
票を行うために必要な情報の取得や処理に要するメンタル面での負荷を意味す
る．

　例えば米国では，投票参加の前提として各市民が有権者登録を自発的に行わ
なければならない．この煩瑣な手続きが，同国における低投票率の制度的要因
になっていることは第 3 章で指摘したが，参加格差の面でも重要な含意をもた
らす．すなわち，有権者登録という行政手続きは市民に多大な認知的コストを

課すもので，認知的能力が低い傾向のある低学歴層にとって，参加へのハード
ルになりがちである．結果として，米国における有権者登録制度は，同国の例
外的に大きな政治的不平等の一因を成している．ヴァーバらの 7 ヵ国研究でも，
「投票が他の多くの国と比較して，より困難な政治活動であること」が，米国
における深刻な参加格差の要因であるとされている．ここでいう「困難な政治
活動」とは，認知的コストの高い政治活動を指すものと理解できる（Verba,
Nie, and Kim 1978=1981, 300）．

選挙制度の効果

投票参加の認知的コストに影響するのは，投票の手続きに関する制度だけで
はない．（狭義の）選挙制度の違いもまた重要である．第 3 章では，選挙制度
の比例性（議席配分ルール）が参加水準に影響することを指摘したが，本章の
文脈では，各有権者の持つ票数や投票用紙への記入内容といった，投票方式
（ballot structure）の違いに注目すべきである．

例えば，単純小選挙区制が採用されている場合，有権者は一票だけを持ち，
最も好む政党（の候補者）を選択すればよい．ここでの有権者の意思決定は比
較的単純である．ところが，小選挙区比例代表並立制のような混合型選挙制度
の下では，有権者は複数の票を持ち，使い分けることができるから，投票行動
の決定はより複雑化する．比例代表制を採る場合でも，拘束名簿（closed list）
式と非拘束名簿（open list）式とでは，有権者にかかる認知的負荷が異なる．
後者では，政党だけでなく，候補者個人まで選択しなければならず，より複雑
な決定が有権者に求められる．国によっては，有権者が複数の候補者に順位付
けをしなければならないが，この場合の認知的コストはさらに高いとみるべき
であろう．非拘束名簿式や単記移譲式（STV）制度の下では，有権者は党派心
というヒューリスティック（簡便な判断基準）に拠るだけでは投票選択ができ
ない[15]．

ガレゴは，こうした投票方式の違いの影響を実証的に検討している．具体的
には 2 つのウェブ調査実験が行われ，有権者の持つ票数の効果と，比例代表制

---

15)　「簡便な判断基準」という説明は谷口（2012, 26）による．

の方式（拘束名簿式／非拘束名簿式）の効果が検証されている．実験の結果によると，低学歴層では，複数の票を投じられるという制度的条件において，一票だけを投じる条件に比べ，投票自体を放棄する割合が高くなる．これに対して，学歴が中程度以上のグループでは，どちらの条件でも棄権率は変わらなかった．また，拘束名簿式と非拘束名簿式の条件で模擬投票を行った結果でも，やはり低学歴層にのみ，条件による投票率の差が生じている（非拘束名簿式の場合に投票率が低くなる）．

　要するに，投票方式が複雑化することによる認知的コスト増大の影響は，低SES層に集中的に表れ，この層の参加率を低下させる．したがって，そうした複雑な制度を採用すれば，政治参加の社会経済的格差は拡大することになるだろう．実際ガレゴは，調査データ（CSES）を用いたマルチレベル分析から，非拘束名簿式採用国において参加格差が比較的大きいという知見を得ている（Gallego 2010; 2015, chap. 3）．

政党システムの効果

　前節では，どの社会階層が動員されるか／締め出されるかという観点から，政党システムと参加格差構造の関係を説明した．政党システムの違いはまた，投票者に与える認知的負荷を変えるという点でもまた，参加格差構造に影響する．政党の数やイデオロギー的配置状況によって，有権者にとって選択肢の違いを識別する難しさが異なってくる．政党間の政策的差異を認識することが困難な政党システムでは，特に低学歴層において，投票参加のインセンティブが損なわれるだろう．

　例えば，二大政党制の場合に比べ，複数の中小政党群から投票先を選ばなければならない場合には，政党間の比較のために多くの情報を集める必要があり，有権者の意思決定はより複雑になる．こうした情報取得，情報処理は，教育程度の低い層においてより大きな負担となり，投票参加の意欲を失わせる．他方，もともと政治知識を多く持ち，政党間の違いをよく認識している層（高学歴層に比較的多いと想定される）にとっては，選択肢の増加は，より自分の理想に近い政党を見つけやすいという点で，むしろ参加意欲を高める方向に寄与するかもしれない[16]．いずれにせよ，政党数の増加は一般に，政治参加の社会経済

的格差を拡大すると考えられる.

　また,中小政党が乱立している状況では,選挙後の連合政権の組み合わせがどうなるかまで考慮して投票することが有権者に求められる.連合政権の下では,政権の業績(失策)がどの政党の手柄(責任)なのかも明確でない.これらの点からも,多党制では一般に,投票者に課される認知的コストが高く,やはり低学歴層の参加が抑制されると考えられる.

　実際,ガレゴは国際比較調査を分析した結果,有効政党数が多い国ほど,また政権がより多くの政党で構成されている国ほど,参加の学歴バイアスがより顕著であるとの知見を得ている.ウェブ調査実験でも,多党制の状況下での模擬投票で,低学歴層の棄権率が特に高いという結果が得られている(Gallego 2010; 2015, chap. 4).

　最後に,政党間のイデオロギー距離(政党システムの分極性)が,投票参加の格差構造に与える影響について考えよう.第3章で見たように,A. ダウンズの理論に従えば,政党間のイデオロギー距離が大きいほど有権者の投票参加意欲は高まるはずであるが,同じ政党システムを与えられても,すべての人が政党間距離を客観的に,同じように認識するわけではない.教育程度との関係では,境家が第3章でも使った主観的分極性指標(*PPI*)の分布を分析し,高学歴層ほど政党システムを分極的に捉える傾向があること,言い換えれば低学歴層は政党間差異を認識しない傾向があることを示している(境家 2016).これは教育水準による認知的能力の違いを反映した結果と考えられる.

　ここから示唆される仮説は,政党間差異を認識することが困難な,すなわち(綱領等の比較により客観的に測定された)イデオロギー的分極性の低い政党システムにおいて,参加の社会経済的格差が大きくなるというものである.かたやファシズム政党,かたや共産主義政党というように,まったく世界観の異なる2政党の競争であれば,学歴を問わず,誰でも選択肢間に違いがあることは容易に理解しよう.他方,2政党ともイデオロギーが中道的で,テクニカルな面での政策的差異しかないとすると,その違いを認識できない有権者が,低

---

16)　第3章で見たように,政党数(有効政党数)とマクロレベルの投票率の相関関係は不明確であった.政党数の増加は低学歴層の参加を抑制し,他方で高学歴層の参加を促進することで,結果的に全体の参加水準を釣り合わせるという見方が可能である.

学歴層に集中して現れると考えられる．比較すれば，後者のような政党システ
ムにおいて，低学歴層の参加意欲が抑えられ，（他の条件が等しければ）参加
の社会経済的格差は大きくなるだろう．

　以上の仮説を直接的に検証する試みは，管見の限り，海外では存在しないよ
うである．そこで本書第 8 章では，日本のデータを用いて，政党システムの分
極性と参加格差構造の関係について実証的に検討してみたい．わが国では，
1990 年代の前後で，政党システムが大きく変化し，主要政党間のイデオロギ
ー的差異は大幅に縮小した．仮説が妥当であれば，この変化は，参加の社会経
済的格差を拡大させる方向に働いたはずである．

第 II 部　実証——日本人の政治参加

第6章 | 日本人の政治参加——比較の視座から

1 はじめに

　第I部では，政治参加の理論について体系的な議論を行った．この準備の上に立ち，第II部では，日本人の政治参加について実証的に詳しく検討していきたい．

　本章ではまず，現代日本における政治参加の水準や格差構造の実態を記述的に確認する作業を行う．その際，3つの比較の視点を置きたい．第一に，参加形態あるいはモード間での比較である．政治参加には多様な形態があり，それぞれ経験率や参加者の特性に違いがある．本章では，近年の日本において，各参加形態がどれだけ頻繁に行われているか，また諸形態をまとめて，どのようなモードに分類できるかを実証的に示し，形態／モードごとの参加者の特徴を明らかにしていく．第二に，国際的比較の視点である．政治参加の実証研究は米国で最も蓄積されてきたが，近年は国際調査が発展し，多くの国の政治参加の実態が明らかにされ，比較可能になってきた．国際的視点から相対的に見ることで，わが国の特徴がより明確になるだろう．第三に，戦後を通して日本人の政治参加がどう変化してきたかという，経時的比較の視点である．特に，社会経済構造や政治制度に大きな変化があった1990年代前後に，政治参加のあり方がどう変わったかという点に注目したい．

　本章は以下のように進む．第2節では最新の調査データを分析し，各参加形態の経験率の把握およびモード分類を行う．また各形態の参加水準について，国際的な基準から評価し，時系列的な推移を示す．第3節では，最も頻度の高いモードである投票について，参加者の属性を明らかにする．第4節では，投票以外のモードも分析に含め，現代日本における参加格差構造の全体像を示す．

2　政治参加の形態と水準

現代日本人の政治参加

　利用可能な最新の学術調査データから，現代日本人の政治参加の実態をみていきたい．ここで用いるのは，2018 年に実施された「民主主義の分断と選挙制度の役割」調査である[1]．当調査は CSES モジュール 5 の一環として実施されたもので，データの質が高い．

　当調査には，回答者に「この 5 年間に経験したこと」をリスト上から挙げてもらう設問（複数選択可）がある．リストには，本書の定義に照らして政治参加（政府の政策決定に影響を与えるべく意図された一般市民の活動）に数えにくいものを含め，多くの種類の行為が提示されている．それら各行為の経験率を表 6-1 に示した．

　まず目立つのは，「選挙で投票した」割合の高さである．過去 5 年で 86.8 ％という経験率は，2 番目に多い「自治会や町内会で活動した」割合（43.1 ％）の倍にもなる．当調査では，この設問とは別の問いで，2017 年 12 月に行われた衆議院選挙の投票に行ったかどうかも聞いており，これに対しては 73.4 ％が参加したと回答している．これらの数値は実態に比して明らかに過大であるが，その点を考慮しても，投票が一般有権者にとって最も身近な，あるいは気軽に行われている政治参加形態であることは疑いない[2]．

　投票以外の参加形態の経験率は総じて高くない．「自治会や町内会で活動した」割合はかなり大きいが，その活動が政治的意図を持ったものか（政府の政策決定に影響を与えようとしたものか）という点は明らかでない．おそらく多

---

1)　当調査は山田真裕，前田幸男，日野愛郎，松林哲也によって実施された．個票データの利用権は調査チームから得ている．

2)　世論調査に基づく投票参加率は，実際の選挙の投票率に比べ，高めに出るのがどの国でも常となっている（日本の事例については松林 2015 を参照）．その理由は，①調査不能者の棄権率が全体より高い傾向にあることと，②実際には投票しなかったが，調査では投票したと答える人がいるためである．調査不能者の参加率が比較的低いという点に関しては，投票だけでなく，他の参加形態でも一般に言えそうである．すなわち表 6-1 の経験率は，どの形態についてもおそらく実態より高い数値になっている．

表 6-1   過去 5 年間に経験したこと

参加形態	経験率
選挙で投票した	86.8%
自治会や町内会で活動した	43.1
必要があって地元の有力者と接触した（会う，手紙を書くなど）	11.0
必要があって政治家や官僚と接触した	6.1
議会や役所に請願や陳情に行った	2.7
選挙や政治に関する集会に出席した	12.0
選挙運動を手伝った（候補者の応援など）	7.3
市民運動や住民運動に参加した	4.4
請願書に署名した	13.2
献金やカンパをした	15.1
デモに参加した	1.0
インターネット（ウェブサイトやブログ，Twitter）上の誰でも見られる場所で政治についての意見を述べた	2.5
LINE, Facebook，電子メールなど特定の人を対象にした SNS 上で政治についての意見を述べた	2.0
マスコミに連絡，投書，出演などをして意見を表明した	1.0
環境保護的，政治的，倫理的な理由で，ある商品を買うのを拒否したり，意図的に買ったりした	4.6
どれもしたことがない	8.8

データ：CSES 2018.

くはそうでないだろう[3]．その次に経験率が高いのは「献金やカンパをした」であるが，15.1％に留まる[4]．しかもその内訳の多くは，慈善団体への寄付など，本書の定義する政治参加に含まれない行為とみられる[5]．

　表に挙げられた 15 種類の行為のうち，「選挙で投票した」のみを選択した人

---

3)　2006～07 年に実施された「町内会・自治会など近隣住民組織に関する全国調査」（辻中豊代表）では，全国 1 万 8,000 余りの自治会組織から調査回答を得ている．「市町村に対してこれまで次の手段を用いて要望や意見表明を行ったことがありますか」という問いに対し，「署名活動」，「集会」，「デモ，パレード」を選んだ自治会は，それぞれ全体の 20.1％，17.3％，0.5％であった．期間的限定が付いていない質問の回答であることをふまえると，多くの自治会はこうした会員の動員を伴う政治活動を日常的には行っていないとみるべきである．自治会が日常的に取り組む活動としては，「清掃・美化」（選択率 87.0％）や「生活道路や街灯の管理」（86.2％），「祭りの実施」（73.8％）といった住環境整備，会員の親睦を目的とするものが多い．以上のデータについて，辻中・ペッカネン・山本（2009）を参照．1960 年代の調査に基づく知見であるが，Verba, Nie, and Kim（1978=1981, 116）も，「近隣組織」に属する市民の割合が非常に多い一方，その中で政治的な議論が行われる頻度が低い点を日本の特徴に挙げている．

は回答者中の3分の1に上り，政治参加と言えるか微妙な「自治会や町内会で活動した」をリストから除けば，この数値は5割にまで達する．8.8％の人がこの5年に投票すら1度も行っていないと答えているが，これは（投票参加率が過大である点を考えると）おそらく実態より小さな値である．今日の日本人の政治参加は全般的に低調であり，参加するにしても，多くの場合その形態は投票に限られている．

参加モードの抽出

　序章で紹介したように，S. ヴァーバらは因子分析という方法により，政治参加の諸形態を投票，選挙活動，地域活動，個別接触の4モードに分類した．それぞれの参加モードは，活動の及ぼす影響力のタイプ，参加の帰結が及ぼす範囲，他の参加者との対立の程度，活動に要する自発性の強さといった点で異なることはすでに述べた通りである．

　日本人の参加モードについては，調査項目や分析方法によって，また分析の行われた時期によって，異なった結果が得られている．ヴァーバ，N. ナイ，J. キムは『政治参加と平等』の中で，1966年の調査データに基づき，投票，選挙活動，地域活動，個別接触という4分類が日本にも適用可能であると主張した (Verba, Nie, and Kim 1978=1981, 328)．その後，蒲島が80年代のデータを分析し，投票，選挙運動，地域・住民運動の3モードを抽出している（蒲島 1988）[6]．

　先行研究の方法に倣い，近年の日本における参加モードを分類してみよう．

---

4)　1990年代までの学術調査（JABISS, JES, JES II）では，「支持する候補者や政党の応援のために，お金を出した」ことがあるかという聞き方が採用されていたが，2000年代以降（JES III, JES IV, CSES），単に「献金やカンパをした」ことがあるかと聞く調査が多くなっている．明らかに前者のほうが狭い範囲の行為を指すのであり，実際，1990年代までの調査では献金経験率は5％前後でしかない．山田（2008, 6-7）は，これらの調査データから，「21世紀における顕著な経時的変化」として「献金・カンパにかかわる有権者の増加」があると主張しているが，ワーディングの変更について考慮していない．

5)　内閣府の「平成28年度　市民の社会貢献に関する社会調査」によると，2015年の1年間に「寄附をしたことがある」とした回答者（全体の41.2％）のうち，その相手が「政治団体，宗教法人」（2種類で1カテゴリーとされている）であったものは5.8％に過ぎない．寄付対象の1位は「共同募金会（赤い羽根）」で38.4％，2位は「日本赤十字社」で33.2％，3位は「町内会・自治会」で27.4％であった．

表 6-2　日本における政治参加のモード

	因子 1 伝統的投票 外参加	因子 2 投票	因子 3 オンライン 意見表明	因子 4 抗議活動	因子 5 オフライン 意見表明
2014 年総選挙で投票	0.202	**0.664**	0.028	0.096	0.074
2017 年総選挙で投票	0.177	**0.862**	0.022	0.118	0.082
地元の有力者と接触	**0.648**	0.133	0.055	0.258	0.203
政治家や官僚と接触	**0.634**	0.121	0.078	0.244	0.217
請願・陳情	0.449	0.093	0.106	0.254	0.330
政治集会出席	**0.646**	0.196	0.094	0.305	0.165
選挙運動の手伝い	**0.620**	0.172	0.105	0.335	0.165
市民運動・住民運動	0.444	0.102	0.082	**0.528**	0.244
請願書署名	0.335	0.156	0.082	0.238	0.244
デモ参加	0.204	0.056	0.042	**0.556**	0.209
ネット上で政治について意見	0.105	0.019	**0.612**	0.073	0.261
SNS 上で政治について意見	0.107	0.028	**0.840**	0.085	0.089
マスコミに意見を表明	0.186	0.058	0.087	0.221	0.473
不買運動参加	0.131	0.038	0.131	0.133	0.391

因子負荷量 0.5 以上を太字にし，0.4 以上を囲みで強調した．
データ：CSES 2018.

　表 6-2 は，2018 年の CSES データを用いて因子分析を行った結果である[7]．表中の数値は因子負荷量を表し，この値が大きいほど抽出された各次元と個々の参加形態との関連が強い．分析の結果は，今日のわが国の政治参加に，少なくとも 5 つの区別された次元が存在することを示している．

　第 1 因子では，「地元の有力者と接触」「政治家や官僚と接触」「政治集会出席」「選挙運動の手伝い」の因子負荷量が大きい．これらはヴァーバらの 4 モード分類では地域活動（公的問題に関する政治エリートとの接触），個別接触

---

6)　参加モード抽出のその他の試みとして，三船（2008a），山田（2008）を参照．なお，因子分析の結果は含まれる項目の種類によって大きく変わるから（境家 2011），別の調査データを用いた他の研究と本章の結果がずれること自体は当然である．

7)　最尤法で推定し，固有値 1 以上の 5 次元についてプロマックス回転を施した．表 6-1 で掲げた活動形態のうち，政治参加に入れられるか微妙な「自治会や町内会で活動した」と「献金やカンパをした」は分析に含めなかった．前者は分析に含めても，結果全体に大きな影響は出ない．後者を分析に含めた場合，この項目のみが大きな因子負荷量を持つ独自の次元が析出される．また分析に投入する項目数を増やすため，表 6-1 の「（過去 5 年のうちに）選挙で投票した」という変数の代わりに，「2014 年総選挙で投票」，「2017 年総選挙で投票」という 2 つの変数を含めた．

（私的問題に関する政治エリートとの接触），選挙活動に含まれた参加形態である[8]．またこの因子は，議会・役所に向けた陳情や住民運動といった，地域活動に類する項目とも関連性が強い．つまり，第1因子は，ヴァーバらの分類のうち投票以外の3モードに広く関係している．ここでは，投票以外の伝統的な政治参加形態という意味で，この次元を「伝統的投票外参加」と名付けておく．

　第2因子は，「2014年総選挙で投票」と「2017年総選挙で投票」にもっぱら強い関連があり，明らかに「投票」を表す次元である．

　第3因子では，「ネット上で政治について意見」「SNS上で政治について意見」の因子負荷量が際立って大きい．インターネットを利用した参加は，他の形態から区別されるのである．この次元は「オンライン意見表明」と名付けよう．

　第4因子は，「デモ参加」との関連が最も強く，次いで「市民運動・住民運動」との結びつきが強い．この次元は「抗議活動」と呼ぶことにする．

　第5因子は全体的に因子負荷量が小さいが，相対的に，「マスコミに意見を表明」「不買運動参加」「請願・陳情」との関連が強い．これらは意見表明の諸形態である点で第3因子と重なるが，インターネットの活用の有無において違いがある．そこで，この次元は「オフライン意見表明」と名付けることにしよう．

　総合的にみると，以上の分析結果は，ヴァーバらの古典的な分類法を基に，時代状況の変化に合わせて抗議活動とオンライン活動を新たに区別した，R.ダルトンのモード分類に近い（Dalton 2019, chap. 3）．もっとも，モードとして区別されたということは，必ずしもそれに関与する市民が多いということを意味しない．インターネット上での意見表明にしろ，デモ活動にしろ，実際に行っている市民がごく少数であることは表6-1で確認した通りである．経験者数という点では，いうまでもなく投票が圧倒的に多い．

　表6-2に示した5つのモードは，参加者の重なりという面で，それぞれある程度の独立性がある．例えば，投票参加に熱心な人だからといって，必ずしも日常的にインターネット上で政治的意見を表明しているわけではない．表6-3

8）「地元の有力者と接触」と「政治家や官僚と接触」の目的が，公的問題と私的問題のどちらの解決を意図したものかは，選択肢の文言からは区別不可能である．

表 6-3　因子間の相関係数値

	投票	オンライン意見表明	抗議活動	オフライン意見表明
伝統的投票外参加	0.24	0.14	0.48	0.35
投票		0.04	0.15	0.10
オンライン意見表明			0.11	0.20
抗議活動				0.38

データ：CSES 2018.

は 5 因子間の相関関係を表している．この数値が高い組み合わせの 2 モードは，参加者の重なりが大きいことを意味する．表の中では，「抗議活動」「伝統的投票外参加」「オフライン意見表明」相互の相関が 0.35〜0.48 と比較的強く，これらのモードは同じ有権者によって行われる傾向があることが分かる．しかしこれら以外の組では相関係数値は高くない．特に「オンライン意見表明」は他のモードとの関連が全体的に弱い．インターネットを用いた意見表明が，参加者の属性という点で，他の参加形態とかなり異なっていることを示唆する．

　序章でふれたように，かつて L. ミルブレイスは政治参加に（コストの高さに順序付けられた）一次元構造があることを主張した．この見解はヴァーバらの 1970 年代の研究で批判されたが，以上の分析結果が示すように，現代日本でも有権者の政治参加行動は多次元的である[9]．

国際的比較

　現代日本人の政治参加は，絶対的基準からみて活発とはいいがたい．では相対的に見た場合，どの程度の水準に位置づけられるだろうか．

　まず，投票参加について検討しよう．投票率の比較には，政府が集計した公式のデータを用いることができ，（より精度の低い）調査回答データに頼る必要はない．日本を含む世界各国の国政選挙の投票率は，民主主義・選挙支援国際研究所（International IDEA）によって収集，公表されている．図 6-1 は，同機関のデータセットをもとに，経済協力開発機構（OECD）加盟国における 2010

---

9)　1996 年の調査データを分析した西澤（2004）も，難易度の高い「投票外参加」（投票以外の参加形態）をする人はほぼ必ず投票するが，投票外参加の中だけでみれば一次元的階層性はないと指摘している．

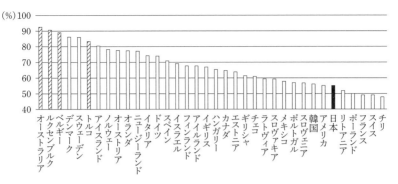

図6-1 2010年代における下院選挙の平均投票率

斜線の棒グラフは罰則付き義務投票制の採用国.

データ：International IDEA, Voter Turnout Database.

年以降の下院選挙の平均投票率を比較したものである. これによると, 日本の衆院選（小選挙区）の投票率は平均55.2％で36ヵ国中31位に甘んじており, 世界基準からみて低調な部類であることが分かる[10].

　投票以外の参加形態については, 公式の集計データが存在しないことがほとんどで, 国際比較はより困難である. しかし, 近年では世界的に調査データが整備されてきており, 体系的な研究が可能になってきた. 表6-4は, 2014年前後に34ヵ国で実施されたISSP国際比較調査から, 8種類の参加形態に関する過去1年間の経験率を示したものである. これによると, 日本人の各形態の参加率は, いずれも国際平均を大きく下回っていることが分かる. 参加度の高い順に国を並べると, 日本は最も順位の高い「請願書に署名した」でさえ23位に留まり, 多くの形態では最下位に近い. また（別枠の質問であるため）表には含めていないが, 政党に「所属して, 活発に参加している」割合で見ても, 34ヵ国平均が3.8％であるのに対し, 日本では1.0％となっており, やはり国際的にほぼ最低クラス（29位）である.

　なお, 日本人の政治参加が不活発なのは, 2014年前後の1年間に限られたこ

---

10)　ここでの投票率の定義は「投票総数／登録有権者数」である.「投票総数／投票可能年齢以上の人口（voting age population）」で比較した場合, 日本の平均投票率はOECD諸国中28位となる.

表 6-4　過去 1 年間に経験した行動

	34 ヵ国	日本	順位
請願書に署名した	20.3%	11.7%	23
政治的，道徳的，環境保護的な理由で，ある商品を買うのを拒否したり，意図的に買ったりした	19.0	7.4	24
デモに参加した	5.7	1.0	34
政治集会に参加した	7.7	2.9	31
政治家や公務員に連絡をとって意見を表明しようとした	7.5	1.5	32
社会的，政治的活動のために寄付をしたり募金活動をしたりした	17.3	11.5	25
マスコミに連絡，投書，出演などをして意見を表明した	3.6	0.9	33
インターネット上で政治的な意見を表明した	7.2	1.3	34

データ：ISSP 2014.

とではない．当質問の回答には，「過去 1 年間にしたことがある」のほか，「過去 1 年間にしたことはないが，もっと前にしたことがある」という選択肢も用意されている．これを用いると，過去 1 年に限らず，「今までに 1 回でも」各形態を経験した割合を計算できる．しかしこの指標で比較しても，日本の順位は表 6-4 とほとんど変わらない[11]．

　ISSP と並んで頻繁に参照される国際比較調査として，世界価値観調査（WVS）があり，同調査でも毎回，複数の参加形態について経験の有無を聞いている（「過去何年の間に」といった限定は付いていない）．2010〜14 年に実施された第 6 波調査のデータで比較すると，日本は，「請願書・陳情書への署名」の経験率（33.7%）こそ 57 ヵ国・地域中 10 位と上位であるものの，それ以外では「不買運動（ボイコット）」が 1.9% で 50 位，「平和的なデモ」が 4.8% で 51 位，「ストライキ」が 4.7% で 33 位，「その他の抗議行動」が 1.2% で 49 位と，相当に順位が低い[12]．モードを問わず，また中長期的な傾向として，日本人の政治参加は相対的に低水準であると結論づけざるを得ない．

---

11)　「請願書に署名した」が 19 位に上がるのが最大の好転である．
12)　国・地域によって特定の参加形態の経験について聞いていない場合があり，「不買運動（ボイコット）」「平和的なデモ」「ストライキ」の順位は 56 ヵ国・地域中，「その他の抗議行動」の順位は 55 ヵ国・地域中のものである．同様の分析を行った山田（2016a, 2016b）と経験率の数値にズレがあるのは，計算法の違いによる．本書では，「わからない」ないし「答えない」ケースはサンプルから除外して計算した．

経時的変化

つぎに，投票その他の参加形態について，日本人の参加度が経時的にどう変化してきたのかを検討しよう．

図 6-2，図 6-3 はそれぞれ，第二次世界大戦後における国政選挙，地方選挙の投票率の推移を示している．衆院選については，序章ですでにみたように（図 0-1），投票率が戦後を通して低下傾向にあり，特に 1990 年代以降の落ち込みが大きく見える．参院選の投票率についても，全体的な動きは衆院選のそれと類似している．参院選では（2007 年を除き）亥年に行われる場合に投票率が特に低下するという現象があり，そのために変動幅がより大きく出る．亥年のケースを除いてみれば，両院選挙の投票率が並行的に推移していることが，より明瞭に見えてくる．

亥年の参院選で投票率が下がるのは，その年の春に統一地方選挙があるからとの見方が有力である．すなわち，地方政治家たちが自身の選挙運動で疲弊するため，夏に行われる参院選での集票活動が不活発化し投票率が低下するというのが，政治記者であった石川真澄の提唱した仮説で，政治学者による検証もある（石川 1984; 荒木 1994, 第 1 章; 浅野 1998; 谷口 2004, 第 7 章; 三船 2008b; 今井 2009; Song・日野 2020）[13]．石川仮説が正しいとすると，これは，日本の選挙における動員の重要性を間接的に示していると言えよう．

戦後を通した投票率の低下は，地方選挙においてより明瞭に見られる．図 6-3 によると，都道府県か市区町村か，首長選挙か議員選挙かによらず，どの選挙でもほぼ直線的に投票率が落ちている[14]．かつてわが国では，国政選挙である衆院選よりも，最もローカルな町村議会議員選挙の方が投票率が高いという「ねじれ（turnout twist）」現象が目立った（Horiuchi 2005）．しかし，地方選の投票率は国政選挙以上のペースで急落しているから，今日までに多くの地域

---

13)　2007 年参院選は亥年に行われたにもかかわらず全体の投票率は前後に比べ低くなっていないが，Imai and Kabashima（2008）によると，春の統一地方選の存在により自民党候補の絶対得票率が低下するという現象は存在した．

14)　地方選挙で全国的に最も投票率が高かったのは，1951 年の第 2 回統一地方選においてであった．ここでは個別訪問や供応買収が横行し，全国で 6 万人を超す大量の選挙違反検挙者が出る始末となった．これを機に公明選挙運動が盛り上がることになる（http://www.akaruisenkyo.or.jp/030history/）．

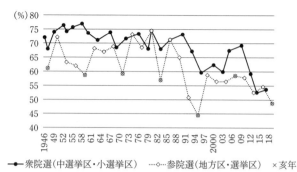

図 6-2　戦後国政選挙の投票率
出所：明るい選挙推進協会ホームページ（図 6-3 も同じ）.

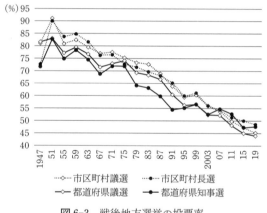

図 6-3　戦後地方選挙の投票率

でねじれは解消されたとみられる．日本人は近年，選挙の種別を問わず投票に行かなくなっている．

　投票以外の参加形態についてはどうか．図 6-4 は 1970 年代以降に実施された学術調査（JABISS, JES I〜IV, CSES）から，比較的形式の近い質問を取り上げ，各参加形態の過去 5 年間における経験率の推移を示したものである[15]．ここでは 6 種類の参加形態について示されているが，長期的趨勢は明らかで，

---

15)　2018 年以外のデータは平野（2012）による集計値を参照した．JABISS 調査，JES シリーズ調査の詳細については同文献の注 4 を参照.

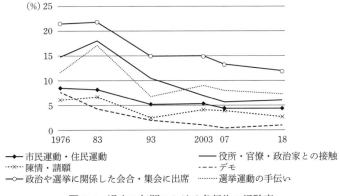

図6-4　過去5年間における各行為の経験率

データ：JABISS, JES I～IV, CSES 2018.

いずれも退潮傾向にある.

　個別に見ると,「政治や選挙に関係した会合・集会に出席」と「選挙運動の手伝い」はヴァーバらのモード分類で選挙活動に当たる形態である. これらの経験率は, 1983年から93年の間に急落している. 第8章で詳しく見るように, 90年前後に選挙活動が不活発化したことは, 動員活動の「受け手」側の認識（各種選挙活動に対する接触率）からも観察することができる. 地域活動ないし個別接触のモードに当たる「役所・官僚・政治家との接触」についても, 同じ時期が後退へのターニングポイントとなっている.

　その他の参加形態については明確な画期があるわけではないが, いずれもこの40年の間に漸次的に退潮している. 篠原一は1977年,「公害, 自然保護をめぐる市民運動が爆発的に発生した」状況を目の前にして『市民参加』を著したが（篠原 1977, 95）, 後世から振り返ると, その時期以降, 市民運動・住民運動は停滞していったようである[16].

　デモについても, 経験率は1970年代から継続的に低下している. そもそもデモは, 参加に必要な能動性がきわめて高い非制度的（エリート挑戦的）参加形態であり, どの時代でも各運動に対して実際に関わる人は少数である. 60年

---

16)　山本（2017）の集計でも, 市民運動・住民運動は1960年代末～70年代前半をピークに件数が減少している.

の安保闘争は戦後最大の大衆政治運動とされるが[17]，67年に実施された学術調査によると，安保改定問題に関する「デモ」ないし「集会」に参加したと答えた人は約3％であったに過ぎない[18]．60年代末に興隆した新左翼運動も，その多くは学生の関与にとどまり，しかも当時の大学進学率は2割程度でしかなかった．小熊英二の推計では，47〜49年生まれの「全共闘世代」の中だけで見ても，「多く見つもっても4〜5％しか『全共闘体験』がない」とされている（小熊 2009, 上, 93-95）．

　こうしてみると，図6-4で1976年の時点で7.6％の回答者が5年以内にデモに行ったとしているのは，かなり高い割合であるとの印象を与える[19]．市民運動・住民運動を含め，70年代までの日本では，エリート挑戦的な抗議活動が比較的盛んに行われていたのである．しかし，市民運動・住民運動が退潮するよりさらに早く，デモ活動は行われなくなった．90年代以降になると，デモの経験率は1〜2％にまで低下している．

　別の調査からも以上と同様の傾向が見られることを確認しよう．図6-5は，NHKが5年に1度実施している「日本人の意識」調査から，6種類の参加形態の過去1年での経験率を時系列的に示したものである[20]．ここでもやはり，あらゆる種類の形態において，経験率が長期的に低落している傾向が認められよう．煩雑になるので図には載せていないが，当該質問には「特に何もしない」

---

17) 治安当局の集計によると，1960年6月18日だけで，国会周辺の運動に13万人以上，地方集会に31万人以上が参加している（公安調査庁「安保闘争の概要」1960年）．

18) ミシガン大学日本研究所が実施した調査（Robert E. Ward and Akira Kubota, Japanese National Election Study, 1967）．個票データは Inter-university Consortium for Political and Social Research（ICPSR）で公開されている．同調査に，「6, 7年前に安保闘争と言うのがあったのですが，それについて何か読んだか，聞いたことがありますか」という問いがあり，回答は「ある」が54.0％，「ない」が25.5％，「わからない」が20.2％，「その他」が0.3％であった．1967年の調査であることを考えると，安保闘争について聞いたことすら「ない」，あるいは「わからない」とした人の多さが印象的である．

19) 小熊（2009, 上, 16）は，連合赤軍事件のあった1972年2月をもって「若者たちの叛乱の時期」の終点とする．なお，70年前後の学生運動は明らかに抗議活動の一種であるが，その参加者が世論調査で「デモに参加した」と回答したか（自分たちの運動をデモの一種と見なしていたか）は不明である．

20) 当調査では，「マスコミに投書した」か，「政党・団体の一員として活動した」かも聞いているが，グラフの煩雑化を避けるため，図6-5では扱っていない．どちらの行為の経験率も，やはり減少傾向にあることは他と変わらない．

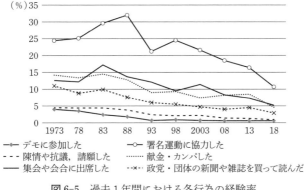

図6-5　過去1年間における各行為の経験率
出所：荒牧（2019）.

という選択肢があり，その選択率は1973年から2018年の間に60％程度から80％程度にまで直線的に増加している．形態を問わず，日本人は政治に参加しなくなってきているのである．

最小参加社会・日本

　本節で確かめてきたように，現代日本人の政治参加は絶対的水準からみても，国際的比較の観点からみても，かなり低調である．1970年前後には，国政選挙の投票率は7割程度と比較的高く，住民運動のような投票外参加も都市部では多くみられた．ところが80年代後半〜90年代を境に，日本人の政治参加は衰退の一途をたどっている．昨今では，抗議活動のような高コストの参加形態を経験する人はきわめて稀になっており，国政選挙の投票さえ5割ほどの人しか行っていない．この国には，政治システムへの入力にほとんど，あるいはまったく関わっていない市民が今日，多数存在する．

　第2章で論じたように，投票や選挙活動といった従来型政治参加が衰退しつつあるのは，日本に限った話ではなく，先進民主主義諸国で共通してみられる傾向である．他方，日本の場合，欧米諸国では増加傾向にあるとされる，非制度的あるいは非従来型の参加形態についても活発化している様子がなく，むしろ退潮傾向が明らかである．本書の冒頭で記したように，近年，安保法制問題をめぐって国会前デモなど抗議活動の盛り上がりが報道されたが，人口全体か

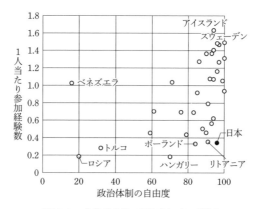

図 6-6　政治体制と政治参加度の関係

データ：ISSP 2014, Freedom House.

らみれば，こうした運動に加わる「活動家」はきわめて稀な存在とみてよ
い[21]．インターネットを用いた意見表明や情報拡散についても，技術的に
1990 年代まで存在していなかった新しい参加形態であるが，（ネット自体はす
でに広く社会に普及したにもかかわらず）他の形態の衰退を補うほど盛んには
行われていない．

　図 6-6 は，各国の「政治体制の自由度」（横軸）と「1 人当たり参加経験数」
（縦軸）の関係をプロットした散布図である．「政治体制の自由度」はフリーダ
ム・ハウス（Freedom House）による指標を用いた[22]．「1 人当たり参加経験
数」は，ISSP の 2014 年データを用いて，表 6-4 に挙げた 8 種類の行為のうち，
各回答者が過去 1 年以内にいくつ行ったかの平均値である．日本における「1
人当たり参加経験数」は 0.34 で，34 ヵ国中 30 位である．日本よりこの値が小
さい国は，ポーランド，トルコ，ロシア，ハンガリーの 4 ヵ国に過ぎず，この
うちポーランド以外はフリーダム・ハウスによって非自由（Partly Free ないし

---

21)　2000 年代に入り，経済状況の悪化とともに，日本人は脱物質主義的価値観を弱めてい
　　るとの報告がある（池田 2016; 谷口・栃原 2018）．脱物質主義者の減少は，抗議活動の衰
　　退傾向と整合的である．
22)　フリーダム・ハウスのサイト（https://freedomhouse.org/countries/freedom-world/scores）
　　より 2020 年 5 月 15 日にデータ取得．

Not Free) 国に分類されている. 要するに, 自由民主主義体制を備えた国の中で見て, 日本人の政治参加度は最低水準なのである. 以上から本書では, 現代日本を「最小参加社会」として特徴づけることにしたい.

3 投票参加者の社会的属性

本節では, 参加の諸モードのうち投票に絞り, 参加者の属性を検討する. 投票参加の社会的格差の実態を明らかにするため, 性別, 年齢, 居住地域, 社会経済的地位 (教育・所得・職業) という基本的なデモグラフィック変数と投票参加との関係を見る. 図 6-7 は, CSES データを用いて, 2017 年総選挙における各社会的集団の投票率を, 回答者全体の投票率との差分として示したものである. 以下, この調査データに加え, 公式の集計データも適宜確認しながら, 属性ごとに詳しく議論する.

性 別

わが国における性別と投票率の関係は, 時期によって大きく変化している. 図 6-8 は, 戦後の総選挙における男女別投票率 (総務省発表値) の推移を示したものである. これによるとまず, 1940～50 年代の選挙において, 男性の投票率が女性に比べてかなり高かったことが分かる. 女性参政権が認められた最初の選挙である 46 年総選挙では, 男性の投票率が 78.5％であったのに対し, 女性は 67.0％でしかなかった. しかし, 投票率の性差は選挙を経るごとに減少していき, 69 年総選挙に至ってついに逆転するまでになる. その後今日まで, いずれの選挙でも男女間に大きな投票率のギャップは見られない[23].

戦後初期における女性の (同時期の男性と比較しての) 顕著な低投票率は, この時期, 社会に濃厚にあったであろう, 性的役割分担意識——女性は政治・公的問題に関与すべきでないとの価値観——の影響があると考えられる. ミル

---

23) 細かく見れば, 2009 年以降の総選挙において, 男性の投票率が女性より若干であるが高くなっている. 調査回答に基づく図 6-7 でも, 微差ながら男性の投票率が高めに出ている. 1990 年頃にははっきり女性優位であったことからみれば, 注目に値する傾向の変化である. この変化のメカニズムの一端は第8章で明らかにされる.

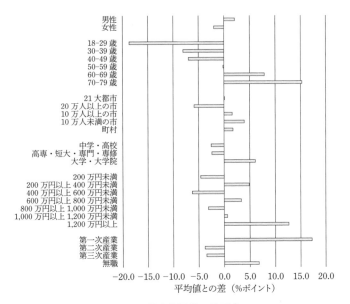

男性
女性

18-29 歳
30-39 歳
40-49 歳
50-59 歳
60-69 歳
70-79 歳

21 大都市
20 万人以上の市
10 万人以上の市
10 万人未満の市
町村

中学・高校
高専・短大・専門・専修
大学・大学院

200 万円未満
200 万円以上 400 万円未満
400 万円以上 600 万円未満
600 万円以上 800 万円未満
800 万円以上 1,000 万円未満
1,000 万円以上 1,200 万円未満
1,200 万円以上

第一次産業
第二次産業
第三次産業
無職

-20.0　-15.0　-10.0　-5.0　0.0　5.0　10.0　15.0　20.0
平均値との差（%ポイント）

図 6-7　社会的属性と投票率

データ：CSES 2018.

　ブレイスは，社会の近代化とともに人々の意識が変化し，女性の政治参加も活発化することを示唆したが（Milbrath 1965=1976, 188-89），戦後日本の事例はその主張の妥当性を示す証拠になろう．

　2 つの点を補足しておく．第一に，図 6-8 の「投票者中の男性割合」の推移を見ると，戦後初期を除き，ほとんどの時期で 50 ％を割っていたことが分かる．つまり，投票者の実数ではこれまでほぼ一貫して男性より女性のほうが多かったことになる．男性の投票率が圧倒的に高かった占領期でさえ，投票者数の面ではそれほど男性優位になっていない点に注意したい．1946 年総選挙では，男性よりも女性投票者のほうが多かったほどである．これは，第二次大戦の影響でこの時期，男性有権者数そのものが極端に減少していたことによる．最近も，男性の投票率が再び若干優位になっているにもかかわらず，女性の平均寿命が長く人口が相対的に多いことから，女性の投票者がやや多いという状況は変わっていない．

　第二の補足は，投票率の長期的推移についてである．前節でみたように，戦

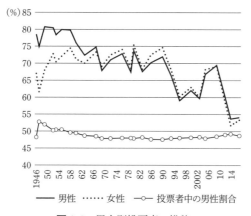

図 6-8　男女別投票率の推移

データ：総務省選挙部「目で見る投票率」2019 年.

後を通して総選挙の投票率は低下傾向にあるが，このことは男性だけに限ってみれば一層明瞭である．投票率の大きな低下は，高度成長期（1960 年代），政界再編期（90 年代），民主党政権誕生後（2010 年代）という 3 つの時期に生じたことが見て取れる．これらの時期になぜ投票率が低落したのか，という点は次章以降で検討されるであろう．

年　齢

　図 6-7 からは，年齢と投票率の間にきれいな正の相関を見て取れる．すなわち，年齢層が上がるほど，投票率は高い傾向がある．10〜20 代と 70 代の間では，投票率に 34％ポイントものギャップがあり，絶対的な意味でも年齢の効果はきわめて大きい．

　CSES データのサンプルには 80 歳以上の有権者が含まれていないので，この層も含め，総務省発表の集計データを確認しよう．図 6-9 は，2014 年と 17 年の総選挙について，各年齢層の投票率を示したものである．これによると，20 代から 70 代前半に至るまで，投票率は直線的に上昇していることが分かる．しかし 70 代後半以降になると，投票率はむしろ低下傾向となる．第 4 章で説明したように，年齢と投票率の曲線的関係は世界中でみられる．

　18・19 歳の投票権は衆院選では 2017 年から認められたが，この層の投票率

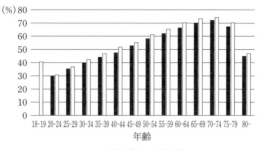

図 6-9　衆院選における年齢別投票率

出所：明るい選挙推進協会「第48回衆議院議員総選挙全国意識調査　調査結果の概要」2018年.

は20代前半よりもむしろ高い．これは，家庭や高校教育の場で，選挙へのある程度効果的な意識付けが行われていることを意味するのかもしれない．なお，図 6-9 では1カテゴリーにまとめられているが，18歳と19歳を分けて比べると，前者の投票率が圧倒的に高い．総務省の発表によると，2017年総選挙における18歳の投票率は50.7％，19歳は32.3％であった．19歳になって投票率が下がる原因の一つとして，高校卒業後に親元を離れた大学生等が住民票を移さず，居住地で投票できないケースが多くあることが指摘されている[24].

　つぎに，年齢層別投票率の推移について見ておきたい．図 6-10 は，1967年以降の総選挙における各年齢層の投票率をプロットしたものである（図が煩雑になるのを避けるため，20，40，60代に限定）．ここからまず，60年代において，年齢による投票率のギャップは近年ほど大きくなかったことが分かる．67年選挙における20代の投票率は66.6％であるのに対し，60代の投票率は77.1％で，ギャップは約10％ポイントであった．これに対し，2017年選挙での投票率はそれぞれ33.9％，72.0％で，格差は38％ポイント以上にまで広がっている．

　図からもう一つ見て取れるのは，どの年齢層でも，全体として投票率が低下傾向にあることである．しかし，その低落の幅には年齢層によって顕著な差がある．60代の投票率の動きをみると，2010年代に落ちている一方，それまで

---

24)　明るい選挙推進協会「第48回衆議院議員総選挙全国意識調査　調査結果の概要」2018年.

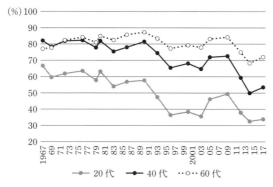

図 6-10　年齢層別投票率の推移（衆院選・中選挙区／小選挙区）
出所：総務省「第 31 回〜第 48 回衆議院議員総選挙年齢別投票率調」.

は大きく変動していない．図には示していないが，70 代以上の動きも 60 代の
それに準じる．対して 20 代・40 代における投票率の低下は，より長期的で大
幅である．特に 1990 年代前半における急激な落ち込みが目立つ．図 6-2 で見
た有権者全体としての投票率の低下は，その多くが比較的若い層の「投票離
れ」に起因したものだったと結論づけられよう．

居住地域

　第 4 章で検討したように，居住地の都市規模と政治参加の関係については，
正の相関を予測する理論と，逆に負の相関を予測する理論の両方が存在する．
しかし実証的にみて，わが国における都市規模と政治参加の関係はこれまで明
確であった．すなわち，日本では農村住民の方が都市住民より投票に行く傾向
が強い．B. リチャードソンによると，日本における投票参加の農村バイアスは，
1925 年の第 1 回普通選挙ですでに確認することができ，第二次大戦後に一層強
化されている（Richardson 1973）．

　都市規模と投票参加の関係は，わが国において，早い時期から政治学者の関
心を集めてきた．古くは，京極純一が 1960 年の論文で，農村における高投票
率を実証的に示している．京極は集計データ（47〜58 年の衆院選結果）を基に
都市規模と投票率の関係を分析し，その結果を次のように説明している（京極
1968, 196-97）．

農村の方が投票率が高い，という事実の説明は，おそらく，農村の方が有権者の「駆り出し」，あるいは，動員が徹底している，という一般的な事情に求められるべきであろう．自発的な市民ないし公衆という人間像を想定するならば，その高い政治意識からして，個々人が必ず自発的・自律的に投票し，従って，何らかの単位でまとめた場合，このような人々の住む地区が高い投票率を示す，と考えて差支えない．しかし，我々の知る限りの調査報告によれば，農村的選挙区に自発的市民ないし公衆という人間像に対応する投票者が最も多く，大都市的選挙区に最も少ない，しかも，これがこの 6 回の総選挙の間を通じて，日本社会の持続的特質であった，と考えることはまず無理である．

京極によると，投票推進の担い手は，役所の棄権防止運動や，候補者個人の集票マシーンを構成する地方の名望家や有力者で，これらによる動員の効果は農村部で最も効率的に表れるという．

1960 年前後に島根県で調査を行った山田政治も次のように述べ，農村部における動員や社会的圧力の影響を強調している（山田 1965, 192-93）．

農漁村の生活のしくみの中では，棄権は単に「投票に行かなかった」ということを意味するにとどまらず，彼と親しい有力者，運動員その他隣人，知人，親戚から依頼された「特定候補何某に投票しなかった」ことを意味する．それは共同体内部の信頼関係にそむく行為であるから，家族の票をふり分けてでも交叉圧力にこたえて義理をつくさなければならなくなる．このような彼の行動のあり方を有力者や運動員その他部落の「目」が監視しており，それゆえ投票当日投票可能な状態にある選挙民はほとんど全部が投票に出かけ，棄権を容認されるのは，出かせぎ，病気，高齢を理由とするものに限られるが，この人たちおよび面接調査に耐ええないような精神薄弱者すら投票に出かけている例が多い．このように農漁村において棄権は事実上不可能であり，政治的無関心層を投票へかり出して彼らに投票を「強制」する最有力の契機が，特定候補の票を獲得することを目的として地域の有力者を中心に展開さ

れる選挙運動である.

　1980 年代には，蒲島が全国調査を用いて，より包括的に投票参加の農村バイアスの要因を明らかにしている（蒲島 1988, 第 7 章）．蒲島は計量分析の結果として，農村部に①投票志向の強い「持ち家」居住者や高齢者が多く，投票志向の弱い学生が少ないこと，②組織に加入する人が多いこと，③「参加のコスト感覚」が弱く，「政治的義務感」の強い人が多いこと，の 3 点を農村バイアスのメカニズムに挙げている.

　もっとも，これらの要因だけでは，都市規模が投票参加に与える独立効果のうち，なお 50％が説明不能のまま残る．蒲島は，計量分析によって把握されない農村バイアスの要因として，以下の仮説を示している（蒲島 1988, 154）.

　　筆者自身は，都市—農村の投票率の差は……両者の社会的環境（組織・後援会加入を含む）の違いとともに，農村部における参加文化にあるのではないかと思う．有権者が多目的性をもっている都会と違って，農村部においては選挙は一種の興奮を呼ぶ闘争の場であり，その闘争のムードがまず有力者を，そして一般の有権者を巻き込んでいく．そして選挙の興奮の中で，候補者の運動員が金銭や物品の供与を行ったり，「見張り番」が立ったりする場合もあろう．しかし，それらが投票率を高めるというよりも，政治的興奮の過程でこれらの社会的圧力が行使されるのであって，高投票率はむしろ政治的興奮の結果ではなかろうか．それは，有権者の学歴や政治意識の高さにかかわりなく，人々を選挙のムードに引き込んで行くのである．社会的圧力の行使しにくい農村の大卒有権者の投票率が高いのもそのためであろう.

　こうした「参加文化」の存在を計量分析によって検出することは容易でないが，杉本仁が行った，山梨県や青森県津軽地方の選挙に関する民俗学的記述は，農村の選挙に祭りや戦いの側面が強くあったことを鮮やかに示している（杉本 2007, 2017）.

　京極の研究から半世紀が経過した 2010 年代の日本においても，投票参加の農村バイアスはなお明確に存在している．表 6-5 は，近年の総選挙における自

表6-5　都市規模別投票率（衆院選）

	2012年	2014年	2017年
区部	57.5%	50.9%	52.5%
市部	59.1	52.7	55.7
町部	62.6	56.6	57.9
村部	65.7	60.3	62.6

出所：総務省「第31回〜第48回衆議院議員総選挙年齢別投票率調」.

治体種別ごとの平均投票率を示したものである．最も都市的な「区部」と最も農村的な「村部」を比較すると，8〜10％ポイント程度の投票率差が見られる．もっとも，都市規模による参加格差は以前に比べ，かなり縮小したという証拠がある．この点は第7章で改めてふれる．

教育・所得・職業

　教育程度・所得・職業は，市民の社会経済的地位（SES）を表す変数である．第4章で説明したように，一般論としてSESの高い市民ほど政治に参加する傾向があるが，投票に関してはSESによる参加格差がほとんどない国もある．今日の日本ではどうであろうか．

　まず教育程度についてみよう．図6-7では，最終学歴を低（中学・高校），中（高専・短大・専門・専修），高（大学・大学院）の3水準に分けて比較しているが，高学歴層の投票率が明らかに高くなっている．投票参加の高学歴バイアスは，年齢を統制して分析すると一層明瞭に表れてくる．表6-6ではサンプルを49歳以下と50歳以上に分けて各学歴水準の投票率を示したが，いずれの年齢層でも高学歴層ほど投票率が高いという傾向がはっきりみられる．特に相対的若年層（18〜49歳）のグループでは，高卒以下層と大学進学層との間で20％ポイント近くの投票率のギャップがあり，格差はきわめて深刻である．

　以上の傾向は，社会学者による近年の研究でも指摘されている．吉川徹は，2015年に実施された大規模社会調査から，「国政選挙や自治体選挙の際の投票」の頻度を問う質問の回答を分析し，若年（20〜30代）非大卒層の投票頻度がきわだって低いことを示している（吉川 2018, 第5章）[25]．他方この層は，「政

表 6-6 教育程度と投票率の関係（年齢層別）

	教育程度		
	低	中	高
18〜49 歳	53.2%	62.4%	72.6%
50 歳以上	78.1	83.2	87.8

データ：CSES 2018.

治のことはやりたい人にまかせておけばよい」,「政治のことは難しすぎて，自分にはとても理解できない」という意見を持つ傾向が強い．これらのデータから吉川は,「『若者の政治離れ』という表現は正確ではなく，政治離れは若年非大卒層に限った傾向」であると述べている（吉川 2018, 189）．

　つぎに，所得と政治参加の関係を検討しよう．この関係はやや複雑である．図 6-7 では，調査回答者の年間世帯収入と投票参加の関係を示しているが,「1,200 万円以上」のカテゴリーの投票率が顕著に高いことを除き，明確な傾向性が見られない．一般に世帯収入は，本人の性別や年齢，家族構成，職の有無などによって，同水準でも本人にとって異なる意味を持つために解釈が難しくなる．例えば世帯収入が同じ 200 万円未満であるとしても，貯蓄のある年金生活者と 30 代のシングルマザーとでは，実質的な困窮の度合いに大きな差がある．また配偶者の収入によって年収 1,200 万円以上になっている場合と，回答者本人がこれを稼ぎ出している場合とでは，世帯収入が同じでも回答者の社会的立場は異質とみるべきだろう．

　そこで，定年退職者が少ないであろう 60 歳以下にサンプルを限定し，さらに家庭外就労者の多い男性に絞って，収入別の投票率を示したのが表 6-7 である[26]．ここからは非常にはっきりした傾向性が見て取れる．該当ケースが少ないので慎重にみるべきではあるが,「200 万円未満」の男性では 35.3％しか投票

25）　加藤・境家・山本（2014，第 3 章）は 2005 年の「社会階層と社会移動全国調査（SSM 調査）」から同様の知見を得ている．

26）　女性（60 歳以下）については，男性ほど世帯収入と参加の関係がはっきりしない．世帯の主たる稼ぎ手が回答者本人でない場合が，男性に比べて多いことと関係があると考えられる．

表 6-7　世帯収入別投票率（男性・60 歳以下）

	投票率	N
200 万円未満	35.3 %	17
200 万円以上 400 万円未満	63.5	63
400 万円以上 600 万円未満	61.5	109
600 万円以上 800 万円未満	73.9	92
800 万円以上 1,000 万円未満	70.6	51
1,000 万円以上 1,200 万円未満	81.4	43
1,200 万円以上	96.7	30

データ：CSES 2018.

に行っていないとしている．平均世帯収入に近い「400 万円以上 600 万円未満」クラスでも投票率は 6 割程度で，なお 60 歳以下男性全体の平均（68.5 %）以下である．これが，「600 万円以上 800 万円未満」のグループになると 7 割以上，「1,000 万円以上 1,200 万円未満」では 8 割以上にまで投票率は上昇する．最高位の「1,200 万円以上」クラスになると，驚くべきことにほぼ全員（30 名中 29 名）が投票したと答えている．このように，高所得層ほど投票率が高いという傾向は，現代日本においてきわめて明確に存在する．

　最後に，職業と投票参加の関係を見てみよう．図 6-7 によると，まず無職者の投票率が比較的（有職者を含む全体平均より）高くなっているが，これは無職のカテゴリーに定年退職後の高齢者が多く含まれていることによる．産業分類別にみると，第一次産業（農林漁業）従事者における旺盛な投票参加が確認できる．この点は，「社会的地位の高い市民の政治参加度が高い」という，第 4 章で説明した一般則に反しているように見える．

　しかし，職業と参加の関係を別の角度から見てみると，また異なった傾向が表れてくる．表 6-8 は，回答者の就業形態別に投票率を見たものである．第一次産業従事者のほとんどは「自営業主」か「家族従業者」に当たり，これらのカテゴリーの投票率は相対的に高くなっている．注目すべきは非正規労働者，特に「契約社員・派遣社員」で，この層の投票率は他に比べかなり低くなっている．「パート・アルバイト・臨時雇用者・嘱託」の投票率も高くない．雇用が不安定で，所得も低い有権者の投票参加が抑制されているのである．

　社会学者の橋本健二は，「非正規労働者のうち，家計補助的に働いているパ

表 6-8　就業形態別投票率

	投票率	N
常時雇用の一般従業者	69.7%	555
契約社員・派遣社員	60.0	55
パート・アルバイト・臨時雇用者・嘱託	67.1	289
自営業主	76.0	121
家族従業者（家族の経営する事業の従業員・手伝い）	82.6	46
会社の経営者・役員	78.3	46

データ：CSES 2018.

ート主婦と，非常勤の役員や管理職，資格や技能をもった専門職を除いた残りの人々」を，最下層階級の「アンダークラス」と呼んでいる．橋本の推計によると，アンダークラスは 2015 年時点で就業人口の 15％（930 万人）を占めており，なお増加傾向にある．その平均年収は 186 万円に過ぎず，貧困率は 38.7％にも達する（橋本 2018b, 8-9）．したがって本来，再分配志向の政治的要求を強く持つはずの階級であるが，調査データに基づけば，この層の投票頻度は他の階級よりむしろ低い．アンダークラスは「生活に余裕がなく……政治意識が低い」ため，その必要性にもかかわらず政治参加に消極的であり，「社会を変革する主体として期待するのは難しい」と，橋本は悲観的に述べている（橋本 2018a, 296-97）．

　以上のように，今日の日本では，教育程度や所得，就業形態といった SES による投票参加の格差が明らかに存在する．同一年齢帯，特に若い世代の中で比較した場合，この傾向はさらに明確である．

投票参加の規定要因

　ここまで主要な社会的属性と投票参加の 2 変数間関係を検討してきたが，属性間に相関関係があることをふまえ，最後に全変数を同時に考慮した多変量解析を行うことにしたい．具体的には，従属変数を「2017 年衆院選で投票したか否か」（ダミー変数）とする，2 つのロジスティック回帰分析を行う．独立変数は，モデル 1 では本節で取り上げてきた各社会的属性とし，モデル 2 では社会的属性に加え，政治的関与，組織加入に関する変数も合わせて投入する．社会的属性のうち，教育程度は「大学進学者」か否かを表すダミー変数を用いる．

職業に関する変数としては「無職」,「第一次産業従事者」,「非正規雇用」[27]という 3 つのダミー変数を用いる.

　モデル 2 は,ヴァーバらの 3 要因(資源・動機・動員)モデルをふまえたフル・モデルである.政治的関与に関しては,ヴァーバらの分析に倣い「政治関心」(4 点尺度),「政治的有効性感覚」(5 点尺度),「政治情報」(5 点尺度),「党派心」(ダミー変数)の 4 変数を統制する[28].組織加入に関しては,「労組加入」(ダミー変数)を投入する[29].

　表 6-9 が 2 つのモデルの推定結果である.モデル 1 の結果をみると,年齢,教育程度,世帯収入に統計的に有意な効果が表れている.すなわち,他の社会的属性を一定としてもなお,高齢層,高学歴層,高所得層ほど投票参加を行うという傾向が確認される.他方,性別,都市規模,職業関連の変数には有意な効果が認められない.二変数間分析で見たこれらの変数と投票参加の関係は,年齢や教育程度といった他の変数の違いが反映した疑似相関であったことになる.例えば,先にみたように農村住民や第一次産業従事者の投票率は高い傾向があるが,これはこの層の平均年齢が高いことに起因しているのであって,農村に住んでいること自体,あるいは第一次産業に従事していること自体が参加を促しているわけではない.同様に,非正規雇用であることは,それ自体が参加を抑制する要因になっているわけではなく,この層が比較的低年齢であったり,低学歴であったりすることがより本質的な要因ということになる.

　モデル 2 に目を移すと,社会的属性に関しては,後述の世帯収入の効果を除き,モデル 1 の結果と大きく違わない.年齢と教育程度の効果は,政治的関与と組織加入を統制したモデル 2 でも残っている.政治的関与については,政治関心や政治的有効性感覚の強い人ほど,また特定の政党を身近に感じている人ほど,投票に行く傾向があることが分かる.組織加入の面では,労組に加入し

---

27)「非正規雇用」とは,表 6-8 の就業形態分類で,「契約社員・派遣社員」または「パート・アルバイト・臨時雇用者・嘱託」であることを指す.

28)「政治関心」は「政治にどの程度関心があ」るか,「政治的有効性感覚」は「誰に投票するかによって結果は大きく違ってくる」という考え方に共感する度合い,「政治情報」は「この国の最も重要な政治争点をわかっていると感じている」度合い,「党派心」は「ふだん,特定の政党を身近に感じることがあ」るかに関する質問を用いて測定.

29) CSES 調査では,労働組合以外の組織加入について質問していない.

表 6-9　投票参加の規定要因（ロジット・モデル）

	モデル 1	モデル 2
男性	0.114	0.052
	(0.149)	(0.165)
年齢	0.040 **	0.033 **
	(0.005)	(0.006)
都市規模	− 0.086	− 0.083
	(0.052)	(0.058)
大学進学者	0.727 **	0.551 **
	(0.164)	(0.179)
世帯収入	0.114 *	0.031
	(0.045)	(0.049)
無職	0.194	0.262
	(0.195)	(0.217)
第一次産業従事者	1.185	1.300
	(0.763)	(0.780)
非正規雇用	− 0.163	− 0.017
	(0.181)	(0.201)
政治関心		0.741 **
		(0.129)
政治的有効性感覚		0.347 **
		(0.064)
政治情報		− 0.009
		(0.091)
党派心		0.534 *
		(0.228)
労組加入		0.508 *
		(0.211)
定数	− 1.409 **	− 3.967 **
	(0.376)	(0.496)
N	1,288	1,239

数値はロジスティック回帰係数. 括弧内は標準誤差.
** $p < 0.01$, * $p < 0.05$.
データ：CSES 2018.

ている人はそうでない人より投票に行く可能性が高い．以上の結果は，全体と
してヴァーバらの 3 要因モデルの有用性を示している．米国同様，日本におい
ても，市民の「資源」量に関係する教育程度，「動機」に関する政治関心，政
治的有効性感覚や党派心，「動員」ネットワークの強さを表す労組加入の有無
が，それぞれ投票参加を促進する要因として寄与しているのである．

　SES を構成する変数のうち，モデル 2 では世帯収入の有意な効果が消えている．投票を行うのに金品が要求されるわけではないから，所得が直接的な参加促進効果を持たないことは直感的に理解できる．その一方，所得の高い人たちは相対的に政治関心や政治的有効性感覚が高いため，それら媒介変数の影響により，結果として高所得層の投票率が相対的に高くなっているのである[30]．

4　現代日本における政治的不平等

参加モード間の比較

　本章の最後に，投票以外も含め，各モードにおける参加の社会的格差構造を比較検討し，現代日本における政治的不平等の全体像を把握する．データは引き続き，2018 年に実施された CSES 調査である．第 2 節で行った因子分析の結果（表6-2）から，各回答者について第 1〜第 5 因子得点を算出できる．これらはそれぞれ，各回答者の「伝統的投票外参加」「投票」「オンライン意見表明」「抗議活動」「オフライン意見表明」を行う傾向の強さを表すと解釈できる．表6-10 は，基本的な社会的属性によって回答者を分け，各集団における第 1〜第 5 因子得点の平均値を示したものである（因子得点は標準化し，100 を乗じた値を掲載した）．このデータをもとに，各参加モードにおける格差構造の特徴について簡潔に整理しよう．

　①伝統的投票外参加　伝統的投票外参加の特徴として，他のモードに比べ，性別による格差が比較的明瞭である点を挙げられる．男性が女性よりも参加する傾向が強い．

　このモードは，年齢による参加格差も比較的大きい．高年齢層ほど参加する傾向がある．

　SES との関係では，教育程度，世帯収入，就業形態のいずれでみても，高SES 層ほど伝統的投票外参加を行う傾向にあると言える．特に会社経営者・役員による積極的な参加が注目される．

---

30)　モデル 1 に，「政治関心」，「政治的有効性感覚」のいずれかを独立変数に加えると，「世帯収入」の有意な効果は消える．「党派心」に関しては，これを加えても「世帯収入」の効果に大きな影響はなかった．

表6-10　社会的属性と政治参加

		伝統的投票外参加	投票	オンライン意見表明	抗議活動	オフライン意見表明
性別	男性	12	6	0	7	1
	女性	−12	−6	0	−7	−1
年齢	18～29歳	−31	−63	9	−22	−20
	30～39歳	−23	−27	2	−11	−7
	40～49歳	−14	−18	11	−15	−12
	50～59歳	−2	−1	−5	−8	−4
	60～69歳	21	21	−1	20	19
	70歳～	20	39	−9	16	5
居住地域	21大都市	−6	1	7	−3	4
	人口20万人以上の市	−4	−13	6	−2	−11
	人口10万人以上の市	7	2	−4	3	3
	人口10万人未満の市	3	10	−7	0	5
	町村	7	4	−8	4	−2
教育程度	低	−2	−4	−3	−4	−9
	中	−2	−8	−3	1	2
	高	5	12	8	6	14
世帯収入	低	−22	−44	4	−17	−12
（男性・60歳	中	−12	−17	−1	−7	−11
以下）	高	34	32	17	25	5
就業形態	正規雇用労働者	−6	−9	−3	−6	−5
	非正規雇用労働者	−9	−20	−1	−7	−3
	自営業主・家族従業者	9	14	7	5	8
	会社経営者・役員	78	21	21	34	22

各数値は因子得点を標準化し，100を乗じた値の平均値.
教育程度の「低」「中」「高」はそれぞれ，最終学歴（在学中を含む）が「中学校・高校」「高専・短大・専門・専修」「大学・大学院」を指す.
世帯収入は「400万円未満」「400万円以上1,000万円未満」「1,000万円以上」の3分類. 世帯収入についてのみ，表6-7と同じく「男性・60歳以下」のサンプルに限定して分析した.
データ：CSES 2018.

②**投票**　投票の参加格差構造は，全体として伝統的投票外参加のそれに似ているが，年齢による格差が特に大きく表れているのが特徴である.

SESと投票参加の関係については，大学進学者の参加度が比較的高い点[31]，また意外にも世帯収入による格差が他のモードより大きい点が特筆される（た

だし，表 6-9 で分析したように，世帯収入の効果は政治関心や政治的有効性感覚を通した間接的なものである）．また，非正規雇用労働者の投票参加度が，他の就業形態に比べて著しく低い．非正規雇用労働者の低参加傾向は他のモードでも見られるが，投票においてとりわけ顕著である．

　③**オンライン意見表明**　オンライン意見表明の参加格差は，他のモードに比べ，全体的に小さい．特に年齢との関係は，（微弱ながら）負の相関を示している点で非常に特徴的である．居住地域との関係でも，都市住民ほど積極的である点において，オンライン意見表明は他のモードと特徴を異にしている．

　他方，それほど顕著でないとはいえ，オンライン意見表明においても他のモード同様，SES との正相関は（教育，世帯収入，就業形態いずれの指標からも）明らかである．

　④**抗議活動**　抗議活動の参加格差構造は，伝統的投票外参加のそれとよく似ている．特に指摘しておくべきは，若年層がこのモードの参加を積極的に行っ・・・ていないという点である[32]．先行研究によると，欧米諸国では抗議活動などエリート挑戦的参加は若年層の間で活発に行われているとされる（第 4 章参照）．しかしわが国においては，（そもそもそうした参加形態が希少である上に）抗議活動は高年齢層が中心になって行われている．

　また，抗議活動は低 SES 層ほど行っているわけでもない・・・・・・・．この点は海外の事例と共通性がある．

　⑤**オフライン意見表明**　オフライン意見表明は，高年齢層と高 SES 層によって行われる傾向がある．特に，学歴による格差が他モードよりも大きい点が特徴的である．

参加格差の累積

　5 つの参加モードを横断的に見ると，わが国では今日，男性，高年齢層，高

31）　教育程度「低」と「中」を比べると前者の参加度が高くなっているが，これは「低」のグループに高齢者が比較的多く含まれていることによる．60 歳以下に限定して分析すると，両グループの参加度は逆転する．

32）　具体的な参加形態でみると，市民運動・住民運動およびデモのいずれかを過去 5 年のうちに経験した割合は，70 代以上で 8 ％ほどであったのに対し，18〜29 歳の層では 1 ％に過ぎない．

SES 層の政治参加度が一般に高いことが明らかである．このパターンの唯一の例外として挙げうるのは，若年層が比較的積極的に行っているオンライン意見表明であるが，このモードの参加を実際に行っている人の数は今のところ多くない．

　全体を通して特に目立つのは，SES による参加格差である．高学歴・高所得層はより頻繁に投票に行き，選挙活動に従事し，インターネット上で政治的意見の表明を行い，抗議活動に加わり，陳情にも出向いている．以上の意味において，現代日本における政治参加の格差構造は累積的である．参加モードを問わず，政治家，政府に届けられる声，あるいは政治システムに入力される要求には，高 SES 層に傾斜したバイアスがかかっている．

　以上の参加格差構造は，規範的評価は別として，国際基準に照らしてみればごく標準的であるといってよい．他方で，第 2 章で紹介した支持参加モデルの議論，すなわち戦後日本では低 SES 層が積極的に参加していたという主張とは整合性を欠いているようである．高度成長期と今日とで，わが国の参加格差構造は変質してしまったのであろうか．この点について，章を改めて検討を進めよう．

第7章 | 戦後日本の参加格差構造

1 はじめに

　本章では，社会経済的地位（SES），特に教育程度による政治参加の格差構造が，第二次世界大戦後の日本でどのように変化してきたかを検討する．

　前章で明らかにしたように，近年の日本では，SES による政治参加のバイアス，すなわち教育程度や所得の高い市民ほど，形態を問わず政治に参加する傾向が明瞭であった．第 I 部で紹介した先行研究の議論をふまえれば，こうした格差構造が存在すること自体は標準的な理論で説明可能であり，国際的にみてもごく普通の現象だといえる．しかし，本書の中でこれまで何度かふれてきたように，以前の日本はけっしてそうした「普通の国」ではなかった．S. ヴァーバや蒲島の研究に基づく従来の通説においては，日本人の政治参加，とりわけ投票参加には特有の格差構造——低 SES 層による積極的な参加——があるとされてきた．つまり，戦後史の経過とともに，わが国における参加格差構造は質的な変化を遂げたのである．

　以下，第 2 節でまず，蒲島が 1980 年代に唱えた，戦後日本における「政治参加の社会経済的平等」論について再検討を加える．その結果，教育程度と投票参加の関係が，戦後史の中で二度大きく転換していることが明らかにされるだろう．第 3 節では，投票参加の低学歴バイアス化が進んだ 60 年代の政治社会の変化について論じる．第 4 節では，90 年代前後に参加格差構造が再変化したこと，またその結果として，今日の日本がもはや国際的にみて「普通の国」と化していることを実証する．

2　政治参加の社会経済的平等性をめぐって

日本型参加格差構造

蒲島は 1980 年代に，戦後日本人の政治参加に関する体系的な実証研究を行っている（Kabashima 1984b; 蒲島 1986, 1988）．この研究の最も重要な課題は，政治参加の社会経済的バイアス（SES による参加格差構造）を明らかにすることにあった．これは『アメリカにおける参加』において，ヴァーバらが持った目的関心と同じである．しかし蒲島が日本のデータから導いた知見は，米国を含む他の多くの事例と異なったものであった．蒲島の主張する戦後日本人の政治参加の特徴は，以下の引用に集約されている（蒲島 1988, 187）．

> わが国の政治参加のユニークなところは，政治参加における社会経済的バイアスがほとんど存在しないことである．つまり持たざる者も持てる者もほぼ同等に政治参加の機会を利用している．むしろ教育の次元では，学歴の低い市民が高い市民よりも政治参加のレベルが高いほどである．

「高い教育を受けた市民はより多く政治に参加する，というのが国際比較研究によって一般化された結論」であるにもかかわらず，日本はむしろその逆の傾向が見られる珍しいケースだというのである（蒲島 1988, 103）．1986 年の調査データの分析結果によると，いずれの参加モードについても参加水準と教育程度の間に正の相関を認めることはできず，特に投票については負の相関を明瞭に見ることができる（蒲島 1988, 100）．第 4 章で述べた通り，教育程度は，職業選択や所得水準にも影響を及ぼす変数で，SES を構成する基底的属性である．以上のことから，ヴァーバらが規範的に望ましいと考えた（そして米国では欠如しているとみられた）「政治参加における社会経済的平等」を，日本の事例は「十分に満たしている」と，蒲島は積極的に評価している（蒲島 1988, 188–89）．

投票参加の社会経済的バイアスをめぐる蒲島の議論はその後，わが国の政治学界において通説化し，長らく疑われることがなかった[1]．2010 年代に公刊

された政治学の概説書においても，「一般に欧米諸国では，学歴，職業，所得などによって決定される社会経済的地位が高いほど投票参加の可能性が高くなるとされるが，……日本においては，こうした社会経済的地位と投票参加の間には明確な関連がみられない」とはっきり記されている（川人ほか 2011, 186-87）．このように戦後日本に特徴的とされた政治参加のあり方を，以下「日本型参加格差構造」と呼ぶことにしよう．

低学歴バイアスのメカニズム

投票参加に高学歴バイアスがない，あるいはむしろ逆に低学歴バイアスがあるという，日本型参加格差構造をもたらしたメカニズムとは何だったのか．蒲島の一連の研究は，以下のことを示唆する．第一に，年齢の影響である．「年齢と教育には負の相関関係があり，年齢と投票参加には正の相関関係があるので，教育と投票参加の関係を……負の方向に押し下げている」，すなわち低学歴層に（教育程度の影響とは無関係に）参加志向の強い高齢世代がより多く含まれているために，学歴と参加水準の見かけ上の相関が弱く表れることになる（蒲島 1988, 112-13）．

第二に，より日本の事例に特徴的なこととして，都市規模による影響がある．「農村部住民の教育程度は相対的に低い．しかしかれらの投票参加は比較的高い．よって農村部住民の高い投票参加が間接的に投票と教育の相関を大幅に押し下げる」結果をもたらしている（蒲島 1986, 201）．第4章で述べたように，都市規模と投票参加の負の相関関係は普遍的とは言えないから，以上の点は参加格差構造における日本の特殊性を説明する．

第三に挙げられるのが，媒介変数となる政治意識の影響である．一般に，政治的有効性感覚や政党支持強度が高い人ほど，政治に参加する傾向がある．ところが1980年代の日本では，高学歴層の政治的有効性感覚が相対的に低く，政党支持強度も弱い傾向があるために，結果として教育と投票参加の相関が引き下げられているというのである[2]．政治的有効性感覚については，多くの国

---

1)　例えば三船（2005, 141）は，「欧米では，学歴の高い有権者の方が，投票する確率は高い．日本では学歴と投票参加の関係は認められない」と特に引用や分析なく記述しているが，これは蒲島テーゼの通説化を物語るものであろう．

で教育程度との正の相関が報告されており（Almond and Verba 1963=1974, 第7章,
第9章）[3]，わが国のパターンは例外的である．

通説の再検討

　1990年代の日本では，以上の参加格差構造論が学界で通説化していった一方，
現実の政治社会において大規模な地殻変動が生じた．政党システムの面では，
自民党一党優位制が崩れ，多くの新党の結成，非自民連立政権の誕生，保革イ
デオロギー対立の後退といった現象が生じた．有権者の側でも政党支持をはじ
め政治意識に変容がみられ，各種選挙の投票率低下に示されるように，選挙行
動も変化した．こうした流動期を経て，近年になり，政治行動研究者たちが，
投票参加者の社会的属性に改めて目を向けるようになったのは自然の趨勢であ
った．

　従来の通説を見直す動きの嚆矢となったのは，境家が2013年に発表した論
文である（境家 2013）．その後，松林哲也や山田真裕らが次々に，投票参加者
の社会的属性に関する研究を発表した（Matsubayashi 2014; 山田 2018）．これらの
研究ではそれぞれ異なったデータセットが用いられているが，分析結果には一
貫性がある．すなわち，投票参加の低学歴バイアス構造は，少なくとも2000年
代以降の日本では見られず，むしろ高学歴バイアス構造に転じているというの
である．本書でも前章において，近年の調査データを分析し，教育程度と投票
参加の正の相関関係を確認した．

　つまり，日本の参加格差構造は戦後のある時期を境に質的な変化を遂げたこ
とになる．教育程度と投票参加の関係性について，経時的に確認してみよう．
用いるデータは，1950〜2000年代に明るい選挙推進協会（古い時期については，
自治庁選挙部ないし公明選挙連盟）が実施した各衆院選後の有権者調査である．

2）　正確には，蒲島（1986, 201）は，「教育程度の高い人の政治信頼は低く，政党支持強度
　　も弱い．これが教育と投票の相関を押し下げる」と主張している．ここで「政治信頼」変
　　数は，国や自治体の政治に対する信頼度のほか，政治的有効性感覚に関する質問（「国会
　　議員は当選したらすぐ国民のことを考えなくなる」と思うか，「政党／選挙／国会がある
　　からこそ庶民の声が政治に反映する」と思うか等）の回答によって構成されている．
3）　Kittilson and Anderson（2011）は，31ヵ国の調査データ（CSESモジュール2）を分析
　　し，教育程度と政治的有効性感覚の正の相関を検出している．

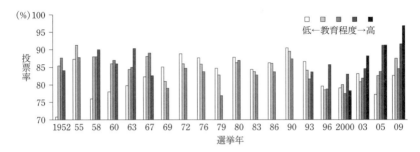

図 7-1　教育程度と投票参加（衆院選）の関係

1953 年総選挙についてはデータが得られなかった.
調査年により学歴の区分法は異なる. 同色の棒が同水準の教育程度を意味するわけでは必ずしもない.
出所：明るい選挙推進協会（自治庁選挙部, 公明選挙連盟）調査報告資料.

図 7-1 は，各調査における回答者の教育程度と衆院選投票参加率の関係を示している. 調査年によって学歴の区分法（カテゴリー数, および各カテゴリーの定義）が異なるので比較には注意が必要であるが，各年における学歴と投票参加の相関関係を見るには十分である.

　図から結論づけられるのは，蒲島の強調した投票参加の低学歴バイアスは，かつてたしかに存在したが，限られた時期に存在した現象であったに過ぎない，ということである. 1970 年頃から 90 年頃までの約 20 年間の選挙においては，一般にグラフが右肩下がりであり，学歴と投票参加の負の相関関係（低学歴ほど参加する傾向）が見て取れる. しかし，この傾向は 90 年代に入ってからは弱まり，2000 年代の選挙ではむしろはっきりと両者に正の相関関係が確認できる. また興味深いことに，1950 年代から 60 年代前半における学歴と投票参加の関係も明らかに正である[4]. 日本特殊とされた投票参加の低学歴バイアスは，じつは 60 年代を通じて形成されたものであったことを示唆している.

　結果から見れば，かつて蒲島が分析対象とした 1980 年代は，戦後史全体の中でも，「政治参加の社会経済的平等」論が特によく成り立つ時期であった. この時代のデータから導かれた主張が，90 年代以降も再検証のないまま信じ

---

4)　1955 年における最低学歴層は，前後の年に比べ，相対的に高い投票率を示している. これは，同年の最低学歴層に「小学校卒」に加え，「高等小学校卒」も含まれていることによるとみられる. 52 年および 58 年の調査では，この 2 カテゴリーは区別されており，「小学校卒」の投票率は「高等小学校卒」よりも顕著に低い.

られ，近年まで通説とされてきた．しかし実際のところ，日本型参加格差構造
は，国際的に見て特徴的であるとともに，（日本型と銘打ちはしたものの）日
本の戦後史の中でも特定の時期――55 年体制の成熟期――に限って見られた
現象という点でやはり特殊であったことになる．

3　日本型参加格差構造の形成

　日本型参加格差構造は，1960 年代のうちに形成され，90 年代以降に崩壊し
た．この構造変化の過程について論じるのが，本書に残された課題である．こ
こではまず高度成長期まで遡り，日本の政治参加における低学歴バイアス構造
の形成過程を追うことにしよう．
　第 6 章でみたように，1960 年代には衆院選の投票率に（特に男性だけで見た
場合）全体的な低落傾向があった[5]．同じ時期に参加格差構造の低学歴バイア
ス化が進んでいたことを考え合わせると，以下の現象が起きていたことが示唆
される．すなわち，60 年代には低学歴層の投票率が維持ないし上昇していた
一方，高学歴層において顕著に投票率が低下していたのである．このことは図
7-1 からも見て取ることができる．この時期に，低学歴層がいかにして政治に
動員され，高学歴層がいかに疎外されていったかを以下で見ていきたい．

農村部住民の動員

　低学歴層が多くを占めた農村部住民の政治参加が（少なくとも他の集団との
比較において）1960 年代に活発化した．これは端的にいって，高度成長期の急
激な社会経済構造変動に対する農民の集団的対応であり，政治システムへの要
求の高まりを反映した動きである．
　1950 年代後半の自民党政権による農業政策は，「農政の空白」と称された通

---

5)　第 6 章で見たように，終戦直後，圧倒的に男性優位であった投票参加率の性差はその後，
　　縮小し続けた．女性の平均教育水準が男性より低いことをふまえると，この動きが投票参
　　加の高学歴バイアスを弱めた一因であったことはほぼ間違いない．ただし，男女間の参
　　加格差は 1960 年代中葉までにかなりの程度解消されており，それ以降の変化はごく小さ
　　い．投票参加者に占める男女比の変化のみから，60 年代後半における日本型参加格差構
　　造の確立を説明するのは困難である．

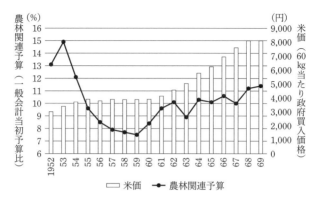

図7-2　1950～60年代における農業政策

農林関連予算（一般会計当初予算比）のデータは決算ベース.

出所：農林水産省「食料統計年報」，農林省大臣官房総務課 (1975, 412-14)，『日本農業年鑑』各年.

り，積極性を欠くものであった．朝鮮戦争が53年中に休戦となり，特需が終わって以降，政府による農業補助金は整理され，50年代を通じて伸びることはなかった．経済発展に直接資する道路・港湾といった産業基盤の整備が重視された一方，50年代後半において農林関連予算の割合は低下する一方であった（図7-2参照）．この時期，米作農家の収入に直結する米価水準（政府買入価格）は据え置かれ，それどころか政府は，「諸加算金の整理をうちだして生産者側に攻勢をかけ」さえした（空井 2000, 275）.

　他方，1950年代後半に入り，わが国の産業発展が軌道に乗る．50年代中期から70年代初頭にかけて，日本経済は毎年平均10％の急成長を遂げた．これにより，都市部における勤労者世帯の所得が上昇し，生産性の上がらない農家との所得格差，消費格差が拡大していった．農林統計協会の集計によると，全都市勤労者世帯実収入に対する農家所得の割合は，51年には94％であったのに対し，58年には64％にまで低下している（空井 2000, 288）．経済成長に伴って国内の所得格差が拡大するという現象は，第2章でみたように，発展途上社会がしばしば陥るジレンマであり，この点において戦後日本もまた例外ではなかった.

　こうした構造的苦境の中，農村住民の政治的要求が強まり，集団として政治

参加することの必要性が認識されることになる．農民は，当時の社会学者から
「伝統型無関心」層に分類された通り，元来，主体的な参加意識に乏しい集団
とみられた（荒瀬 1957, 178; 綿貫 1962, 65）．この集団に職業利益を自覚させ，政
治参加を促していく上で，農業団体とりわけ農業協同組合（農協）が果たした
役割は大きい．農地改革後，地主制崩壊により新たな「農村の支配機関」（升味
1985, 下, 465）となった農協が主体となり，農民を陳情や選挙に大量に動員し，
農業利益の政治的実現が目指されるようになったのである[6]．1950 年代後半
には，各地の農協を基盤とした農政団体が，集票力を背景に既成政党の議員に
圧力を加え，地域によっては独自候補を擁立し，当選させた．農協本体も，61
年の農業基本法制定に前後して政治化の度を強め，利益政治への直接的なコミ
ットメントを深めていく[7]．

　1960 年代初頭における農業団体の政治活動の焦点は，主として米価闘争，す
なわち生産者米価の引き上げにあった．なかでも 61 年における農協主導の米
価闘争は，その後の米価政策の方向を決定づけた運動として知られる．ここで，
「それまでにない大衆動員とデモを中央のみならず県段階でも……農協団体……
の主催で，くり拡げた」結果（綿貫 1967, 152），農家は「いままでの米価常識か
らすれば正に画期的」とされる買入価格の大幅上昇を勝ち取っている（空井
2000, 281）．これ以降も，米価決定の時期における農民の激しい圧力活動は，毎
年の風物詩的行事となった．その過程で，農民は「大衆集会，デモ，陳情，オ
ルグの派遣，さらには坐り込みなどの大衆運動の経験」を積んでいくことにな
る（綿貫 1967, 119）．

　マクロ農業政策に関する陳情活動に加え，農村住民たちは地元選挙区レベル
でも，農業補助金や公共事業の維持・獲得を目指し，政治に活発に関与するよ
うになっていく．中央集権的財政制度の下で，政権党に対し選挙でまとまった
票を供出できなければ，その地域は補助金配分の面で不利になることが想定さ
れた．地元代議士や関連省庁に貢献度の高さを示す必要があることから，農協

---

6)　綿貫（1967, 149）によると，「1957 年から 58 年にかけて，全国農協大会などで，いわ
　ゆる『農民政治力の結集』の必要性が盛んに論じられるように」なった．
7)　農協指導部は，基本法制定により「経済合理主義」的農政を強めようとする政府・農
　林省の姿勢に警戒を示し，積極的な政治運動を行うに至ったとされる（空井 2000, 280）．

や土地改良区，建設業者といった地域の利益団体，また地方政治家たちは地域
住民の動員に励むことになった[8].

　「長期的に政権を担う自民党の存在を前提に，利益分配にありつくための競
争が，有権者の間で展開されることになった」日本政治のあり方を，斉藤淳は
（政治家ではなく有権者側が説明責任を問われた点を強調して）「逆説明責任体
制」と呼ぶ．補助金の配分をめぐって，有権者たちは他地域の住民と競争し，
「政府与党に対して，自らの支持の強さについて説明責任を果たさなければな
らない」（斉藤 2010, 8）．すなわち，利益誘導での便宜を得るため，各地の有権
者は選挙で特定候補者を勝利させるだけではなく，できる限り高い得票率で当
選させることが求められた．選挙における投票は集合行為であるから，一般論
としては，地元利益を求める住民であっても，フリーライダーとなり，参加コ
ストを節約する（つまり棄権する）インセンティブを持つ[9]．しかし，人間関
係が濃密な農村社会では，地元政治家や利益団体による住民の行動監視が比較
的容易であることから，以上の集合行為問題を解決し，高度の政治的動員を達
成し得たのであった．

　結果として，他の多くの職業集団が高度成長期に投票率を下げていく中，農
民の参加水準は維持され，むしろ高まりさえしていった．図 7-3 は，公明選挙
連盟の調査データに基づき，農林漁業者，商工業者，ホワイトカラー層，ブル
ーカラー層の投票率の推移を示したものである[10]．この図によると，1950 年
代（特にその後半）における農林漁業者の投票率は，他の職業集団に比べ，け
っして高かったわけではない[11]．ところが 60 年代後半，特に 69 年総選挙の時
点になると，4 カテゴリーの中で農林漁業者の投票参加率は突出したものとな
っている．

---

　8)　地方政治家が地域住民を動員する際，基盤となったのが個人後援会である．各級の地方
　　政治家の多くは，保守系代議士の後援会の構成員であり，彼ら自身もまた後援会を組織し
　　た．有権者の後援会加入率が 1970 年代まで上昇していた点，また農村部ほど高かった点
　　については，蒲島・山田（1994）を参照．
　9)　本段落の議論は，斉藤（2010）から強い示唆を得ている．ただし，斉藤のゲーム理論モ
　　デルでは，有権者は必ず投票すると仮定されており，野党支持者において，野党に投票し
　　て「自己表現に伴う効用」を得つつ，同時に与党からの便益供与を受けるという意味での
　　「ただ乗り」インセンティブが生じるとされている．

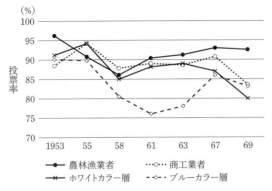

図7-3　職業カテゴリー別の投票参加率（衆院選）
データ：公明選挙連盟調査各回報告資料.

より詳細に図7-3を見ると，興味深いことに，農林漁業者の参加水準は1950年代には低下傾向にあり，60年代に反転上昇していたことが窺える．戦後初期における高投票率は，同時代人の理解によれば，農民の政治意識が高かったことによるのではなく，むしろこの層に知識や関心が欠如しており，権威服従志向が強かったことの反映である[12]．元来政治意識の低い農村住民は「『政治への幻滅』さえも自覚的に経験したこと」がなく，したがって「"棄権防止"のよびかけが"お役所"や"部落"によって行われると，選挙民の足を易々として投票所にはこばせ」たのであった（荒瀬1957, 179）．こうした伝統的社会意識・秩序に根ざした投票動員システムは，社会の近代化が進んだこの時期，農村に

---

10)　各年の調査で職業カテゴリーの分類法が異なる．「農林漁業者」について，1961年以降の調査では「自営」と「家族従業」が区別されているが，図7-3では両カテゴリーを合併してある．「商工業者」の定義は，53年は「商工」，55年は「商工経営者」，58年は「商工サービス自由業」，61年は「工・鉱・商・サービス業（自営・家族従業）」，63年・67年は「商工サービス業（自営・家族従業）」および「自由業」，69年は「商工・自由業（自営・家族従業）」．「ホワイトカラー層」の定義は，53年は「給料生活者」，55年は「事務勤労者」，58年は「専門技術事務職」，61年は「専門的技術職」および「事務職」，63年・67年は「事務・専門技術職」，69年は「事務職」．「ブルーカラー層」の定義は，53年は「労働者」，55年は「労務勤労者」，58年は「労務」，61年以降は「労務職」．

11)　三宅・木下・間場（1967, 510-13）は，1961～62年に京都府宇治市で行った調査で，全職業カテゴリー中，農業従事者の投票参加頻度が最も低かったことを報告している．

12)　綿貫（1962, 65）によると，農民の特徴である「伝統型無関心」は，「政治にたいする知識の欠如と，統治者にたいする黙従」をその内容とする．

おいても徐々に弛緩していかざるを得ない[13]．それが 50 年代を通じた農民の投票率低下の背景であったろう[14]．しかし 60 年頃を境に，経済発展から取り残された農村住民は，職業的あるいは地域的な利益の増進を目指して集団意識を高め，より自覚的，主体的に政治参加していくことになったのである[15]．

　以上で明らかにしたように，1960 年代を通し，わが国では政治システムへの入力面において「農村バイアス」傾向が顕在化した[16]．政治システムの出力面でも，以上の入力に対応した農村バイアスが生じていたことは，図 7-2 に示された米価や農林関連予算の伸びから明らかである．農民による組織的圧力を受けた農村部選出議員たちは，再選戦略として，与野党を問わず，農家の利益を強く推進していくようになったのである．70 年代に入ると，米価の高水準維持に加え，農業補助金や公共事業費をめぐって，農村部偏重の分配政策が一層強化された[17]．結果，50 年代末に広がっていた勤労者世帯と農家（1 人当たり）の所得格差は縮小を続け，70 年代前半にはついに逆転する（暉峻 2003, 176）．

　手厚い保護を受けた農村住民は，その体制を維持あるいはさらに強化するため，自民党政権に対する支持を一層固めた．ここに「自民党システム」，すなわち「経済成長を進めながら，その成長の果実を，経済発展から取り残される社会集団に政治的に配分することによって，政治的安定を達成しようとするシ

---

13)　1958 年総選挙を東北地方で取材した石川真澄は，「高度経済成長とそれに伴う社会変動がまだほとんどと言っていいほど意識されていなかったそのときでさえ，保守系の『選挙通』たちは口を揃えて，旧来の地盤の変動が激しく，票読みができなくなったことを嘆いていた」と回顧している（石川・広瀬 1989, 72）．

14)　1960 年代になってからであるが，柚（1967, 225）が以下のように指摘している．「農村は社会的に激動している．人口の流出，生活様式の都市化，農業経済の不安と危機がその激動の軸である．社会的激動にともない農村住民の生活形態は変わり，意識も変化してきた．とくに農村青年層のその変化はいちじるしい．それは選挙でいえば……浮動票化を示すといってよい．農村において，政治外の，ときに旧弊な人間関係に金をのせて投票を誘うという，投票への他律的契機がしだいにはたらかないようになってきている」．

15)　綿貫（1967, 135）はこの現象について，「圧力政治は，伝統的無関心の上にあぐらをかいた旧型保守政治に比べ，一つの進歩である」と述べ，日本社会のある種の近代化の表れとみて一定の肯定的評価を与えている．

16)　入力面での農村バイアスは，農村地域への過大な議員定数配分によって一層増幅された（菅原 2004）．

17)　1970 年代における補助金行政の拡大について，広瀬（1981）を参照．その結果，地域間の所得格差はさらに縮小していくことになる（縄田 2008）．

ステム」が完成するのである（蒲島 2004, 3）．

都市部低学歴層の動員

　1950〜60 年代の高度成長期には，農村部から 10 代を中心とする若い労働力が「集団就職」といった形で大量に都市部に流入した．その多くは農家の子弟で，教育程度が低く，典型的には中学校卒であったに過ぎない（片瀬 2010）．都市流入者の多くは中小・零細企業や商店の従業員，建設作業員など低賃金労働に就き，新たな都市下層集団が形成された．政治参加論の観点から重要なこととして，この層の多くが社会的に孤立した環境に置かれ，労働組合員としても組織化されていなかった[18]．若くて SES が低く，かつ動員ネットワークにも組み込まれていない有権者は，理論的にみて政治的に疎外されやすい，すなわち政治参加の水準が低くなりがちであることは第 I 部で議論した通りである．

　こうした状況下で，「地方から流入したブルーカラー，小自営業主など大都会の底辺層」に急速に浸透したのが，新興宗教団体の創価学会であった（三宅 1977, 296）．教団発表によれば，1951 年に 3,000 世帯程度であった会員数が，55 年には 30 万世帯を超え，62 年には 300 万世帯，69 年には 750 万世帯へと膨れ上がっている（図 7-4）[19]．新規入会者の多くは「病人と貧乏人」であったとされ（玉野 2008, 39），「体制内での利益分配をめぐってインタレスト政治に有効に参与できないところの，しかも，地域的・階層的移動がひきおこす不安定をもっともふかく危機的に体験しているところの，都市における中・下層の流動未組織部分を主軸」とした（塩原 1976, 398）．

　この時期，都市部で創価学会が急成長した背景には，同教団による戦闘的な布教活動（「折伏」と呼ばれる）があったことはもちろんであるが，学会活動が会員に「第一次集団の回復の体験」をもたらした点も大きいとみられる（玉野 2008, 121）．1962 年に行われた学術調査から，創価学会員において，「何でも

---

18)　例えば 1960 年の調査によると，従業員数 500 人以上の企業における労働組織率は 69.1% であったのに対し，29 人以下の企業では 3.2% でしかない（労働大臣官房労働統計調査部「昭和 35 年度　労働組合基本調査報告書」）．

19)　教団発表の会員世帯数は実態を過大評価しているとの見方も強いが，1950〜60 年代に会員数が爆発的に（数百万人規模で）増加したこと自体は，この時期の公明党の得票数の伸びからみて疑いない．

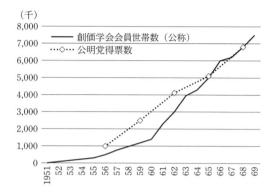

図7-4　創価学会会員世帯数（公称）と公明党得票数の推移

公明党得票数は参院選全国区の数値。1956年，59年は創価学会組織候補，62
年は公明政治連盟の得票数を示す。

出所：創価学会四十年史編纂委員会（1970），杉森（1976）．

打ち明けられる本当の親友」がいる比率が顕著に高かったことが明らかにされ
ている（鈴木 1963, 1964）．社会的に孤立していた都市流入層にとって，創価学
会は独自の共同体として機能するようになったのである（玉野 2008, 52）．

　創価学会は，1950年代半ばから政界にも進出を始め，会員およびその周囲を
選挙に動員していくようになる．教団は当初，候補者を直接擁立していたが，
64年に独立した政治団体として公明党を発足させている．図7-4には，56年
以降の参院選全国区における公明党（および同党の前身組織）候補の得票数の
推移が示されている．図によると60年代を通して公明党の得票数は直線的か
つ爆発的に増加しているが，これはこの時期の創価学会の会員数の拡大とその
強力な動員力を反映している．創価学会は，社会的に孤立し，政治的資源も欠
いた，したがって元来参加志向が弱いはずの都市部低学歴層を大量に政治参加
させる機能を果たしたのである．石川真澄の言うように，「公明党は眠ってい
た大都市の棄権票を起こして投票所に連れ出した」のであった（石川 1978, 119）．
ここで改めて図7-3を見ると，67年にブルーカラー層の投票率が大きく上向い
ているが，その一因として同年からの公明党の衆院選進出があったことは疑い
ない[20]．

---

20)　公明選挙連盟の調査データによると，1967年総選挙における公明党投票者のうち，「労
　　務職」が26.1％を占めており，他のどの職業カテゴリーよりも多い．

　創価学会員が，同等の社会階層に属する非会員と比較して，顕著に強い政治
参加志向を持っていたことは，1960 年代の調査データからも明らかである．
ヴァーバらの古典的国際比較研究において，日本の創価学会加入者（および農
民）は，SES および心理的関与の水準が低いにもかかわらず，選挙活動や投票
に参加する程度が際立って高い集団として特筆されている（Verba, Nie, and Kim
1978=1981, 218-22）.

　創価学会員の活発な政治参加は，公明党の選挙運動への関わりが信仰活動の
一環として位置づけられたことだけでなく，教団での日常的な活動を通して会
員が（ヴァーバらのいう）市民的技能を向上させていたという面からも理解で
きる．教団が開く座談会等での教学は，無学な入信者にとって，「それ以前に
は身につける機会を得られなかったがゆえに持っていた，文字や言語に関する
ハンディキャップを克服」する機会を提供したとされる（玉野 2008, 51）．こう
して高められた一般的技能は，会員が政治に関わる際にも資源として用いられ
たであろう．

　玉野和志の示した具体的事例によると，1950 年代に入信したある女性会員は，
実家が貧しく，小学校しか出ていない．しかし学会での教学を通じて徐々に言
語能力を高め，「普通の人よりは利口になっていく」ことを自覚し，ついには
「大学を出た人と同じように付き合う」こともできるようになった．こうして
自信を得た女性は，「子どもたちの学校でも，PTA などできることは何でもや
って」きたという（玉野 2008, 30-34）．PTA 等での積極的活動は，彼女の市民的
技能をさらに伸ばす機会となったであろう．このようにして培われた技能は，
政治活動に際しても発揮された．この会員は，選挙の際，近隣地域で公明党候
補のための運動を積極的に行っており，非会員にまで支持を広げてきたと証言
している．教団の意図はともかく，高度成長期における創価学会の活動は，都
市部低学歴層の政治参加を直接的，間接的に促す結果をもたらしたのである．

都市部高学歴層の疎外

　創価学会の政治活動が活発化していたのと同じ時期，都市部に住む高学歴
層——職業的にはホワイトカラー中心で比較的所得が高い——の投票率は低下
の一途をたどっている．このことにより，1960 年代を経て，投票参加者全体に

占める低 SES 層の比重は一層高くなった.

　かつて三宅一郎は, その後に到来する「利益民主主義」に対して, 1950 年代から 60 年代初頭の日本政治を「啓蒙民主主義」と呼んだ. それはこの時期, 近代的価値観の担い手であった「高学歴層が積極的に政治に参加した」ことによる (三宅 1985b, 280). 選挙の投票率で見ても 60 年代初頭まで高学歴層の参加水準は高かったが (図 7-1 参照), その理由としてこの層に投票すべき政党, すなわち積極的に支持する政党が存在したことが挙げられる. 高学歴層のうち, 「実業家, 会社幹部, 高級官僚などの, その経済的・個人的関心が現状維持にある人々は, 熱心な自民党支持者」であった (綿貫 1976, 196). 対して, 数的により多くを占める一般のホワイトカラー層 (給料生活者) は, 左翼政党の社会党を支持する傾向が強くみられた. この点は, ホワイトカラー層の右派政党への傾斜が明瞭であった, 当時の欧米社会と顕著な差異を示している.

　このように特殊な戦後日本の政治社会を, 綿貫譲治は「文化政治」という概念を用いて理解した. この時期の政治的対立構造においては, 「文化や価値の諸要因が相対的に優勢で, [経済的利害といった] 他の諸要因を凌駕し, 影響を与えている」というのである (綿貫 1976, 196). 1950 年代は「逆コース」の時代として知られる. 再軍備, 教育, 労働, 治安政策といった面で, 保守政権は初期の占領改革の成果を修正し, 戦前体制への回帰志向を強めていた. こうした状況で, 伝統的価値観を根強く持っていた「小農民や自営の商人や製造業者など中間階級の高齢者層……また, 低学歴の人々」は, 自民党の支持基盤を成した (綿貫 1976, 201). これに対して, 反伝統的あるいは近代的価値観を身に着けた高学歴のホワイトカラー層は, 逆コース政策に不信を持ち, これを鋭く批判していた革新野党への支持に傾斜した. 保守合同直後 (1955 年 11 月) に行われた朝日新聞社の調査によると, 「給料生活者」の社会党支持率は 50% (自民党支持率は 37%), 教育年数で見た場合, 最上位カテゴリーである「13 年以上」層の社会党支持率は 52% (自民党支持率は 40%) に達している (朝日新聞社世論調査室 1976, 105).

　ところが 1960 年代の間に, こうした革新主義的有権者の多くが「政治離れ」, 「投票離れ」していくことになる. 図 7-5 は, 時事通信社の月次調査から, 高学歴層 (教育年数 13 年以上) の自民党支持率, 社会党支持率, 支持なし率の

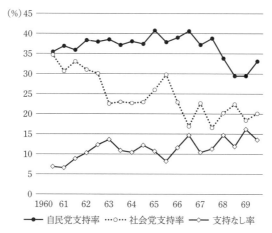

図 7-5　1960 年代における高学歴層の政党支持率

1960 年 7 月以降，6 ヵ月ごとの平均値をプロットした．
データ：時事通信月次調査．

推移を示したものである．ここからは，社会党に対する支持率が 60 年代初頭
から大きく低下していたこと，代わりに支持なし率が上昇していたことが見て
取れる．また，特定政党を支持しているとしても，60 年代を通じ，その支持の
度合いは弱まっていた．三宅によると，高学歴層の政党支持強度は 60 年代後
半に低下しており，67 年あたりからは平均値で低学歴層に追い越されるまでに
なっている（三宅 1985a, 50）．積極的に支持する政党を持たなくなった高学歴
有権者は，選挙でも棄権する傾向を強めた．以上は，低学歴層である農民の党
派性が 60 年代に自民党支持の方向でむしろ強化され（石川 1978, 第 4 章），投票
参加志向を強めていたのと対照的な事態であった．
　高学歴層の投票率低下は，政党支持率の推移からも示唆されるように，主と
して社会党の得票率減少として選挙結果に表れた．1960 年総選挙を境に社会党
は「長期低落」と呼ばれる後退期に入るが，低落の傾向は特に，高学歴層の多
い都市部において顕著であった（石川・広瀬 1989, 75）．なかでも 69 年総選挙は，
都市部で社会党が議席を激減させた選挙となった．同選挙の投票率は 68.5 ％と
前回（74.0 ％）より下がったが，「棄権の増大はとくに社会党離れによって起こ
った」と分析されている（石川 1978, 52）．

　1960 年代に社会党が魅力を失った理由として，石川真澄は，同党が「当時の日本の『豊かな社会』への歩み，それを本音では肯定する国民各層の雰囲気のなかで，それとちぐはぐなイデオロギーや政策，外交方針にこだわった結果，高度成長に伴う歪みに対してさえ有効な対案を出せなかった」点を挙げる（石川 1984, 149）．60 年の池田勇人内閣発足以降，憲法改正論を棚上げするなど自民党政権は経済重視路線に舵を切り，高学歴層からみて，逆コース政策への懸念から対抗政党を応援する切実性は薄れていった．同時に，高度成長の成果として，国民生活は全体として大幅に改善されつつあり，逆に社会主義の魅力は低下していった[21]．こうした状況で，「日本における社会主義への道」を綱領的文書に採択するなど，60 年代にむしろ左翼教条主義への傾斜を強めた社会党は，高学歴層（の一般有権者）からの支持さえ失ったのである．

　その一方で，社会党を見限った高学歴層の多くは，他党支持に鞍替えをしたわけでもなかった．図 7-5 からは，60 年代後半に自民党への支持が，高まるどころかむしろ低下していたことが見て取れる．綿貫の言葉を借りれば，この時期，高学歴層は「脱革新化」したと同時に，「脱保守化」していたのであった（綿貫 1967, 186）．この時期，高度成長の負の副産物として，環境悪化や汚職の問題が争点化したが，これらの問題に対応できない既成政党全体に対し，都市部の高学歴有権者は不信感を強めた．

　自民党政権が永続化する中で，受け皿となる政党を見失った高学歴層は政治的有効性感覚を低下させ，シニシズムを増大させた．三宅が指摘した通り，「選挙は国の政治（政府のすること）に影響を及ぼしていると思うかどうか」という質問に対し，1966 年の調査では高学歴層ほど肯定的であったが，70 年代の調査になると一貫して高学歴層ほど否定的になっている（三宅 1985a, 52）．選挙の有効性を悲観視するようになった高学歴層の棄権が増えたのは，当然のことであった．ここには，ヴァーバらのいう，「帰属意識の対象となるべき政党をもたない市民からは，その社会経済的資源を政治活動へ転換する機会が奪

---

21)　特に 1969 年総選挙で社会党が大敗したのは，チェコ事件（68 年 8 月），文革闘争激化（68 年 10 月劉少奇失脚），東大闘争激化（69 年 1 月安田講堂攻防戦）といった『社会主義』に対して人々に幻滅を与える事柄が，この選挙の前年からうち続いた」ことによる，と石川（1984, 155）は主張している．

われる」過程を見ることができる（Verba, Nie, and Kim 1978=1981, 121）.

高度成長に伴う参加格差構造の変化

　日本型参加格差構造が 1960 年代に形成されたパターンであり，高度経済成長の産物であったという事実は，蒲島の議論が 90 年代以降に通説化して以降，わが国の政治学界において長らく忘れられていたといってよい．しかし，高度成長期の社会的大変動をリアルタイムで経験・観察した世代の研究者にとって，日本人の政治意識や選挙行動がその時期に大きく変化していたことは，むしろ常識の範疇に属した．実際，77 年の論文において三宅一郎は，「1950 年代に始った高度経済成長による社会変動と選挙結果の密接な関係は，現在の地点に立って見ると，誰の目にも明らかである」と述べた上で，「大学卒と初等教育終了者間の［衆院選投票率の］差は 1963 年をさかいに符号が逆になった．すなわち，大学卒の投票率の方が低くなっている．……60 年代半ばに構造的変化が起ったことがわかる」と正しく指摘していたのである（三宅 1977, 259, 289）.

　三宅が示唆するように，1960 年代における投票参加の格差構造の変化は，高度成長という「日本をひっくり返すような」（吉川 2012, 236）社会経済構造そのものの大変動と密接な関係がある．この時期の急激な工業化は，成長から取り残された農村住民による政治システムへの要求（入力）を強めた．農村を離れ，都市に流入した若い労働力は，新たに都市下層を形成したが，この層に新興宗教団体が浸透し，政治へ組織的に動員された．他方で，都市部高学歴層は「経済の季節」においてなお左翼教条主義に固執する社会党に幻滅し，保守支配の固定化が進む中で，選挙過程そのものから退場していくことになった．日本型参加格差構造は，高度成長という大社会変動に対する，諸集団の複合的な動きの結果として形作られたのである．

4　「普通の国」へ

　1970〜80 年代にみられた日本型参加格差構造は，90 年代に入ると揺らぎ始め，今日までに崩壊したことを図 7-1 は示していた．本節では，90 年代前後における構造変化の方向性と程度について，定量的かつ多角的に把握することを

試みる．また，わが国における近年の参加格差構造を，過去のそれと比較する
だけでなく，国際比較の観点からも位置づけてみよう．

1990 年代前後の構造変化

ここでは，衆院選における投票参加の学歴バイアスについて定量的に測定す
るため，明るい選挙推進協会の調査データに対し，2 つの回帰モデルの推定を
行う[22]．第一は，各年のデータセットについて，従属変数を「投票参加」（投
票に行ったか否か），独立変数を「学歴」（大卒か否か）[23]とするモデル，第二
は，統制変数としてさらに「年齢」（10 歳刻み）[24]を加えたモデルである．従
属変数はダミー変数であるが，ここでは結果の解釈の容易さを重視し，線形回
帰モデル（OLS）で推定する[25]．この場合，いずれの分析でも，学歴に関する
係数推定値は，大卒層と非大卒層の間の投票参加確率の差として解釈すること
が可能である．

年齢という変数が，学歴と投票参加の関係において交絡要因であることは明
らかだが，これを回帰モデルにおいて統制すべきかは，分析の目的による．こ
こでは年齢を統制しないモデル（単回帰モデル）と統制するモデル（年齢統制
モデル）をともに推定し，両方の結果を示す．すでに説明したように，年齢の
影響──学歴と負の，参加水準と正の相関関係にある──によって，学歴と参
加水準の見かけ上の相関は弱められているはずである．したがって，年齢を統
制した場合，学歴と参加水準の相関はより大きく観察されると予測できる．

図 7-6 は，分析結果を時系列グラフとして要約的に示したものである．図の

---

22)　本項の分析で利用する個票データは，東京大学社会科学研究所附属社会調査・データア
　　ーカイブ研究センター SSJ データアーカイブから提供を受けた（寄託者：明るい選挙推進
　　協会）．2015 年，19 年の統一地方選調査に関しては，明るい選挙推進協会から直接データ
　　を入手した．
23)　「大卒」には新制大学のほか，旧制高校，旧制専門学校卒を含む．
24)　調査年によっては，実年齢ではなく，10 歳刻みなどのカテゴリーでしか聞いていない
　　場合があったため，すべての調査で一律に，20 代以下を 1，30 代を 2，40 代を 3，50 代
　　を 4，60 代以上を 5 とコーディングして分析に用いた．図 7-7 の分析でも同様．
25)　線形確率モデル（ダミー変数を従属変数とした線形回帰モデル）における係数推定値の
　　解釈について，Long（1997）を参照．なお，ロジット・モデルにより推定した場合でも，
　　以下の議論はそのまま維持できる．

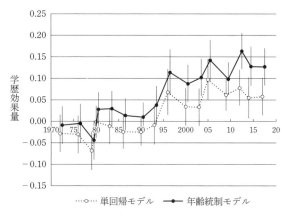

図 7-6 投票参加の学歴バイアス（衆院選）

エラー・バーは 95％信頼区間を表す.
データ：明るい選挙推進協会調査.

縦軸は学歴の効果量，すなわち大卒層と非大卒層の間の投票参加確率の差を表す．単回帰モデルの推定結果（破線グラフ）からみると，1970 年代から 93 年までの衆院選において，係数推定値の符号が一貫して負になっていることがわかる．すなわち，非大卒層に比べ，大卒層の投票参加確率が低く推定されている（ただし，79 年を除き統計的有意差はない）．ところが 96 年以降の選挙では符号が逆転し，大卒層の参加確率が相対的に高く推定されるようになっている．

年齢統制モデル（実線グラフ）では，予想通り，どの年でみても学歴の効果が単回帰モデルに比べ大きめに推定されている．しかし学歴バイアスの変化の方向は，年齢統制モデルの推定結果で見ても，単回帰モデルの場合とまったく同じである．すなわち，やはり 1990 年代以降に，「高学歴バイアス化」が進んでいることが見て取れる．最もデータが新しい 2017 年総選挙についてみると，年齢層を一定として，大卒層は非大卒層に比べ，0.13 ポイント程度，投票参加確率が高く推定されている．年齢統制モデルの結果では，1996 年以降，すべての選挙において学歴の効果は統計的に有意である．衆院選における，投票参加の高学歴バイアス化は明らかといえよう．

投票参加の高学歴バイアス化という現象は，衆院選に限った現象なのか．それとも他の種別の選挙でも同様に見られるのであろうか．図 7-7 は，衆院選に

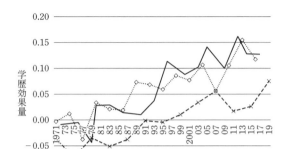

図 7-7　投票参加の学歴バイアス（衆院選，参院選，地方選）
地方選は都道府県議会選.
年齢を統制し，学歴に関する係数推定値をプロット.
データ：明るい選挙推進協会調査.

加え，参院選，統一地方選（都道府県議会選）の投票参加における学歴バイアスの経時的変化を示したものである．すべての選挙について年齢統制モデルを推定し，学歴の効果量を得ている．

　まず参院選についてみると，学歴バイアスの程度は，ほぼ同時期の衆院選のそれと同等になっていることが分かる[26]．すなわち，ここでも投票参加の高学歴バイアス化が確認できるが，参院選の場合，衆院選よりやや早く，1989 年の前後で明瞭な構造変化が観察される（画期をなす 89 年参院選がどのような選挙であったかという点は次章でふれる）．これ以降，最近まですべての参院選で，学歴の効果は統計的に有意となっている．

　地方選については，どの時期でも学歴の係数推定値が国政選挙に比べて低い．国政選挙に参加しても，地方選には足を向けない高学歴有権者が多く存在するのである．このことは，わが国の選挙の特徴として，古くから指摘されてきた．1950 年代——国政選挙には高学歴層の積極的な参加が見られた時期である——の研究においてすでに，「インテリゲンチァにみられる地方政治への無関心」を嘆く記述がみられる（荒瀬 1957, 187）．図 7-7 は，この傾向が今日なお消えて

---

26)　1980 年，86 年については，衆参同日選であったため，衆院選と参院選の学歴バイアスが同等になるのは当然である．

いないことを示している．しかし同時に，地方選の投票でもやはり近年では，相対的に高学歴バイアス方向へシフトしていることが，図から見て取れよう．90年代前半には学歴による参加格差はほぼゼロになり，90年代末以降は，若干ながら大卒層の投票参加確率が非大卒層を上回っている．特に最近の2019年統一地方選では格差が明瞭である．

　ここまでの分析から，投票参加の高学歴バイアス化は，衆院選，参院選，地方選のすべてで，1990年前後から確認される現象であると結論づけてよいだろう．2000年代の選挙では，（年齢を一定とすると）高学歴層ほど投票参加するというパターンを，はっきり確認することができる．日本型参加格差構造が，今日の日本にもはや存在しないことは明白である．

　以上に関連して，都市規模と投票率の関係という面でも，1990年代以降に変化があったことを指摘しておくべきであろう．わが国では伝統的に農村地域ほど投票率が高く，そうした関係は，第6章で見たように，今日でもなお確認される．しかし，都市規模による投票率の差は，かつてに比べ，近年ではかなりの程度縮小したという証拠がある．加藤元宣は衆院選の選挙区レベルの投票率を比較し，90年から2000年にかけて，農村選挙区と都市選挙区の投票率が接近していることを明らかにしている（加藤2002）．境家も09年までの衆院選調査データを分析した結果として，投票参加の農村バイアスが，「1990年代以降についてみれば（逆転まではいかないまでも）かなりの程度弱まっていることが明らか」としている（境家2013, 240）．

　総務省発表の集計データから，以上の点を確かめておこう．図7-8（a）は，1970年代以降の総選挙について，自治体種別（区部，市部，町部，村部）ごとの投票率の推移をみたものである．ここから，どの選挙でも農村的な地域の住民ほど高い割合で投票に参加していることが分かるが，投票率のギャップの大きさは時期によって異なっている．区部と村部を比べると（図7-8（b）），70年代には投票率差が20％ポイント前後もあり，参加格差はきわめて大きかった．ところがこのギャップは徐々に縮まり，今世紀に入ってからは10％ポイント以内にまで差が詰まっている．図（a）を詳細に観察すると，70年代〜90年代半ば（96年まで）では農村部の投票率落ち込みが相対的に大きく，90年代後半〜2000年代（09年まで）では都市部の投票率上昇が相対的に大きかったこと

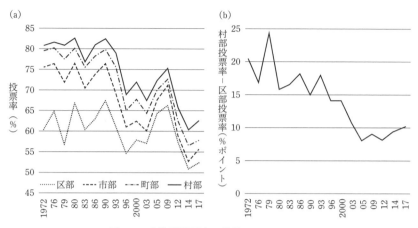

図 7-8　衆院選投票率の推移（自治体規模別）
出所：総務省「第 31 回〜第 48 回衆議院議員総選挙年齢別投票率調」.

が読み取れる.

　近年の選挙では，都市規模による投票率の格差は，住民の年齢を統制すると消えてしまう程度の大きさでしかない（表6-9 参照）. たしかに農村部の投票率は高いのだが，その理由は農村に（都市規模と関係なく参加志向が強い）高齢者が多いという点にほぼ尽きている. 日本型参加格差構造が見られた 1980 年代においては，都市規模による参加格差は，年齢を含む多くの社会的・心理的属性を統制してもなお明瞭に観察されたほど大きなものであった（蒲島 1986, 195; 1988）. 90 年代の前後で，投票参加の農村バイアスは大いに緩和したのである. 農村部に低学歴層が多く含まれることをふまえれば，以上の構造変化が，同時期に見られる「投票参加の高学歴バイアス化」傾向と整合的な現象であることは容易に理解されよう.

普通の国・日本

　現代日本では，高学歴層ほど選挙に参加する傾向が明瞭であるが，そのバイアスの程度はどれほどのものと評価すべきであろうか. この点は，国際的な比較の観点から議論すべきであろう.

　第 5 章で説明したように，参加格差構造の国際比較は，ヴァーバらの古典的

研究『政治参加と平等』によって先鞭をつけられた．そこで日本は 7 ヵ国中の 1 事例として分析対象とされており，投票参加（および他の参加形態）の SES による格差が最小の部類であることが明らかにされている．ここで分析されたのは，日本型参加格差構造の形成期にあたる 1960 年代後半の調査データであった．90 年代以降の「高学歴バイアス化」により，日本はその後，参加格差の程度という点で国際的な位置づけを変えたことであろう．

　近年では，A. ガレゴが国際比較調査 CSES のデータを用いて，1996〜2009 年の選挙を対象に学歴の効果を分析し，各国の参加格差の程度を測定している．ガレゴの分析法はシンプルで，従属変数を「投票参加の有無」，独立変数を「学歴」，「年齢」，「年齢の 2 乗項」，「性別」とした回帰分析を各選挙調査データについて行い，学歴変数の係数推定値を比較するというものである（Gallego 2015, chap. 1）[27]．モデルの推定結果から，最高学歴層と最低学歴層の間の予測参加確率の差を計算し，その大きさから各国を 3 つの群に分けている[28]．

　まずガレゴが「高格差群」に分類する国として，米国，ポーランド，カナダ，フィンランド，ハンガリー，スイスがある．これらの国では 30％ポイントを上回る参加率の差が，高学歴層と低学歴層の間に見られる．特に米国における参加格差は極端に激しいもので，そのギャップは 60％ポイントを超える．

　これらの国とは対照的に，ほとんど，あるいはまったく学歴による参加格差がみられない国もある．そうした「低格差群」の典型国として，ガレゴは特に，オーストラリア，ベルギー，ブラジル，ブルガリア，チリ，デンマーク，韓国，ペルー，スペイン，台湾を挙げている．このほか，クロアチア，フランス，アイルランド，イタリア，メキシコでも，格差はかなり小さいとされている．

　格差の程度という面で，これら両極の中間的な位置にある国々は，「中格差群」に分類される．この群の具体例として，ガレゴは，オーストリア，イスラエル，リトアニア，ポルトガル，ルーマニア，スロヴェニア，スウェーデン，英国を挙げる．これらの国では，最高学歴層と最低学歴層の間の予測参加率の乖離は，けっして 10％ポイントより小さくならない一方，35％ポイントを超えるほど大きくもならない．

---

27)　ロジット・モデルと線形回帰モデルの両方を推定している．
28)　予測参加確率を計算する上では，便宜的に「40 歳女性」のケースが想定されている．

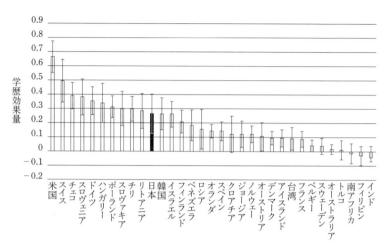

図 7-9　各国における投票参加の学歴バイアス

ベルギー，オーストラリア，トルコは罰則付き義務投票制採用国（International IDEA データベース参照）．
エラー・バーは 95％ 信頼区間を表す．
データ：ISSP 2014.

　ガレゴの研究では日本も分析対象に含められており，1996 年衆院選，2004
年・07 年参院選時の調査データが分析されている．その結果として，日本は中
格差群の一国に数えられている．国際的に見て，2000 年前後における日本の参
加格差は，特に大きなものとは言えず，かといってそれほど小さなものでもな
い，すなわち「普通の国」だと評価されているのである．

　本書でも，ガレゴと同じ方法で，しかし別のデータセットに基づき，日本の
国際的位置を確認しておきたい．図 7-9 は，2014 年に実施された国際比較調
査 ISSP のデータを用いて，国別に「投票参加の有無」を従属変数，「学歴」を
独立変数とした線形回帰モデルを推定し，係数推定値をプロットしたものであ
る[29]．この図から，日本は調査対象国の中で，中程度の学歴バイアスを示して
いることが明らかであろう．全対象国の係数推定値の平均（0.19）を日本の値
（0.26）は上回っており，細かく分類すれば，日本は「中の上」ランクに分類す
るのが適当である．

---

29)　ガレゴの方法に倣い，「年齢」，「年齢の 2 乗項」，「性別」を統制した．

　1990 年代を境にして，わが国における参加格差構造は質的な転換を遂げ，今日では高学歴バイアスがはっきりと観察される．現代日本は国際比較的に見て，まったく特殊ではなく，むしろ平均的な事例となっている．日本は「普通の国」になったのである．日本における投票参加の社会経済的バイアスは，米国に見られるほど極端に強いものとは言えない（実際，この面で米国に並ぶ国は過去も現在も存在しない）．しかし，かつて日本の特徴とされた「政治参加の社会経済的平等」が，今日もはや成立していないことは明らかである．では，日本型参加格差構造はなぜ，どのようにして崩壊したのであろうか．この点は章を改めて検討することにしよう．

第8章 | 日本型参加格差構造の崩壊

1 はじめに

　第II部では，日本人の政治参加について，参加水準と参加格差の両面から詳しく検討してきた．現代の日本人は総じて政治参加に消極的で，多くはせいぜい投票しか行っていない．その投票にしても，1990年代以降における参加水準の低下は明らかである．特に若年層や農村住民，低学歴層における投票率の落ち込みが大きい．教育程度と政治参加の関係に焦点を絞れば，かつて存在した日本型参加格差構造は90年代の前後で崩れ，今日では他の多くの国と同じく，資源や動機に恵まれた高学歴層の選好がより強く政治システムに入力されている．

　本章では，第I部で提示した理論的枠組みに拠り，1990年代前後の参加格差構造の変化のメカニズムについて議論する．第5章では，国際的な参加格差構造の差異を説明する変数として，政治社会の亀裂構造や政治参加の制度的コストに注目した．第2節で示すように，この枠組みは，同一国内における参加格差構造の経時的変化を説明する上でも有用である．実際，農村住民の動員，都市下層の動員，都市部高学歴層の疎外という日本型参加格差構造の前提となる政治社会の亀裂構造は，90年代以降に大きく変化している（第3節）．また，90年代以降の政党システムの変化，具体的には主要政党間の政策的距離の縮小が，低学歴層や若年層，女性にとって，選択肢の違いの認識を難しくし，新たな参加のハードルとなっている（第4節）．これらの現象は相互排他的ではない．日本型参加格差構造の形成過程が複合的なメカニズムに基づいていたように，それを崩壊させたメカニズムもまた複合的なのである．

2　構造変化のメカニズム

本書のこれまでの内容をふまえ，ここで改めて，日本の戦後各時期における参加格差構造について，理論的視点から捉え直してみよう.

1960 年代前後の変化——日本型参加格差構造の形成

図 8-1 は，有権者の個人的動機・資源と政治参加の関係について，対照的な 2 つのパターンを示したものである.（a）は S. ヴァーバらのいう「標準モデル」で，個人的な動機・資源をより豊かに持つ人ほど，したがって社会経済的地位（SES）の高い市民ほど政治参加度が高いという，基本的な関係性を示したものである. ここでは，集団の力，すなわち集団帰属意識や組織による動員の要素は考慮されていない.

1960 年代初頭までの日本における投票参加の格差構造は，（a）のパターンに近いものであった. すなわち，この「啓蒙民主主義」（三宅一郎）の時代，高学歴層は低学歴層以上に積極的に投票に参加していた. 戦前から（低学歴層の多い）農村部では名望家の権威に依拠した動員が行われていたが，近代化の進展とともに，そうした伝統的秩序に基づくネットワークは衰退していった. 他方，都市部の高学歴層も革新政党の伸長に期待し，党派心や政治的有効性感覚など政治的関与を強く保持していた. 結果として，60 年代初頭まで，標準モデルのパターンがわが国でもそのまま見られたのである.

ところが，1960 年代を通して日本の参加格差構造は質的に変化し，70 年代になると明確に，投票参加の低 SES バイアス構造，すなわち低学歴層ほど投票に行くという逆転現象が確認されるようになる. これを本書では日本型参加格差構造と呼ぶわけである. 第 7 章で述べたように，日本型参加格差構造は，農民など低学歴層の集中的動員と，都市部高学歴層の政治的疎外とによって確立した. 60 年代における農民の「政治化」は，経済成長から取り残された集団による自己防衛反応の表れと言える. 農村では弛緩した名望家秩序に代わって，農協など利益団体が政治的動員の基盤となった. 自民党政権は農村部からの「入力」によく応え，手厚い利益保護・分配政策を「出力」することで，農家

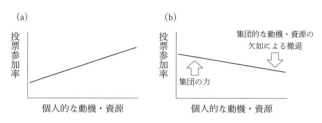

図8-1　参加格差の標準モデル（a）と日本型参加格差構造（b）

による体制支持的参加をさらに促した．他方，都市部高学歴層は自民党政権による利益政治に対してはもちろん，社会党の教条主義的イデオロギーにも共感できず，投票への参加意欲を失っていった．

　1970〜80年代にみられた日本型参加格差構造は，図8-1（b）のパターンとしてモデル化できる．（b）は個人的な動機・資源に恵まれない人々，すなわち低SES層の政治参加が，集団意識の強まりや組織動員の影響で大きく高められている状況を表している．さらにこの図では，集団的基盤を欠いた高SES層が体制からの疎外感を強め，参加意欲を減退させている状況が表現されている．結果として（b）では，（a）の標準モデルから大きく逸脱し，低SES層が高SES層よりむしろ積極的に政治参加している．

1990年代前後の変化——日本型参加格差構造の崩壊

　1990年代の前後で，わが国の参加格差構造は再び質的な変化を遂げた．2000年代以降の選挙では明確に，投票参加の高学歴バイアス構造を確認することができる．すなわち，日本型参加格差構造（b）が崩れ，再び標準モデル（a）に近い状態に戻った．第7章の表現を使えば，今日の日本はもはや「普通の国」になっている．

　日本型参加格差構造の崩壊は，第一に，学歴と参加の関係を歪ませていた諸力（図8-1（b）中の2つの矢印）が緩和したことで生じた現象である．すなわち，低学歴層に対する「集団の力」と高学歴層の参加を阻害する環境的要因がともに弱まったことで，学歴と参加の相関関係は正の方向に変化していった．

　第二に，1990〜2000年代における政党システムの変化は，有権者が選択肢の違いを判別する際の認知的コストを高めた．すなわち，1980年代までの政党間

の保革イデオロギー対立が90年代に弱まり，2000年代の政権交代の過程を通して，さらに主要政党間の政策的差異は判別しづらいものとなった．このことは，第5章の議論に従って考えると，低学歴層の投票参加意欲を一層低下させたはずである．

以上のメカニズムによる参加格差構造の変化が，1990年代前後の日本で実際に起きていたことを以下，順に詳しく説明しよう．

3 政治社会の亀裂構造の変化

前章で説明したように，1960年代の日本の政治社会では，「農村部住民の動員」「都市部低学歴層の動員」「都市部高学歴層の疎外」が顕著にみられ，日本型参加格差構造が形成された．90年代前後になって，これらすべての点で変化が生じ，参加格差構造にも影響したことを本節で明らかにする．

自民党システムの動揺

自民党システム，すなわち「経済成長を進めながら，その成長の果実を，経済発展から取り残される社会集団に政治的に配分することによって，政治的安定を達成しようとするシステム」は，1970年代に入って強固なまでの完成をみた（蒲島 2004, 3）．その象徴が72年の，日本列島改造論を掲げた田中角栄内閣の誕生であった．しかし，このシステムを持続させうる客観的条件は，70年代後半になって急速に失われていくことになる．

最も重要な変化は，高度成長の時期が終焉し，財政面から，農業など低成長部門に対する利益保護・分配政策に厳しい目が向けられるようになったことである．コメ政策はその最たる問題であった．コメの供給量はすでに1960年代末に過剰となっていたが，73〜75年には，世界的な食糧不足の影響もあり，生産者米価（政府買入価格）はむしろ大幅に引き上げられた．結果，政府は大量の在庫米を抱え込むことになり，また消費者米価（政府売渡価格）との「逆ザヤ」を生じたことで，食糧管理特別会計の赤字化が進んだ．コメに関する財政的負担は，健康保険，国鉄と並び，国家財政を悪化させる「3K赤字」の一角となる．

　1970 年代の終わりには，財界を中心に，財政建て直しのため大型間接税の導入や，支出面での改革を求める声が高まっていく．その中で，いよいよ農業政策の転換が進められるようになる．78 年からは，減反すなわちコメの生産調整政策が本格化する．また生産者米価が伸びなくなり，87 年に至ってついに引き下げられるまでになった．結果，農家にとって米作の採算性は急速に悪化した（暉峻 2003, 233-35）．

　同じ時期，農業保護はまた，国際環境の面からも難しくなった．工業製品の集中豪雨的輸出により経済大国となった日本は，米国との激しい貿易摩擦を生じ，農産物の輸入自由化を求める強い外圧にさらされることになる．対米関係上，日本政府は 1988 年に牛肉・オレンジの輸入自由化を受け入れたが，さらに聖域とされてきたコメの自由化要求も強まる一方であった．

　農産物価格支持政策が維持されなくなった結果，多くの農家は生産意欲を低下させ，兼業化が進んだ．農家所得（世帯員 1 人当たり）そのものは 1970 年代に勤労者世帯の平均を上回るほどになり，80 年代でも維持されたが，その多くは農外収入の伸びによるものであった．80 年代には，農家所得に占める農業所得の割合は，平均で 2 割にも満たない状況となった（暉峻 2003, 176）．

　農家はそれでも，他に選択肢がない「逆説明責任体制」（斉藤淳）の下で，自民党政権を懸命に支えた．朝日新聞社の調査によると，1985 年時点での農林漁業者の自民党支持率は 70％以上にまで達しており，50〜60％程度であった 50〜60 年代よりもむしろ高いほどであった（三宅 1989, 88）．80 年代中頃まで農村部の投票率はなお高く，農民は体制支持的参加を行っていた．

　しかしその一方で，この「入力」に見合った「出力」が得られなくなった農家は，政治的有効性感覚を失いつつあった．図 8-2 は，NHK「日本人の意識」調査から，「国会議員選挙のときに，私たち一般国民が投票することは，国の政治にどの程度の影響を及ぼしていると思いますか」という質問への回答を，居住地域（区部については学歴でさらに分類）ごとの平均値として時系列的に示したものである[1]．当変数は 1 から 4 までの値を採り，値が大きいほど政治的有効性感覚が高いことを意味する[2]．グラフからは，1970 年代以降，すべて

---

　1)　個票データは東京大学社会科学研究所附属社会調査・データアーカイブ研究センター SSJ データアーカイブから提供を受けた（寄託者：NHK 放送文化研究所世論調査部）．

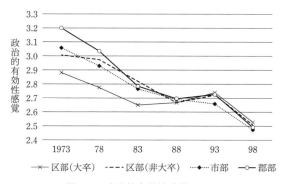

図 8-2　政治的有効性感覚の推移

データ：NHK「日本人の意識」調査.

の地域で政治的有効性感覚の継続的な低落（政治的疎外感の上昇）がみられる
が，その低下の幅は特に郡部の住民で大きかったことが見て取れる．73 年では
郡部住民は，区部の特に大卒層と比較して明確に高い政治的有効性感覚を持っ
ていた．言い換えれば，都市部高学歴層は相対的に強い疎外感を持っていた．
しかしその差は徐々に詰まり，88 年の調査ではまったく違いがなくなっている．

　1988 年は，リクルート事件が発覚し，消費税法案が国会で成立した年でもあ
った．政治家の「濡れ手で粟」の蓄財も，消費税の導入も，農家の不興を一層
買い，ついに 89 年 7 月の参院選に至ってその不満が爆発した．農家による体
制支持的参加のボイコットが大量に生じたのである．この参院選では，農村県
の農協，特にその青年部組織において自民党から離反する動きが次々に表面化
し，自主投票どころか自民党不支持を明確に打ち出す団体さえ出た[3]．その結
果，多くの組合員が社会党に投票先を変え，あるいは投票そのものを放棄して
いる（図 8-3）．居住地域で見ても，自治省の集計によると，大都市（区部）で
は 86 年と 89 年の参院選を比べて投票率はほぼ横ばいであったのに対し，農村
（町村部）では平均 8% ポイント以上も下落している[4]．

---

　2)　元データの変数は，値が高いほど政治的有効性感覚が低くなるよう設定されているが，
　　ここでは解釈を容易にするため反転して用いる．
　3)　朝日新聞 1989 年 6 月 28 日付．大分県九重町の農協青年部に至っては，社会党候補推薦
　　にまで踏み込んでいる（朝日新聞 1990 年 1 月 28 日付）．

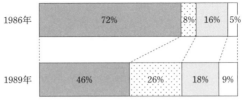

図 8-3　1986 年・89 年参院選（比例区）における農
　　　　協組合員の投票先

データ：明るい選挙推進協会調査.

　かくして 1989 年参院選は，第 7 章（図 7-7）でみたように，70 年代以来初め
て明確に投票参加の低学歴バイアス構造が崩れた画期的選挙となった．投票結
果でみても，農村県の 1 人区で自民党が 3 勝 23 敗と惨敗し，同党の議席数が
参議院の過半数を割るという異例の事態を生じている[5]．以上は，戦後日本の
発展過程でみられた支持参加モデルの好循環（図 2-6）が，70 年代後半以降，
社会経済的発展という条件が崩れたことで，停止してしまった経緯を明らかに
している．

　89 年参院選で「お灸をすえられた」自民党は[6]，あわてて減反政策や土地税
制問題で，農家に配慮した政策を打ち出した[7]．また，衆院選では自民党候補
個々人と選挙区民との関係が密接で[8]，自民党以外に政権担当可能な政党がな

---

4)　総務省「第 15 回〜第 25 回参議院議員通常選挙年齢別投票率調」.

5)　1989 年参院選における農民の「自民党離れ」について，蒲島（1992），水崎（1992），三
　宅（1992）の実証研究を参照.

6)　「お灸をすえる」という表現が当時の農家の間で使われていたことは，新聞の取材記事
　から見て取れる．例として朝日新聞 1989 年 6 月 1 日付に，若い農家の声として「本当は
　自民党支持だが，おきゅうをすえるんだ」とある．なお，自民党支持者だが同党に反省を
　促すため一時的に投票を止めるという行為は，蒲島のいう「バッファー・プレイヤー」の
　行動に当たる（蒲島 2004，第 4 章）．朝日新聞 1990 年 2 月 1 日付では，ある農家が，「2 大
　政党あるいは与野党伯仲がいいと思う．ダントツで勝つと悪さをするけんね」と述べ，89
　年参院選での自民党離れ，90 年衆院選での自民党回帰の理由を説明している．これは蒲
　島の定義するバッファー・プレイヤー，すなわち「基本的に自民党政権を望んでいるが，
　政局は与野党伯仲がよいと考えて投票する有権者」そのものの考え方である（蒲島 2004，
　75）.

7)　朝日新聞 1989 年 11 月 16 日付，同 12 月 14 日付.

いとの認識が広がっていたこともあり[9]，翌90年2月の総選挙では，組織的な「農民の反乱」はみられなかった．それ以降も，90年代を通じて，自民党は公共事業等の補助金配分を梃子に，農村部を金城湯池とし続けた．

　しかし第7章（図7-8）でみたように，1990年を境に，農村部の投票率は大きく低下していった．農業団体の動員力の衰退がこの一因であったことは明らかである[10]．1980年の参院選全国区では，農協の組織内候補（大河原太一郎）は約113万票を集めていたのに対し，2001年の比例区に擁立された候補（福島啓一郎）は17万票以下しか獲得できていない．この間，農協の正組合員数自体が約560万から520万へと減少しているが[11]，その影響よりはるかに深刻に同団体の集票能力は衰弱している．

　1990年代には，政権政党の入れ替わりもあったが，政権の党派構成がどうあれ農業利益の保護が難しくなったという客観的情勢に変化はなかった．93年末にはGATTウルグアイ・ラウンド交渉で，細川護熙内閣が農産物の関税引き下げ，コメのミニマム・アクセス数量の輸入に合意した．さらには，農業保護政策の根幹を成してきた農業基本法，食糧管理法の枠組みそのものが，世界貿易機関（WTO）の自由化ルールに不適合ということで90年代に廃棄されている．コメの生産調整政策も強化される一方であった（暉峻 2003, 262）．

　こうした状況で，農業団体が農村住民を説得し，政治行動をまとめるのが困難になったのは当然であった．逆に，多くの「農家」から見れば，もはや所得全体に占める農業所得の割合は小さなもの（平均10％台）に過ぎず（清水 2013），農業利益に対する関心そのものが以前に比べ低下していたと考えられる．

---

8) 例えば朝日新聞1990年1月28日付に，農協青年部の声として，「衆院の場合は，代議士個人の選挙組織が，農村の人間関係や利害関係の上にがっちり組み込まれていて，それが地域の頼みごとを吸い上げるシステムにもなっている．自民党農政がいいか悪いかとは，別なんですよ」とある．

9) 1983年に実施されたJES調査によると，回答者のうち，自民党を政権担当適任政党と認める割合は53.6％であったのに対し，社会党については5.8％でしかなかった（蒲島 2004, 77）．

10) 谷口（2011）の分析によると，1980年代後半以降，農協加入者の自民党への投票率は継続的に低下している．

11) 農林水産省「農協について」2017年．

日本社会の脱組織化

　1960年代には，高度成長に伴う社会構造変化として，新たな都市下層が形成された．その集団の間に新興宗教の創価学会が浸透し，また同団体が政党を発足させたことで，低SES層の政治参加が促された．この動きが日本型参加格差構造の形成に寄与したことは前章ですでに述べた．

　翻って1990年代以降になると，経済状況の停滞が続くとともに，「アンダークラス」（橋本健二）と呼ばれる非正規雇用労働者が増えるなど，社会的格差が拡大している（図8-4「非正規雇用率」の伸びを参照）．他方90年代は政界再編期にあたり，多くの新党が結成されたが，日本新党代表の細川首相がコメ自由化を進めたことに象徴されるように，有力新党の政策には一般に経済自由主義的志向が濃くみられた．旧社会党出身者を含んだ民主党においてさえ，日本新党や新生党を経て合流してきた経済的自由主義派の議員も多く，98年発表の「基本政策」では「自己責任と自由意思を前提とした市場原理を貫徹することにより，経済構造改革を行う」と謳われている（大嶽 1999, 117）．つまり，90年代に起きた政党システムの再編は，「大きな政府」から利益を受ける低SES層の明確な受け皿を用意しなかったのである．

　さらに1990年代には，政党組織以前の問題として，低SES層の政治的動員の前提となる，社会的ネットワークが全体として弱体化している．労働組合の組織率の推移を見てみよう．図8-4によると，労働組織率は70年代後半から低下の一途をたどっている．さらに，パートタイム労働者の組織率は，近年上昇傾向にあるとはいえ，一層低い．ナショナルセンターの日本労働組合総連合会（連合）がしばしば「正社員クラブ」と称されてきた所以である．戦後日本では官公労働者や民間大企業の正規雇用労働者を中心に組合が組織されたため，55年体制の時代でも，組合員の所得水準は低くなかった（Verba, Nie, and Kim 1978=1981, 219）．90年代以降の労組でもこの傾向に変化はなく[12]，都市下層を政治的に動員する面での機能はやはり限定的とみなければならない．

　労働組織率の低下は，市民社会の衰退という一般的，長期的趨勢の中の，典型的な事象に過ぎない．日本人の全体的な「団体・組織離れ」はすでに複数の

12）Gallego (2015, 129) は2000年前後の調査データ（CSES）を分析し，日本の労働組合員が非組合員に比べ，10%ポイント以上，大卒率が高いことを明らかにしている．

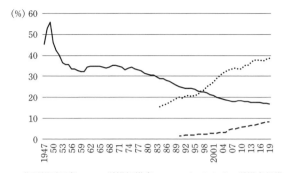

図 8-4　非正規雇用率と労働組織率の推移
データ：総務省「労働力調査」，厚生労働省「労働組合基礎調査」各年.

先行研究が指摘してきたところで，通説的見方といってよい（辻中・山本・久保 2010; 森・久保 2014; 善教 2019）．明るい選挙推進協会の調査データを分析した善教将大は，自治会・町内会，農林水産団体，労働組合，商工組合，宗教団体への加入率が 1990 年代に急速に落ちており，婦人会・青年団や PTA への加入率はすでに 70 年代から低下を始めていたと指摘している．代わりに，「どの団体にも所属していない」と回答する割合は増え続け，近年の調査では半数近くに上っている（善教 2019）[13]．

　社会的ネットワークの弱体化は，選挙における動員活動の衰退に直結する．実際，明るい選挙推進協会の調査によると，あらゆる種類の動員活動について，選挙期間中に接触した人の割合が低下傾向にある（図 8-5）[14]．職場や労働組合の働きかけ，知人や家族，周囲の「熱心な人」による勧誘，そのすべてが 90 年前後を境に不活発化していることが示唆される．

---

13)　第 7 章で注目した創価学会も，1970 年代初頭には会員数が頭打ちになったとされ（玉野 2008），公明党の得票数もその時期から伸びなやむようになる．

14)　図 8-5 では分析対象を投票参加者に限定している．本来は回答者全体を対象とすべきであるが，選挙活動への接触について棄権者に質問していない年があるため，すべての年で同じ条件で分析を行うことにした．なお，選挙活動への接触について全員に聞いている年の調査を使い，分析対象を投票参加者に絞った場合と，回答者全体にした場合で結果を比較してみたが，各選挙活動の接触率に顕著な差は見られなかった．2005 年以降の総選挙を分析に含めなかったのは，そこを境に質問形式が大幅に変わっているためである．

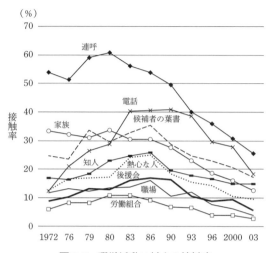

図8-5　選挙活動に対する接触率

データ：明るい選挙推進協会調査.

　選挙活動の衰退は，それ自体が政治参加の減少を意味するとともに，投票参加の抑制にもつながる．とりわけ，第5章で議論したように，個人的な資源や動機に乏しい低SES層の投票参加に，その影響は大きいと考えられる．実際，境家は2000年総選挙の調査データを分析し，政治関心の低い層において，選挙活動の投票参加促進効果がより大きいという結果を得ている（境家 2006, 第5章）．1990年代前後の選挙活動の衰退は，政治関心など政治的関与が一般に弱い低SES層にとって，より深刻な参加抑制効果があったとみるべきである．

　なお図8-5からは，「連呼」や「後援会」，「候補者の葉書」（おそらく「電話」も）の接触率低下に示されるように，狭義の政治的アクターである政治家，政党からの働きかけも弱まっていることが見て取れる．選挙動員の不活発化には，団体・組織の衰退という社会的要因以外に，政治的アクターの持つ資源の減少という政治的要因もあったとみるべきである．境家は，1994年の選挙制度改革によって，衆院選挙区内の自民党候補が1人に限定されるようになったことが，選挙民に対する動員圧力の低下につながったと論じている（境家 2013）．また堀内勇作らは，90年代末から進められた市町村合併により，地方議員総数が減少したことが，国政選挙での動員の担い手を減らし，投票率低下

をもたらしたと主張している（Horiuchi, Saito, and Yamada 2015）．さらに，80 年代から 90 年代にかけて，公職選挙法の規定する「選挙期間」の短縮が進んだことも，部分的には選挙活動量の減少を説明しよう[15]．

都市利益と政党の結びつき

前章で見たように，経済発展の進んだ 1960 年代に，社会党はむしろ左傾化し，社会主義革命論に固執する中で，都市部高学歴層の支持を失っていくことになった．それまで大都市に集票基盤を置いていた同党であったが，60 年代後半以降の衆院選では都市規模による得票率の差がなくなっている（石川・広瀬 1989, 79）．「非都市型」政党となった社会党は，農村住民の利益に敏感であった点，自民党と変わらない．社会党は 88 年 9 月の「米の自由化反対に関する決議」に加わり[16]，細川政権期のウルグアイ・ラウンド交渉では，連立離脱も辞さずコメ市場開放に猛反発している[17]．

しかし，1990 年代初頭の自民党分裂とバブル経済崩壊が，都市利益をめぐる政治的環境を大きく変えていくことになる．90 年代には，経済財政状況が悪化する中，公共事業のあり方などをめぐって都市と農村の利害対立が深刻化したが，自民党との対抗上，多くの新党が都市利益に重点を置いた主張を行うようになったのである．90 年代末に最大野党へと成長した民主党は，2000 年の衆院選に臨み，公共事業費を 5 年で 2 割，10 年で 3 割削減するとの公約を打ち出している[18]．

2000 年総選挙の結果は，先鋭化した都市・農村対立が直接反映されたものとなった．蒲島は「地方の『王国』と都市の反乱」と題した論文で同選挙の集計データを分析し，選挙区の都市度によって，二大政党の得票構造がまったく異

---

15) この点について，ケネス・盛・マッケルウェインから直接示唆を得た．衆院選の場合，それまで（最短）20 日であった選挙期間が，公職選挙法の改正により 1983 年から 15 日，92 年から 14 日，94 年から 12 日と短縮されている（McElwain 2008）．ただし，「選挙期間に入ったとたん，すでに選挙は終盤戦」と言われるように（杣 1967, 97），各陣営は公式の選挙期間に入る前から実質的な選挙活動を行っている．有権者の側も政治家による日常の「政治活動」と選挙期間中の「選挙運動」の区別を特に意識はしていないだろう．

16) 同決議は，衆参両院とも全会一致で採択された（朝日新聞 1988 年 9 月 21 日付）．

17) 朝日新聞 1993 年 12 月 14 日付．

18) 朝日新聞 2000 年 6 月 16 日付．

なっていたことを明らかにしている．この選挙では，都市度の下位 100 選挙区において自民党が他を寄せ付けない強さを維持していたのに対し，上位 100 区では，もはや民主党の得票率が自民党を上回っていた．「利益誘導政治と無縁な都市の有権者は，公共事業による税金の無駄遣いと環境破壊，それに付随する構造汚職の腐臭に反発」したのであった（蒲島 2004, 321）．

　この結果を受け，自民党の中でも都市利益への一層の配慮が模索されるようになる．その動きが具体的な形となったのが，2001 年 4 月における小泉純一郎の総裁選勝利であった．自民党システムの解体を持論とする小泉は，首相就任当初から都市住民の厚い支持を得ることに成功する．小泉内閣への期待感から，01 年参院選では，前年の総選挙と打って変わって，自民党が都市的選挙区でも民主党を大きく上回る票を集め，圧勝した（蒲島 2004, 第 15 章）．長期政権化した小泉内閣は，公共事業費や地方への補助金を削減するなど都市利益に配慮した政策を推進していく．

　こうして迎えた 2005 年の総選挙は，都市部における「小泉旋風」が自民党を地滑り的大勝利に導いた劇的な選挙となった．小泉首相は，郵政民営化の是非を問うて衆議院を解散し，与党内の「抵抗勢力」を離党に追い込んだが，この争点で小泉自民党は改革志向の強い都市住民から圧倒的な支持を得た．同選挙では，前回（03 年総選挙）に比べ，区部や市部で特に大きな投票率の上昇があり（図 7-8 参照），蒲島と菅原琢の分析が示す通り，都市部の投票率上昇と自民党の得票率増加には密接な関係があった（蒲島・菅原 2005）．

　小泉首相退任後，自民党政権は改革志向を後退させ，リーマン・ショック（2008 年）後には公共事業費を大幅に増額するなど従来型経済政策への回帰を見せる．これに対し，小泉政権期に（自民党内の路線対立に注目が集まる中で）存在感を薄れさせていた民主党が，再び都市部で支持を得るようになった．「コンクリートから人へ」とのスローガンを掲げた民主党は，55 年体制型政治経済システムの改革者としてのイメージを維持し，2009 年総選挙で都市住民の票を集めることに成功する[19]．

　このように，1990 年代以降，都市・農村の利害対立が強まる中，都市利益を

19）　もっとも実際には，2005 年から 09 年にかけて，民主党の議員たちも（自民党ほどではなかったとはいえ）改革志向を後退させていた（谷口・上ノ原・境家 2009）．

重視する新党が台頭し，既成政党も都市部への配慮を強めるようになった．都市中間階層にとって，積極的に投票したいと思える受け皿が存在し，しかもそれが政権を担えるほど有力な政党であった点は，80 年代までの状況と決定的に異なる．この環境変化こそが，90 年代後半から 2000 年代にかけての総選挙で，動員活動が低調であったにもかかわらず，都市部の投票率が上昇していた（図 7-8 参照）ことの背景だったのである．

低成長時代の参加格差構造

社会構造とそれを反映した政治システムのあり方は，政治参加の格差構造と密接に関係している．前章で見たように，1960 年代に形成された日本型参加格差構造は，高度成長による急速な社会経済構造変化の産物であった．しかし 70 年代以降，世界第 2 位の経済大国に上りつめ，安定成長のポスト工業化段階にまで至った日本社会では，社会集団間の利害対立の構図や各集団を取り巻く環境に新たな変化が生じることになる．

1960 年代以降の農民による体制支持的参加は，政権が農村住民の政策的要求に応えることで促されてきたのであり，その前提として手厚い利益保護・分配政策を可能にする財政的基盤，あるいは高水準の経済成長が不可欠であった．70 年代後半以降の，高度成長の終焉と財政再建問題の浮上は，その前提を急速に掘り崩していった．自由化を求める国際的圧力もあり，農産物の保護政策は 80 年代以降，綻んでいった．結果，農村住民を，農業者としての集団利益意識に訴えて大量に動員することは，自民党にとってもはや難しくなった．

農村偏重のバラマキ政策は，バブル経済が崩壊した 1990 年代以降には一層厳しい目で見られるようになり，この時期に誕生した新党たちは自民党との対抗上，都市利益への配慮を強めた．55 年体制型政治経済システムの改革が時代の争点となる中で，自民党でも自己改革が起こり，2001 年に誕生した小泉内閣の下では，（農村住民にとって重要な農外収入源であった）公共事業費が大きく削減されるなど，構造改革が進んだ．積極的に支援すべき政党を見出した都市中間階層（高学歴層）は，09 年の政権交代選挙に至るまで，投票参加意欲を高めていった．

他方，1970 年代以降，ポスト工業化段階に達した日本社会では，欧米諸国で

見られたのと同じく，団体・組織活動の衰退が明らかとなってくる．90 年代以降，経済状況の悪化に伴い，日本では社会経済的格差の拡大が進んだが，低 SES 層を集団として取りまとめ，政治に動員する市民社会の力は弱い．今日，アンダークラス層の多くは社会的に孤立し[20]，政治的にも疎外されている．

　かくて，1990 年代以降の日本の政治社会は，「農村部住民の動員」「都市部低学歴層の動員」「都市部高学歴層の疎外」という特徴をいずれも失った．すなわち，日本型参加格差構造は崩壊し，1950 年代までと同様，高 SES 層ほど政治に参加する「普通の国」へと転化したのである．

4　参加の制度的コストの変化

　参加の認知的コストが高い制度的文脈の下では，相対的に認知的能力の低い低学歴層の参加が抑制されると第 5 章で予測した．本節では，1990 年代以降の日本政治において，主要政党間の政策的差異が縮小し，特に低学歴層にとって選択肢の違いを理解するのが困難になったこと，またそれが低学歴層の投票率低下を促したことを説明する．

政党間差異の縮小過程

　55 年体制期の日本における与野党間のイデオロギー対立は，他の先進国の場合と比べても，特に厳しいものであったとされる（大嶽 1999, 第 1 章）．それは主として，最大野党であった社会党が教条主義的イデオロギーに基づき，社会主義革命，非武装中立を目指す方針を維持し続けたことによる．とりわけ非武装中立論およびそれと結びついた護憲論は，高度成長期に社会主義が大衆にアピールしなくなったこともあり，同党のシンボル的な政策となる．社会党は 1986 年に至って綱領を変更し，革命路線を公式に放棄した一方，自衛隊・日米安全保障条約の解消を目指す方針はなおも維持された．90 年代に入り，湾岸戦争や国連平和維持活動（PKO）をめぐって自衛隊の海外派遣の是非が争点となった際も，社会党は自衛隊の存在そのものが違憲との立場から，断固反対の姿

20）　アンダークラス層のソーシャル・キャピタル（親しい家族・友人の数，団体活動への参加状況）の貧弱さについて，橋本（2018a, 108-11）を参照．

勢を崩さなかった.

　この状況が動いたのは 1990 年代の政界再編期で, 特に 94 年に自民党と社会党の連立政権が誕生すると, 両党間の政策的なギャップは一挙に縮小される. 社会党党首の村山富市が首相就任後, 所信表明演説で自衛隊・日米安保条約を維持するとの表明を行ったのは象徴的な出来事であった. 社会党の勢力は 90 年代に後退していくが, 代わって台頭した新進党など新党の多くは, かつての社会党に比べれば, はるかに自民党とイデオロギー的に近い立場を採った. 民主党も, 小泉政権期に対テロ戦争協力問題で与党と対立する局面はあったが, PKO 参加に積極的であったのはもちろん, 憲法 9 条改正を視野に入れた提言まで行っており, 旧社会党との違いは明瞭であった (境家 2017, 第 4 章).

　経済政策面では, 民主党は自民党システムの改革者としてのイメージを保ち, (小泉内閣期を除いて) 自民党との差別化を図ったが, 社会主義革命を遂行するといった「革新」を主張したわけではもちろんない. 両党の経済政策の方向性が異なっていたことは有権者にも概ね理解されていたようであり, 前述のように, そのことが都市中間階層の支持を民主党に傾けることにつながった. しかし, 資本主義か社会主義かという体制選択問題を (形式的にではあれ) 有権者に迫ったかつての日本政治に比べて, 二大政党間の差がテクニカルなものとなったことは疑えない.

　2009 年の政権交代は, 二大政党の違いをさらに不鮮明化させる契機となった. リーマン・ショック後の不況で行き詰まっていた自民党政権の政策路線からの転換を国民は求め, 09 年総選挙での民主党の地滑り的勝利が生じた. しかし, 民主党が実際に政権を握ってみると, 路線の変更はまったく容易でなかった. 防衛政策面では, 鳩山由紀夫内閣が旧政権時代の既定方針を覆し, 在沖縄米軍普天間飛行場の県外移設を試みたものの, 米国との調整ができず結局, 挫折に終わった. 経済政策面でも, 厳しい財政的制約の下で, 民主党のマニフェストで謳われていた高速道路無料化や月額 2 万 6,000 円の子ども手当等, 目玉政策が実現できなかった. それどころか, 自民党が主張していた消費税増税を, 10 年には菅直人首相が自ら訴え始める. さらに, 同年の参院選で与党側が敗北し, ねじれ国会となったのちは, 国会対策のため, ますます民主党政権は自民党の主張を容れざるを得なくなっていく. この頃になると, 民主党は「第二自民

党」に堕したとの見方が，マスコミだけでなく，研究者からも示されるように
なった（ペンペル 2012）．12 年には，民主党は懸案だった「社会保障・税一体
改革」案でも自民党と合意に至り，同年末の総選挙の結果，政権を下りること
になる．

　もともと民主党は，自民党に比べ清新なイメージを国民に与えていた一方で，
結党初期からその政策的立場が明確でないとして，「や（野）党」でも「よ（与）
党」でもない「ゆ党」であるとメディアなどで揶揄されてきた経緯がある[21]．
さらに，実際に政権運営を任されたことで，民主党は旧体制時代の行政機構や
政策路線の多くを維持するという現実的対応を迫られ，結果として二大政党間
の政策的違いがますます不鮮明化したのである．

　以上の経緯は，1994 年に社会党が政権政党となり，安保政策において苦渋の
転換を迫られたことにも重なる．政権政党の交代は一般に，主要政党の政策を
収斂させる効果をもたらすのだろう．

政党間差異認識の困難化

　かくして，55 年体制期に比べ，2010 年代には主要政党間の政策的差異は客
観的にみてかなりの程度，縮小したわけであるが，有権者の側から見ると，こ
の変化は政党間の違いを認識することが以前より著しく困難になったことを意
味した．このことは，竹中佳彦や遠藤晶久，W. ジョウらの研究によってすでに
示唆されてきたが（蒲島・竹中 2012, 第 4 章; 竹中 2014; Endo and Jou 2014），本章
でも実証的に確認しておこう．比較に用いるのは，55 年体制期の 1983 年に実
施された「日本人の選挙行動（JES）調査」（以下，JES 調査）と，2012 年に実施
された「東京大学谷口研究室・朝日新聞共同有権者調査」（以下，東大朝日調査）
のデータである[22]．JES 調査では，主要政党の保革イデオロギー軸上の位置
（1〜5）を回答者に推定してもらう質問があるので，これを利用する．回答者
は当該政党が最も革新的と考える場合は 1，最も保守的と考える場合は 5 と評

21）　民主党初代代表の鳩山由紀夫自身が，初期に自党のスタンスを「ゆ党」と表現している
　　（朝日新聞 1996 年 10 月 8 日付）．
22）　東大朝日調査の個票データは，調査プロジェクトのサイト（http://www.masaki.j.u-tokyo.
　　ac.jp/utas/utasindex.html）より入手した．

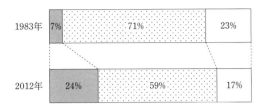

図 8-6　政党間差異認識の分布

「無差別群」「差異認識群」「無回答群」は，それぞれ「二大政党間差
異がゼロ」「二大政党間に何らかの差異を認めている」「二大政党
いずれかのイデオロギー位置を回答していない」回答者群を指す．
データ：JES，東京大学谷口研究室・朝日新聞共同有権者調査．

価を与える．これに対し，東大朝日調査の場合は，回答者に主要政党の左右イ
デオロギー軸上の位置（0〜10）を答えてもらっている．回答者は当該政党が
最も左翼的と考える場合は 0，最も右翼的と考える場合は 10 と評価を与える．

　これらの質問を使って，政党間のイデオロギー的差異に関する各回答者の認
識について測定できる．図 8-6 は，二大政党（1983 年では自民党と社会党，
2012 年では自民党と民主党）のイデオロギーを同位置であるとした「無差別
群」，二大政党間に何らかのイデオロギー的差異を認めた「差異認識群」，二大
政党いずれかの位置について答えなかった「無回答群」の構成割合を示したも
のである．そもそも 1983 年と 2012 年では質問のスケールが異なり（それぞれ
5 点尺度，11 点尺度），政党システムの状況が同じであれば，目の粗い尺度で
測定する 1983 年において二大政党を同じ位置とする，すなわち無差別とする
人がより多くなるはずである．しかし図を見ると，実際には，無差別群の割合
は 2012 年の方で圧倒的に高く，逆に差異認識群の割合が 1983 年の方で高くな
っている．この結果は，90 年代の前後で，与野党の政策的立場の違いをつかむ
ことが，有権者にとって難しくなったことを示している．

　第 3 章で議論したように，政党間差異を認識しない有権者の参加意欲は一般
に低いと考えられる．実際，2012 年東大朝日調査のデータによると，差異認識
群の投票参加率が 83.7％であったのに対し，無差別群のそれは 69.4％でしかな
い[23]．以上のことを考えると，1990 年代前後における政党システムの変化（政

党間差異の縮小）は，マクロレベルの投票率を引き下げる結果をもたらしたとみてよい．

誰が政党間差異を認識するのか

　ここで重要なのは，政党間差異を認識しなくなった有権者に，社会的属性による偏りがあったという点である．1983 年と 2012 年に，それぞれどのような属性の有権者が政党間差異を認識していたのかを確認しよう．表 8-1 は，従属変数を「差異認識群に属しているか否か」を示すダミー変数とし，独立変数として基本的な社会的属性変数（性別，教育程度，年齢）を投入したロジスティック回帰分析の結果である．分析を簡単にするため，無回答群に属すケースは除外している．

　分析の結果は両年でよく似ている．すなわち，男性は女性よりも，大卒層は非大卒層よりも，高年齢層は低年齢層よりも，各時期の二大政党のイデオロギー的差異を認識している傾向がある．しかし，各独立変数の影響の実質的な大きさには，両年でかなりの差がある．図 8-7 は，回帰分析の推定結果を用いて，性別，教育程度，年齢の効果（差異認識群に属する確率の推定値[24]）をシミュレートし，図示したものである．1983 年のグラフは，55 年体制期において，幅広い有権者層に二大政党間の差異が認識されていたという事実を示している．たしかに男性・大卒層・高年齢層は，女性・非大卒層・低年齢層に比べ，差異認識確率が高く推定されている．しかし各集団の差は大きなものではなく，20代・非大卒の女性でさえ，0.8 以上の確率で自民党と社会党の差異を識別している．対して 2012 年のグラフからは，基本的な社会的属性による，認知の格差がはっきりと見て取れる．70 歳以上・大卒の男性は，0.9 を超える確率で自民党と民主党の差異を認識している．逆に，20 代・非大卒女性の差異認識確率

---

23)　無回答群の投票参加率は 75.3％であった．なお，差異認識群と無差別群の投票参加率の差は，性別や年齢，教育程度の影響を考慮した多変量解析からも確認できる（境家 2015）．政党間差異認識と投票参加の関係については，明るい選挙推進協会の 2009 年調査を分析した境家（2020）も参照．

24)　無回答群を除いた分析に基づく推定値である点に注意されたい．無回答群まで含めて分析すると，「差異認識群に属する確率」の推定値は，図 8-7 に示されているよりも全体的に低くなる．

表 8-1　政党間差異認識の規定要因

	1983 年 $N = 1,325$	2012 年 $N = 1,550$
男性	0.405 *	0.635 ***
	(0.201)	(0.119)
大卒	0.248	0.705 ***
	(0.255)	(0.152)
年齢	0.226 **	0.242 ***
	(0.076)	(0.037)
定数	1.488 ***	− 0.475 **
	(0.248)	(0.169)

* $p < 0.05$, ** $p < 0.01$, *** $p < 0.001$.
数値はロジスティック回帰係数（括弧内は標準
　誤差）.
無回答群に属するケースは分析より除外.
「男性」,「大卒」はダミー変数,「年齢」は 10 歳
　刻みの 6 点尺度.
データ：JES, 東京大学谷口研究室・朝日新聞
　共同有権者調査.

は 0.5 に満たない.

　長期安定していた 55 年体制期に比べ, 政界再編を経た 2000 年代の日本政治
は, 有権者にとって格段に理解が難しいものとなった. そのしわ寄せは特に,
政治的な資源や心理的関与を欠きがちな女性, 低学歴層, 低年齢層に集まるこ
とになった. これらの有権者は, 主要政党間の違いを認識せず（できず）, そ
のため A. ダウンズの予測通り, 投票に意味を見出さず, 選挙を棄権するように
なったのである.

政治改革の意図せざる帰結

東西冷戦が終結しイデオロギー対立がなくなり, 二大政党制とはいえ, 両党
の所属議員が依って立つ考え方の差異は不明瞭で, マニフェストの内容にも
本質的な違いは見え難い. 投票にあたり, 有権者が政党間の政策の違いを見
出せないことが投票率低迷の一因になっている…….

　これは, 民主党政権期の 2012 年 5 月に経済同友会がまとめた提言書の一節
である[25]. ここで示された懸念には, 理論的にも実証的にも根拠があるとい

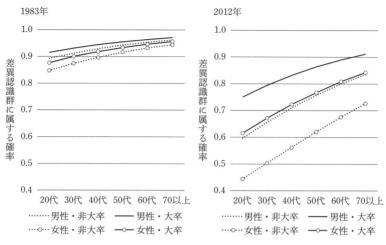

図8-7 社会的属性と政党間差異認識の関係（シミュレーション）

データ：JES, 東京大学谷口研究室・朝日新聞共同有権者調査.

うことを本節では説明してきた.

　ここで注意したいのは，「有権者が政党間の政策の違いを見出せないことが投票率低迷の一因」という主張の前提に，有権者が政党間差異を投票行動の基準に据えているという認識がある点である. 同一政党の候補者を複数見比べることが求められた中選挙区制時代とは異なり，小選挙区比例代表並立制下の選挙では，有権者の目から見ても政党間の競争という色彩が強まり，候補者個人の人物よりも，政党全体の政策的立場が選挙行動を決める重要な要素となった. そもそも並立制は，政党本位・政策本位の投票，すなわち政党の政策を比較検討した投票行動を有権者が採るようになることを期待して1990年代に導入された面があった. 2000年代に入って，各政党が選挙公約集（マニフェスト）を大々的にアピールするようになったのは，（候補者本位ではなく）政党本位の投票を行う有権者が増えたことの結果であり，おそらく原因でもあった.

　ところが皮肉にも，政党の政策が重要になったのとまさに同じ時期に，日本政治において，主要政党間の政策的差異が失われていったのである. これには，

25）　経済同友会「政党・政策本位の政治の成熟化と統治機構改革——『決断できる政治』の実現に向けて」2012年.

経済同友会の提言書にあるように，冷戦の終結といった外生的な要因もあるが，やはり政治改革の帰結という面がある．小選挙区制の下で各党の政策が中道に収斂する傾向にあることは，ダウンズの研究をはじめ，よく知られた理論的予測である．また前述のように，2009 年の政権交代も政党間の政策的収斂に拍車をかけたが，政権交代可能性を高めることが小選挙区制導入の別の狙いであったことを考えれば，これも政治改革の間接的な効果とみなすことができる．

　実際に違いが小さくなった各政党の政策的立場を理解できなくなった有権者が増えたのは，当然であった．そして，（候補者間ではなく）政党間競争の性格を強めた選挙において，政党間の差異が分からない有権者の多くが棄権を選ぶことになった．2012 年総選挙の投票率はそれまでの歴代最低を記録した——さらに言えば，1970 年代以降で最も高学歴バイアスの強い選挙でもある——が，明るい選挙推進協会の調査によれば，棄権の理由として，19.1％の回答者が「政党の政策や候補者の人物像など，違いがよくわからなかったから」を挙げている．これは，14 の選択肢のうち，「適当な候補者も政党もなかったから」（26.1％），「仕事があったから」（24.3％）に次ぐ高い割合であった．要するに，ポスト 55 年体制期の有権者には，政党間の政策的差異を手掛かりとして投票するようインセンティブが与えられている一方，肝心のその手掛かりが容易につかめないという状況がある．選挙制度改革後の総選挙で投票率が落ちたことの一因は，他ならぬ制度改革の（政党・政策本位の選挙，政権交代が実現したという意味での）「成功」にあったのである．

　さらに，政党間差異を認識しなくなったのは誰かという点をふまえれば，1990 年代以降の投票率低下が特定の有権者層に集中して起きていた，すなわち参加格差構造に変化が生じていたという現象も理解できる．第 6 章で見たように，近年，低学歴層や低年齢層の投票率が特に低下しており，かつて女性優位だった投票率は男性優位へと逆転している．他方，本節の分析が示すように，政党間の政策的接近が進んだ結果として，近年では女性，低年齢層，低学歴層において，政党間差異が理解されにくい傾向がある．これらの現象を，偶然の符合として片づけるのは楽観的に過ぎよう．

終　章 ｜ 政治参加論の展望

　政治参加は，政治システムに対する入力の過程に当たる．本書第II部で，わが国の政治参加のあり方について，またそのパターンを形作る社会構造的，政治制度的要因について実証的に分析した．政治システムの出力，すなわち政府の決定・政策が入力を反映するのだとすると，政治参加の特徴を知ることで，日本の政治についてより深い理解が可能になるはずである．本書の最後に，日本人の政治参加を，第I部で考察した民主主義理論や政治発展論の流れの中に位置づけ，日本政治の特質を捉え直してみたい．

1　戦後日本の発展と政治参加

発展モデルとしての日本

　戦後日本の発展が「奇跡」と呼ばれたのは，一般にその驚異的な経済成長率の高さによってであった．しかし比較政治学的観点からみれば，この国の発展過程が真に奇跡的であったのは，高度成長そのものよりむしろ，経済格差の是正，政治的安定性の維持といった，政治システムの他の目標が同時的に達成された点にある．

　経済発展あるいは社会経済的近代化の進展は，パイの配分をめぐって社会諸集団からの政治的要求，すなわち政治参加の圧力を高める．社会下層による大量かつ激しい──しばしば暴力を伴う──要求を統治エリートがそのまま許容すれば，政策の効率性・一貫性が損なわれるなど，その後の経済発展に悪影響が生じる．逆に，統治エリートが政治参加を抑圧すれば，経済成長は持続できるかもしれないが，社会的不平等が拡大してしまう．どちらの道が選択されるにせよ，可能性の高い結末は社会不安の高まりと政治秩序の崩壊である．実際，第二次世界大戦後，発展途上社会の多くがいずれかの道をたどり，革命やクー

デタによる体制転換を繰り返すことになった.

これに対し，わが国の経験は，より安定的で順調な発展経路があることを示しており，貴重である．戦後日本は平等なる経済発展と政治的安定を同時達成できた稀有な事例であるが，他の発展途上社会と比較してとりわけ特徴的であったのは，持たざる者による「支持参加」であった．体制支持的な農民による積極的な政治参加は，敗戦後の混乱と経済成長に伴うさまざまな要求の対立と分裂を和らげ，政治の安定に寄与した．日本の農民は，元来保守的な性質を持っていたのに加え，農地改革の成果により，階級闘争的あるいは反体制的な志向を持たず，その意味で要求内容が穏当であった．1960年代には高度成長による税収増という環境もあり，自民党政権は農民の要求に十分応えることができた．逆に，分配政策による所得・消費水準の社会全体としての底上げ，それによる社会的・政治的安定が，経済成長を促進した面もあったと考えられる．

以上の発展過程の背後では，集団的基盤を持たず，分配政策の恩恵を受けない有権者集団，具体的には都市部高学歴層が疎外感を強め，参加意欲を失っている．全市民の積極的な政治参加を理想とする参加民主主義理論の見地からすると，この点は問題として捉えられよう．また逆に，政治関心や政治知識に乏しい低学歴層が大量に動員参加するという事態は，大衆の資質に懐疑的なエリート民主主義論者からも否定的に捉えられたはずである．

しかしそれでも，自由民主主義体制を維持しつつ，焼け野原の状態から，短期間でポスト工業化段階まで移行できたという点は，日本型発展モデルの成果として正当に評価されるべきだろう．また，政治参加者が社会上層に偏らなかったという点は，S. ヴァーバの重視する「政治参加の社会経済的平等」の条件を満たしており，規範的な正当化もできる．持たざる者の声が強く政治システムに入力され，出力に反映されたからこそ，戦後日本は「一億総中流」の低格差社会を実現できたのである．

55年体制と日本型参加格差構造

55年体制末期（1992年）に出版された『日本の政治』（村松岐夫・伊藤光利・辻中豊著）の中に，「『日本的』と呼ばれる現象を，個々に調べていくと，それらが現在のような形で現われたのは比較的最近の事である……大部分は1960年

代中頃である」との指摘がある．「政治経済主義的な政治指導，世論に敏感な政府中枢・政党・官僚，民間の団体や企業の要求・支持を利用する官僚や政治家，資金は出すが目に見える圧力・影響力を行使しない財界，族と呼ばれる政策に通じた政治家集団，局・課単位の官僚集団と利害を共通し堅いスクラムで政策形成と執行に影響力を揮う業界団体，経済だけでなく政策要求でも労使協調につとめる大企業労使，大企業労組の率いる産別組織を中心に行われる春闘，官僚制内部（省庁間）だけでなく，特殊法人・認可法人・財団・社団法人・その他多様な公益法人さらに関係企業・任意団体にまで及ぶ相互の人の交換（出向，派遣，天下り，天上り）と意見交換（諮問機関，勉強会，レクチャー）のネットワーク，そして脱政党的な市民運動・住民運動，野党の分裂・野党多党制と自民党の一党優位政党制」，これらすべてが 60 年代に始まるか安定した，「日本政治の特徴とされる事項」に挙げられる（村松・伊藤・辻中 1992, 13–14）．

　本書では，以上のリストにもう一つ，日本型参加格差構造という特徴を加えたい．低学歴層ほど積極的に政治参加するという，国際的にも稀なわが国のパターンは，やはり 1960 年代に形成されたものであった．日本型参加格差構造は，リストの中でも他に劣らず重要な構成要素である．保守政権の安定をもたらした日本型参加格差構造は，上記の特徴を持つ「日本的」政治経済システム，要するに 55 年体制を維持する不可欠の前提であった．と同時に，55 年体制の政治経済システムが，農村住民の動員や都市住民の疎外といった日本型参加格差構造の特徴を促進し，維持した．55 年体制の核を「自民党システム（利益政治）に基礎づけられた一党優位体制」として理解するならば，同体制と日本型参加格差構造は表裏一体・不即不離の関係にあったということである．

2　日本の長期停滞と政治参加

ポスト 55 年体制期の政治参加

　こうしてみると，自民党システムの維持が困難になり，一党優位制が崩壊した 1990 年代に，（他の日本政治の特徴の多くもそうであったように）参加格差構造にも変化があったのは当然のことと言える．換言すれば，日本型参加格差構造の崩壊は，55 年体制崩壊の重要な一側面であった．

　ポスト55年体制期の日本では，投票参加に明瞭な高学歴・高所得バイアスが見られる．投票以外の参加形態でも，社会経済的地位（SES）の高い層で経験率が相対的に高い．現在の日本では，政治参加の社会経済的平等性が失われており，他の多くの国と同様，高SES層の選好がより強く政治システムに入力されている．

　国際的に見た場合，今日，わが国の政治参加がユニークなのは格差構造ではなく，むしろ水準のほうである．投票参加の水準は他国でも低下傾向にあるが，日本はその中でも低い部類である．投票以外の形態に関しては，日本人の参加頻度は国際的に最下位クラスで，絶対的基準で見てもきわめて低水準である．このことから，本書では現在の日本を「最小参加社会」と特徴づけた．2015年に国会前で起きた安保法制反対デモは人々の耳目を集めたが，統計的にみると，こうした抗議活動に参加する人は減る一方で，きわめて希少である．

　A. レイプハルトが指摘するように，政治参加の水準が低い状況では，参加の不平等性が高くなる，つまり参加の社会経済的格差が大きくなりがちである（Lijphart 1997）．実際，わが国の投票参加についてみると，1990年代以降，参加水準が低下傾向にある一方，格差面では高学歴バイアス化が進んでいる．このまま投票率の低下がさらに続けば，参加格差の程度という面でも，日本は（55年体制とは反対の方向性で）ユニークな国となりかねない．

何が問題か

　政治参加の水準が低いことは，参加そのものの価値，あるいは参加の教育効果を重視する参加民主主義理論の立場からは，それ自体が規範的に問題となる．さらに，より実際的な問題として，政治的不平等（参加格差）の拡大は，社会的不平等の拡大をもたらす可能性がある．高SES層の選好が政治システムに集中的に入力されるとすれば，所得再分配を小さくする方向に公共政策が傾くと考えられる．先進民主主義諸国の中で，米国は最も所得格差の大きな国であるが，そこで最も大きな政治的不平等が確認されてきたことを偶然とは考えにくい[1]．

　わが国もまた，今日では「格差社会」化しているとみるのが一般的である．橘木俊詔が指摘するように，日本の（相対的）貧困率は長期にわたって上昇し，

近年では「主要先進国の中では際立って高い貧困率」(米国に次ぐ2位)となっている(橘木 2016, 124).2000年代に入って特に問題となっているのは,現役世代における非正規雇用の増加と所得格差の拡大で,若年層の貧困率は顕著に高まっている(大竹・小原 2010).

貧困層拡大の背景には,非正規労働者の増加,最低賃金の低さ,社会保障制度の不備といった政策的要因があると橘木は主張する.バブル崩壊以降に進んだ税制改正も,所得格差拡大の重要な要因となっている.「所得税負担軽減の一環として行われた所得税の最高税率の引き下げや税率のフラット化など,近年の税制改正の影響などによって,その再分配機能が低下した」ことは,政府の報告書でも認められているところである[2].消費増税のバーターとして進められた所得税・法人税の大規模減税は,「目前に迫る選挙に敏感にならざるをえない状況において,政治が主導して」進められたものと財政学者は評価している(藤・川勝 2014, 108).要するに,1960〜70年代における所得格差縮小が政治的に行われたように,90年代以降の格差拡大も,少なくとも部分的には政治的な背景がある.

低所得層は,こうした現状にけっして納得していない.橋本健二が近年の調査データ(2015年SSM調査等)を分析した結果によると,「家計の主要部分を得るために,非正規で働く人々」,すなわちアンダークラス層は他の階級に比べ,仕事や生活に大きな不満を抱え,政府による所得再分配を明らかに強く求めている(橋本 2018b, 第3章,第4章).しかし,橋本が懸念するようにこの層の政治的関与の水準は低く,その(潜在的)要求は政治システムに十分に入力されていない.本書の分析結果でも,非正規労働者の政治参加はあらゆる形態で低調であった.

これに対して高所得層では,そもそも経済格差の大きさが深刻に捉えられておらず,「政府は豊かな人からの税金を増やしてでも,恵まれない人への福祉を充実させるべきだ」,「理由はともかく生活に困っている人がいたら,国が面

---

1) ヴァーバらは,有権者個々人の政治参加についてだけでなく,団体単位の政治活動の代表性についても,米国では高SESバイアスが強いことを明らかにしている(Schlozman, Verba, and Brady 2012; Schlozman, Brady, and Verba 2018).
2) 内閣府「平成21年度 年次経済財政報告」241頁.

倒をみるべきだ」といった考えに対する賛成率が相対的に低い（橋本 2018b, 第4章）．橋木らが 2004 年に行った高額納税者調査でも，回答者の 7 割前後が日本で所得格差の拡大がないと判断し，過半数が所得税の累進度強化に反対している（橋木 2016, 第 3 章）．投票によってであれ，それ以外の参加形態によってであれ，政策決定者に要求を伝えているのは，相対的に格差問題への関心が低く，所得再分配に消極的な人々ということになる．

　政策決定者には，入力されない要求に応える積極的理由がない．戦後日本は民主主義体制を採っており，（未成年や犯罪者を除き）全国民に等しく政治参加の権利を提供している．特に選挙での投票については，万人に同じ票数しか与えられず，参加コストも低いことから，機会面での平等性はきわめて高い[3]．しかしそうした機会的平等性が担保されているがゆえに，その機会が実際に利用されているかという実質面での政治的不平等はかえって問題視されにくく（自己責任！），結果としての政策の偏りも容易に正当化されてしまう．たとえこの点を問題視する「政治家」がいたとしても，入力されない声を代弁していては選挙での当選もおぼつかないだろう．要するに，政治参加に高 SES バイアスがある中で，社会的格差の拡大傾向が政策的に止められる（まして格差が縮小される）ことは，日本が民主主義国である以上，期待しにくい．

逆リベラル・モデル

　1990 年代以降の日本では，政治参加の縮小，社会経済格差の拡大，経済成長の停滞，政治的不安定（政党システムの流動化）が同時進行した．第 2 章で説明したように，かつての近代化論あるいはリベラル・モデルでは，政治参加の拡大，社会経済的平等，社会経済的発展，政治的安定が同時的に達成されると楽観的に考えられていた（図 2-1 参照）．また，高度成長期の日本の事例から理論化された支持参加モデルは，これらの目標が同時達成されていくメカニズムの一つを示したものであった．90 年代以降にわが国で起きた（起きている）のは，これらのモデルの想定とまったく逆の事態ということになる．この事例をふまえ，先進国が長期停滞に陥るパターンである，「逆リベラル・モデル」を

3）　ただし，選挙区間の一票の格差（選挙区ごとの有権者数の違い）という問題が残っている点には十分留意が必要である．

提示したい.

　1990 年代に入り, バブル経済が崩壊し, 日本の経済財政状況は急速に悪化した. これにより, 政策決定者が採りうる財政政策の幅は狭まっていった. 財政硬直化により, 諸集団に対する利益の分配が難しくなったのである. 90 年代以降に台頭した新党は多かれ少なかれ新自由主義（小さな政府）路線を採ることになったし, 自民党さえも, かつてのように支持集団に対する寛大なバラマキを行うことは困難になった.

　かくして, 特定政党との結びつきや個別的な利益分配への期待感が各集団の間で弱まっていったが, このことは, 政治参加の誘因を社会全体で低下させる結果をもたらした. とりわけ低 SES 層にとって, 自分たちの利益を分かりやすく代弁する政党が存在しないことの影響は大きい. この層は一般に個人的な資源や政治的関与を欠いており, 政党による有効な（利益提供を梃子とした）動員を受けない限り, 政治参加が抑制されてしまう. 財政の制約上, 従来の農業保護政策からの転換を余儀なくされた結果, 自民党による農家の動員が困難になり, 1990 年代以降, 農村の投票率が顕著に低下したのは象徴的である. また, 新自由主義志向の強い 90 年代以降の新党勢力は, 都市部低所得層の受け皿として機能せず, この層の参加意欲も高まらなかった. 以上の結果として, 政治参加の社会経済的平等性が損なわれ, その政治的帰結として, 社会的格差はさらに拡大することになった.

　ここでさらに問題となるのは, 社会経済的不平等の拡大が, その後の社会経済的発展を阻害する可能性が高い点である. 所得格差と経済成長の関係性については, 経済学者の間で長い間議論されてきたが, 近年の精緻な計量分析の結果, 格差は成長に負の影響を及ぼすとの見方が有力になっている. 例えば, 2014 年の経済協力開発機構（OECD）の分析によると, 加盟 19 ヵ国中, 日本を含む 16 ヵ国において, 所得格差の拡大が 1990〜2010 年の GDP 成長率にマイナスの影響を与えていた（OECD 2014）[4]. このように経済成長が抑制された結果, わが国の財政は悪化の一途をたどり, 政策決定者の採りうる選択肢はさらに狭まっていった.

　このように, 1990 年代以降の日本は,「社会経済的発展の減速→政策的選択肢の減少→政治参加の縮小→社会経済的不平等の拡大→社会経済的発展の減

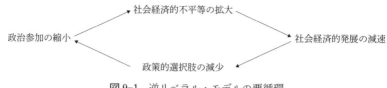

図 9-1　逆リベラル・モデルの悪循環

速」という悪循環を繰り返してきた．これが，先進国が長期停滞に陥る一つの
パターン，すなわち逆リベラル・モデルである（図9-1）．戦後日本は，支持参
加モデルの好循環から逆リベラル・モデルの悪循環へと転落した，というのが
本書のたどり着いた結論になる．

何をすべきか

　政治参加の機会面での平等性だけでなく，その機会の利用という実質面での
平等性を確保することが規範的に，あるいは逆リベラル・モデルを抜け出るた
めに，望まれると考えよう．その上で，政治的不平等の構造それ自体を政策的
に是正することは可能か，最後に少し検討してみたい（そうした要求を誰が入
力するのか，という問題はひとまず置く）．現行の代議制民主主義の枠組みを
前提とした上で，最も基本的な制度的参加形態である投票について，参加格差
縮小のために何ができるだろうか．

　まず最も抜本的，直接的な改革案として考えられるのは，義務投票制の導入
である．レイプハルトが主張するように，同制度の導入が政治的不平等の是正
に有効であることは，理論的にも実証的にも疑う余地がない．2018 年に日本で
行われた世論調査によると，6 割超が義務投票制について「（どちらかといえ
ば）望ましい」と回答しており，タテマエの意見も含まれるだろうが，必ずし
も国民はこの制度に否定的ではないようである[5]．ただ，実際に導入を考える

4）　国際通貨基金（IMF）の 2014 年の研究でも，所得格差と経済成長の負の相関関係が指
　　摘されている（Ostry, Berg, and Tsangarides 2014）．格差が成長を阻害するメカニズムの追
　　究は本書のテーマではないが，先行研究は，高格差社会で低所得層の教育投資が少なくな
　　る点のマイナスを重くみている．この分野の研究動向を整理した文献として，深澤（2015），
　　橘木（2016, 第 4 章）を参照.

となると，「参加への強制」の是非について慎重な検討が必要になる．

　義務投票制に拠らないとすると，政治的不平等是正のためには，より間接的な形で幅広い層の自発的な参加を促す制度設計が必要になる．要するに，参加のコストを制度的に低減することである．ただし，投票可能期間を延長するとか投票所を増やすといった方策では，投票率全体の上昇にはつながるとしても，参加格差の縮小という目標のために効果的とは言えない[6]．低 SES 層にとって特別に障害となっているのは，参加の時間的・労力的コストではなく，認知的コストだからである．つまり，「どこに投票すればよいかが分かりやすい」制度的環境を作り出すことが，政治的不平等を是正する（少なくとも拡大させない）ために必要ということになる．

　1990 年代に政治改革が実現し，衆院選の制度は中選挙区制から小選挙区比例代表並立制へと改められた．両制度のどちらが投票者にとって認知的負荷が高いか，はアプリオリには分からない．「同士討ち」の発生する中選挙区制では，政党間の違いだけでなく，候補者個々人の違いまで認識しない限り納得した投票ができない．他方，並立制では政党間の競争に集約される点は分かりやすいが，有権者は小選挙区と比例代表 2 種類の投票行動を考える必要があり，重複立候補者の復活当選の可能性まで考えるとすると，その決定は相当に複雑である．したがって，並立制導入による投票方式の変更それ自体は，参加格差にどう影響したか判然としない．

　しかし，政治改革は政党システムの変容を促し，政党システムの違いが参加格差構造のパターンを変えた，という意味での間接的な影響はあったというのが，本書の主張であった．小選挙区制の競争では各政党の政策位置が中道寄りにならざるを得ない上に，政界再編や（政治改革の狙い通りの成果である）政権交代を経て，主要政党の政策的距離は 1990 年代の前後で大幅に縮小した．このことは，政治関心や政治知識が豊富な有権者にとっては，実質的な選択肢が増えた点で参加意欲を高める方向に寄与しただろう．しかしまた別の有権者

---

5)　言論 NPO「日本の政治・民主主義に関する世論調査」．全国から無作為に選ばれた 18 歳以上の男女 1,000 人が対象（http://www.genron-npo.net/press/2018/08/npo-17.html）．
6)　なお第 3 章でふれたように，日本の投票所数は増加どころか，実際には減少を続けている．

層から見ると，日本の政治は，以前に比べ格段に分かりにくくなったのであり，具体的には女性，低年齢層，低学歴層の疎外感を高める結果をもたらした[7]．

　だから元の中選挙区制のほうがよかったのだ，と主張したいのではない．選挙制度改革には多くの狙いが込められていたのであり，参加格差の側面からのみ評価されるべきでないのは当然である．しかし，1990年前後の選挙制度改革論議において，そもそも有権者の参加意欲への影響という視点が完全に欠落していた点については，批判的に指摘せざるを得ない[8]．新制度が結果として格差社会化を促す作用を果たしたとすると，意図しなかったこととはいえ，これは重大な論点の見落としであった．

　戦後日本の経験は，支持参加モデルにより平等なる経済発展を成し遂げられたとしても，その後の社会構造や国際環境の変化に応じて，常に新たな政治参加の形を模索し続ける必要があることを示している．新たな環境に置かれた政治システムが，生存のためにいかに有効な情報とエネルギーを社会から得られるか，それはまさに創造的な政治参加にかかっているのである．

---

7)　じつのところ近年，憲法改正や原発再稼働といったイデオロギー的問題をめぐっては政党間の立場の違いが（55年体制期ほどの差ではないにせよ）開きつつある（谷口2020,第4章）．しかし，これらは大方の低所得層にとって関心も知識もない争点であり，いくらエリートレベルで盛り上がっても，この層の投票率上昇には結びつかないとみるべきである（橋本2018b, 第8章）．

8)　例えば，第八次選挙制度審議会の「選挙制度及び政治資金制度の改革についての答申」（1990年4月）において，有権者の投票参加行動に関する議論は一切含まれていない．そもそも同答申の中で，「有権者」という単語自体が2度しか登場しない．

参考文献

浅野正彦. 1998. 「国政選挙における地方政治家の選挙動員：『亥年現象』の謎」『選挙研究』13：120-29.

朝日新聞社世論調査室編. 1976. 『日本人の政治意識：朝日新聞世論調査の30年』朝日新聞社.

荒井紀一郎. 2014. 『参加のメカニズム：民主主義に適応する市民の動態』木鐸社.

荒木俊夫. 1994. 『投票行動の政治学：保守化と革新政党』北海道大学図書刊行会.

荒瀬豊. 1957. 「社会の危機と政治の現状」福武直編『日本の社会』毎日新聞社, 177-96.

荒牧央. 2019. 「45年で日本人はどう変わったか（1）：第10回『日本人の意識』調査から」『放送研究と調査』2019年5月：2-37.

池田謙一. 2016. 「グローバル時代における日本人の価値観」池田謙一編『日本人の考え方　世界の人の考え方：世界価値観調査から見えるもの』勁草書房, 297-306.

石川真澄. 1978. 『戦後政治構造史』日本評論社.

――. 1984. 『データ戦後政治史』岩波書店.

石川真澄・広瀬道貞. 1989. 『自民党：長期支配の構造』岩波書店.

石川真澄・山口二郎. 2010. 『戦後政治史』第3版, 岩波書店.

石原慎太郎. 2001. 『国家なる幻影：わが政治への反回想』上下, 文藝春秋.

伊藤修. 2007. 『日本の経済：歴史・現状・論点』中央公論新社.

今井亮佑. 2009. 「選挙動員と投票参加：2007年〈亥年〉の参院選の分析」『選挙研究』25(1)：5-23.

石上泰州. 2006. 「知事選挙の投票率：『選挙の舞台装置』を中心に」『選挙研究』21：125-36.

大嶽秀夫. 1999. 『日本政治の対立軸：93年以降の政界再編の中で』中央公論新社.

――. 2007. 『新左翼の遺産：ニューレフトからポストモダンへ』東京大学出版会.

大竹文雄・小原美紀. 2010. 「所得格差」樋口美雄編『労働市場と所得分配』慶應義塾大学出版会, 253-85.

岡田浩. 1998. 「政党間差異認知の投票参加に及ぼす影響」『選挙研究』13：60-65.

岡田陽介. 2003. 「投票参加の要因としての社会関係資本」『学習院大学大学院政治学研究科政治学論集』16：1-69.

小熊英二. 2009. 『1968』上下, 新曜社.

片瀬一男. 2010. 「集団就職者の高度経済成長」『人間情報学研究』15：11-28.

加藤淳子・境家史郎・山本健太郎編. 2014. 『政治学の方法』有斐閣.

加藤元宣. 2002. 「小選挙区の地域特性に基づく 2000 年衆院選の分析」『選挙研究』17：154-70.

蒲島郁夫. 1986. 「政治参加」綿貫譲治・三宅一郎・猪口孝・蒲島郁夫『日本人の選挙行動』東京大学出版会，175-202.

――. 1988. 『政治参加』東京大学出版会.

――. 1992. 「89 年参院選：自民大敗と社会大勝の構図」『レヴァイアサン』10：7-31.

――. 2004. 『戦後政治の軌跡：自民党システムの形成と変容』岩波書店.

蒲島郁夫・菅原琢. 2005. 「2005 年総選挙分析：自民党圧勝の構図　地方の刺客が呼んだ『都市の蜂起』」『中央公論』2005 年 11 月：108-18.

蒲島郁夫・竹中佳彦. 2012. 『イデオロギー』東京大学出版会.

蒲島郁夫・山田真裕. 1994. 「後援会と日本の政治」『年報政治学』1994[45]：211-31.

川人貞史・吉野孝・平野浩・加藤淳子. 2011. 『現代の政党と選挙』新版，有斐閣.

吉川徹. 2018. 『日本の分断：切り離される非大卒若者（レッグス）たち』光文社.

京極純一. 1968. 『政治意識の分析』東京大学出版会.

黒田祥子. 2012. 「日本人の余暇時間：長期的な視点から」『日本労働研究雑誌』625：32-44.

小宮隆太郎・奥野正寛・鈴村興太郎編. 1984. 『日本の産業政策』東京大学出版会.

斉藤淳. 2010. 『自民党長期政権の政治経済学：利益誘導政治の自己矛盾』勁草書房.

境家史郎. 2005. 「政治的情報と有権者の選挙行動：日本の選挙におけるキャンペーンの効果」『日本政治研究』2(1)：74-110.

――. 2006. 『政治的情報と選挙過程』木鐸社.

――. 2011. 「2010 年参院選における政策的対立軸」『選挙研究』27(2)：20-31.

――. 2013. 「戦後日本人の政治参加：『投票参加の平等性』論を再考する」『年報政治学』2013-I[64(1)]：236-55.

――. 2015. 「戦後日本における政党間イデオロギー配置と投票参加行動」『レヴァイアサン』57：47-71.

――. 2016. 「政党間イデオロギー差異と投票参加行動に関する国際比較分析」日本選挙学会研究会報告.

――. 2017. 『憲法と世論：戦後日本人は憲法とどう向き合ってきたのか』筑摩書房.

――. 2020. 「政権交代と低投票率」『Voters』55：4-7.

坂口利裕・和田淳一郎. 2007. 「GIS を活用した投票率の分析」『公共選択の研究』48：18-35.

佐々木毅. 2012. 『政治学講義』第 2 版，東京大学出版会.

塩原勉. 1976. 『組織と運動の理論：矛盾媒介過程の社会学』新曜社.

品田裕. 1999.「公職選挙法の改正による投票時間の延長が与える影響について」『神戸法学年報』15：161-92.

篠原一. 1977.『市民参加』岩波書店.

――. 1986.『ヨーロッパの政治：歴史政治学試論』東京大学出版会.

――. 2007.『歴史政治学とデモクラシー』岩波書店.

清水徹朗. 2013.「農業所得・農家経済と農業経営：その動向と農業構造改革への示唆」『農林金融』66(11)：717-35.

菅原琢. 2004.「日本政治における農村バイアス」『日本政治研究』1(1)：53-86.

杉本仁. 2007.『選挙の民俗誌：日本的政治風土の基層』梟社.

――. 2017.『民俗選挙のゆくえ：津軽選挙 vs 甲州選挙』梟社.

杉森康二編. 1976.『研究・創価学会』自由社.

鈴木広. 1963.「都市下層の宗教集団：福岡市における創価学会」上『社会学研究』22：81-102.

――. 1964.「都市下層の宗教集団：福岡市における創価学会」下『社会学研究』24・25：50-90.

善教将大. 2019.「市民社会への参加の衰退？」後房雄・坂本治也編『現代日本の市民社会：サードセクター調査による実証分析』法律文化社，239-51.

創価学会四十年史編纂委員会編. 1970.『創価学会四十年史』創価学会.

杣正夫. 1967.『日本の選挙』潮出版社.

空井護. 2000.「自民党支配体制下の農民政党結成運動」北岡伸一・御厨貴編『戦争・復興・発展：昭和政治史における権力と構想』東京大学出版会，259-95.

Song Jaehyun・日野愛郎. 2020.「マルチレベル選挙における動員と投票疲れ：亥年現象の解明に向けて」『選挙研究』36(1)：23-34.

高畠通敏. 1977.「大衆運動の多様化と変質」『年報政治学』1977[28]：323-59.

竹中佳彦. 2014.「保革イデオロギーの影響力低下と年齢」『選挙研究』30(2)：5-18.

橘木俊詔. 2016.『21世紀日本の格差』岩波書店.

田中善一郎. 1977.「保守支配安定期（第29, 30, 31回総選挙）」杣正夫編『国政選挙と政党政治』政治広報センター，58-102.

谷口尚子. 2011.「2009年政権交代の長期的・短期的背景」『選挙研究』26(2)：15-28.

谷口尚子・栃原修. 2018.「経済環境と市民的価値観の変容」池田謙一編『「日本人」は変化しているのか：価値観・ソーシャルネットワーク・民主主義』勁草書房，19-43.

谷口将紀. 2004.『現代日本の選挙政治：選挙制度改革を検証する』東京大学出版会.

――. 2012.『政党支持の理論』岩波書店.

――. 2020.『現代日本の代表制民主政治：有権者と政治家』東京大学出版会.

谷口将紀・上ノ原秀晃・境家史郎. 2009.「2009年総選挙：誰が自民党政権を終わらせたのか」『世界』2009年12月：74-84.

玉野和志. 2008.『創価学会の研究』講談社.

辻中豊・ロバート・ペッカネン・山本英弘. 2009.『現代日本の自治会・町内会：第1回全国調査にみる自治力・ネットワーク・ガバナンス』木鐸社.

辻中豊・山本英弘・久保慶明. 2010.「日本における団体の形成と存立」辻中豊・森裕城編『現代社会集団の政治機能：利益団体と市民社会』木鐸社, 33-64.

暉峻衆三編. 2003.『日本の農業150年：1850〜2000年』有斐閣.

富永健一. 1996.『近代化の理論：近代化における西洋と東洋』講談社.

縄田康光. 2008.「戦後日本の人口移動と経済成長」『経済のプリズム』54：20-37.

西澤由隆. 1991.「地方選挙における投票率：合理的有権者の投票行動」『都市問題』82(10)：27-44.

―――. 2004.「政治参加の二重構造と『関わりたくない』意識：Who said I wanted to participate?」『同志社法学』55(5)：1-29.

農林省大臣官房総務課編. 1975.『農林行政史』第9巻, 農林協会.

橋本健二. 2018a.『新・日本の階級社会』講談社.

―――. 2018b.『アンダークラス：新たな下層階級の出現』筑摩書房.

平井陽一. 2000.『三池争議：戦後労働運動の分水嶺』ミネルヴァ書房.

平野浩. 2012.「日本における政治文化と市民参加：選挙調査データに見るその変遷」『政策科学』19(3)：143-61.

広瀬道貞. 1981.『補助金と政権党』朝日新聞社.

深澤映司. 2015.「格差と経済成長の関係についてどのように考えるか」『レファレンス』769：55-73.

藤貴子・川勝健志. 2014.「バブル経済下の税制改革」諸富徹編『日本財政の現代史』II, 有斐閣, 63-111.

ペンペル, T. J. 2012.「民主党はこのままでは第2の自民党に過ぎない」nippon.com.

前田幸男. 2007.「性別役割分業と政治参加」永井暁子・松田茂樹編『対等な夫婦は幸せか』勁草書房, 97-188.

升味準之輔. 1983.『戦後政治：1945-55年』上下, 東京大学出版会.

―――. 1985.『現代政治：1955年以後』上下, 東京大学出版会.

松林哲也. 2015.「世論調査の回答率と投票率の推定誤差」『レヴァイアサン』57：96-117.

―――. 2016.「投票環境と投票率」『選挙研究』32(1)：47-60.

―――. 2017.「期日前投票制度と投票率」『選挙研究』33(2)：58-72.

水崎節文. 1992.「1人区における自民党の完敗：89年参議院選挙集計データの解析から」『レヴァイアサン』10：82-103.

満薗勇. 2014.「日本における中流意識の歴史的展開：消費史との関係を中心に」政治経済学・経済史学会秋季学術大会報告.

三船毅．2005．「投票参加の低下：90 年代における衆議院選挙投票率低下の分析」『年報政治学』2005-I［56(1)］：135-60.

——．2008a．『現代日本における政治参加意識の構造と変動』慶應義塾大学出版会.

——．2008b．「参議院選挙投票率の推移：選挙動員効果からみた亥年現象」『選挙研究』24(1)：69-94.

三宅一郎．1977．「有権者構造の変動と選挙」『年報政治学』1977［28］：259-302.

——．1985a．『政党支持の分析』創文社.

——．1985b．「世論と市民の政治参加」三宅一郎・山口定・村松岐夫・進藤榮一『日本政治の座標：戦後 40 年のあゆみ』有斐閣，253-332.

——．1989．『投票行動』東京大学出版会.

——．1992．「89 年参議院選挙と『政党再編成』」『レヴァイアサン』10：32-61.

三宅一郎・木下富雄・間場寿一．1967．『異なるレベルの選挙における投票行動の研究』創文社.

三宅一郎・西澤由隆．1997．「日本の投票参加モデル」綿貫譲治・三宅一郎『環境変動と態度変容』木鐸社，183-219.

三輪芳朗・J. マーク・ラムザイヤー．2002．『産業政策論の誤解：高度成長の真実』東洋経済新報社.

村井良太．2019．『佐藤栄作：戦後日本の政治指導者』中央公論新社.

村松岐夫・伊藤光利・辻中豊．1992．『日本の政治』有斐閣.

森裕城・久保慶明．2014．「データからみた利益団体の民意表出：有権者調査・利益団体調査・圧力団体調査の分析」『年報政治学』2014-I［65(1)］：200-24.

山口定．2006．『ファシズム』岩波書店.

山田政治．1965．「選挙にあらわれた政治意識：島根県の場合」『年報政治学』1965［16］：178-203.

山田真裕．1992．「投票率の要因分析：1979-86 年総選挙」『選挙研究』7：100-16.

——．2007．「日本人の政治参加におけるジェンダー・ギャップ」川人貞史・山元一編『政治参画とジェンダー』東北大学出版会，265-79.

——．2008．「日本人の政治参加と市民社会：1976 年から 2005 年」『法と政治』58(3・4)：1-29.

——．2016a．『政治参加と民主政治』東京大学出版会.

——．2016b．「社会・政治行動」池田謙一編『日本人の考え方　世界の人の考え方：世界価値観調査から見えるもの』勁草書房，114-27.

——．2018．「投票参加における社会経済的バイアスの国際比較と日本」『レヴァイアサン』63：30-41.

山本英弘．2017．「社会運動論：国家に対抗する市民社会」坂本治也編『市民社会論』法律文化社，39-54.

吉川洋. 2012.『高度成長：日本を変えた 6000 日』中央公論新社.

吉田茂. 2014-15.『回想十年』上中下，中央公論新社.

和田淳一郎・坂口利裕. 2006.「横浜市における期日前投票所増設の効果」『選挙学会紀要』7：27-35.

綿貫譲治. 1962.『現代政治と社会変動』東京大学出版会.

――. 1967.『日本の政治社会』東京大学出版会.

――. 1976.『日本政治の分析視角』中央公論社.

Aarts, Kees, and Bernhard Wessels. 2005. "Electoral Turnout." In Jacques Thomassen, ed. *The European Voter: A Comparative Study of Modern Democracies*. Oxford University Press, 64-83.

Acemoglu, Daron, Suresh Naidu, Pascual Restrepo, and James A. Robinson. 2015. "Democracy, Redistribution, and Inequality." In Anthony B. Atkinson and François Bourguignon, eds. *Handbook of Income Distribution*, Volume 2B, North Holland, 1885-966.

Acemoglu, Daron, and James A. Robinson. 2006. *Economic Origins of Dictatorship and Democracy*. Cambridge University Press.

Adams, James, Jay Dow, and Samuel Merrill. 2006. "The Political Consequences of Alienation-Based and Indifference-Based Voter Abstention: Applications to Presidential Elections." *Political Behavior* 28: 65-86.

Adelman, Irma, and Cynthia T. Morris. 1973. *Economic Growth and Social Equity in Developing Countries*. Stanford University Press. (村松安子訳『経済成長と社会的公正：開発戦略の新展開』東洋経済新報社，1978 年)

Almond, Gabriel A. 1965. "A Developmental Approach to Political Systems." *World Politics* 17: 183-214.

Almond, Gabriel A., and Sidney Verba. 1963. *The Civic Culture: Political Attitudes and Democracy in Five Nations*. Princeton University Press. (石川一雄・片岡寛光・木村修三・深谷満雄訳『現代市民の政治文化』勁草書房，1974 年)

Barber, Benjamin R. 1984. *Strong Democracy: Participatory Politics for a New Age*. University of California Press. (竹井隆人訳『ストロング・デモクラシー：新時代のための参加政治』日本経済評論社，2009 年)

Bargsted, Matias, Steffen Blings, Christopher J. Anderson, and Russell J. Dalton. 2011. "Appendix: Macro-Level Data." In Russell J. Dalton and Christopher J. Anderson, eds. *Citizens, Context, and Choice: How Context Shapes Citizen's Electoral Choices*. Oxford University Press, 257-68.

Barnes, Samuel H., and Max Kaase, et al. 1979. *Political Action: Mass Participation in Five Western Democracies*. Sage Publications.

Bell, Daniel. 1973. *The Coming of Post-Industrial Society: A Venture in Social Forecasting*. Basic Books. (内田忠夫・嘉治元郎・城塚登・馬場修一・村上泰亮・谷嶋喬四郎訳『脱工業社会の到来：社会予測の一つの試み』上下, ダイヤモンド社, 1975 年)

Berelson, Bernard, Paul F. Lazarsfeld, and William N. McPhee. 1954. *Voting: A Study of Opinion Formation in a Presidential Campaign*. University of Chicago Press.

Berinsky, Adam J., and Gabriel S. Lenz. 2011. "Education and Political Participation: Exploring the Causal Link." *Political Behavior* 33: 357–73.

Blais, André. 2006. "What Affects Voter Turnout?" *Annual Review of Political Science* 9: 111–25.

Blais, André, and Agnieszka Dobrzynska. 1998. "Turnout in Electoral Democracies." *European Journal of Political Research* 33: 239–61.

Blaydes, Lisa. 2011. *Elections and Distributive Politics in Mubarak's Egypt*. Cambridge University Press.

Brady, Henry E., and John E. McNulty. 2011. "Turning Out to Vote: The Costs of Finding and Getting to the Polling Place." *American Political Science Review* 105: 115–34.

Brody, Richard A. 1978. "The Puzzle of Political Participation in America." In Anthony King, ed. *The New American Political System*. American Enterprise Institute, 287–324.

Brody, Richard A., and Benjamin I. Page. 1973. "Indifference, Alienation and Rational Decisions." *Public Choice* 15: 1–17.

Burns, Nancy, Kay L. Schlozman, and Sidney Verba. 2001. *The Private Roots of Public Action: Gender, Equality, and Political Participation*. Harvard University Press.

Campbell, Angus. 1960. "Surge and Decline: A Study of Electoral Change." *Public Opinion Quarterly* 24(3): 397–418.

Campbell, Angus, Philip E. Converse, Warren E. Miller, and Donald E. Stokes. 1960. *The American Voter*. University of Chicago Press.

Cancela, João, and Benny Geys. 2016. "Explaining Voter Turnout: A Meta-Analysis of National and Subnational Elections." *Electoral Studies* 42: 264–75.

Craig, Stephen C., Richard G. Niemi, and Glenn E. Silver. 1990. "Political Efficacy and Trust: A Report on the NES Pilot Study Items." *Political Behavior* 12: 289–314.

Crozier, Michel, Samuel P. Huntington, and Joji Watanuki. 1975. *The Crisis of Democracy: Report on the Governability of Democracies to the Trilateral Commission*. New York University Press. (綿貫譲治監訳『民主主義の統治能力』サイマル出版会, 1976 年)

Dahl, Robert A. 1956. *A Preface to Democratic Theory*. University of Chicago Press. (内山秀夫訳『民主主義理論の基礎』未来社, 1970 年)

———. 1966. "Further Reflections on 'the Elitist Theory of Democracy'." *American Political Science Review* 60: 296–305.

——. 1985. *A Preface to Economic Democracy*. University of California Press.（内山秀夫訳『経済デモクラシー序説』三嶺書房，1988 年）

——. 1998. *On Democracy*. Yale University Press.（中村孝文訳『デモクラシーとは何か』岩波書店，2001 年）

——. 2006. *On Political Equality*. Yale University Press.（飯田文雄・辻康夫・早川誠訳『政治的平等とは何か』法政大学出版局，2009 年）

Dahl, Robert A., and Edward R. Tufte. 1973. *Size and Democracy*. Stanford University Press.（内山秀夫訳『規模とデモクラシー』慶応通信，1979 年）

Dalton, Russell J. 2008. "The Quantity and the Quality of Party Systems: Party System Polarization, Its Measurement." *Comparative Political Studies* 41: 899-920.

——. 2017. *The Participation Gap: Social Status and Political Inequality*. Oxford University Press.

——. 2019. *Citizen Politics: Public Opinion and Political Parties in Advanced Industrial Democracies*. 7th ed. CQ Press.

Dalton, Russell J., and Ian McAllister, and Martin P. Wattenberg. 2000. "The Consequences of Partisan Dealignment." In Russell J. Dalton and Martin P. Wattenberg, eds. *Parties without Partisans: Political Change in Advanced Industrial Democracies*. Oxford University Press, 37-63.

Dalton, Russell J., and Martin P. Wattenberg, eds. 2000. *Parties without Partisans: Political Change in Advanced Industrial Democracies*. Oxford University Press.

Dee, Thomas S. 2004. "Are There Civic Returns to Education?" *Journal of Public Economics* 88: 1697-720.

Deutsch, Karl W. 1961. "Social Mobilization and Political Development." *American Political Science Review* 55: 493-514.

Dodson, Kyle. 2010. "The Return of the American Voter? Party Polarization and Voting Behavior, 1988 to 2004." *Sociological Perspectives* 53: 443-49.

Donnelly, Jack. 1984. "Human Rights and Development: Complementary or Competing Concerns?" *World Politics* 36: 255-83.

Downs, Anthony. 1957. *An Economic Theory of Democracy*. Harper & Brothers.（古田精司監訳『民主主義の経済理論』成文堂，1980 年）

Dyck, Joshua J., and James G. Gimpel. 2005. "Distance, Turnout, and the Convenience of Voting." *Social Science Quarterly* 86: 531-48.

Easton, David. 1953. *The Political System: An Inquiry into the State of Political Science*. Alfred A. Knopf.（山川雄巳訳『政治体系』ぺりかん社，1976 年）

——. 1957. "An Approach to the Analysis of Political Systems." *World Politics* 9(3): 383-400.（京極純一訳「政治体制分析の一試論」『アメリカーナ』3(10)(1957): 14-31）

——. 1965a. *A Framework for Political Analysis*. Prentice-Hall.（岡村忠夫訳『政治分析の基礎』みすず書房，1968 年）

——. 1965b. *A Systems Analysis of Political Life*. John Wiley & Sons.（片岡寛光監訳『政治生活の体系分析』上下，早稲田大学出版部，1980 年）

Endo, Masahisa, and Willy Jou. 2014. "How Does Age Affect Perceptions of Parties' Ideological Locations?"『選挙研究』30(1)：96-112.

Finkel, Steven E. 1985. "Reciprocal Effects of Participation and Political Efficacy: A Panel Analysis." *American Journal of Political Science* 29(4): 891-913.

——. 1987. "The Effects of Participation on Political Efficacy and Political Support: Evidence from a West German Panel." *Journal of Politics* 49(2): 441-64.

Fishkin, James S. 2009. *When the People Speak: Deliberative Democracy and Public Consultation*. Oxford University Press.（曽根泰教監修／岩木貴子訳『人々の声が響き合うとき：熟議空間と民主主義』早川書房，2011 年）

Gallagher, Michael. 1991. "Proportionality, Disproportionality and Electoral Systems." *Electoral Studies* 10: 33-51.

Gallego, Aina. 2010. "Understanding Unequal Turnout: Education and Voting in Comparative Perspective." *Electoral Studies* 29: 239-48.

——. 2015. *Unequal Political Participation Worldwide*. Cambridge University Press.

Gerber, Alan S., and Donald P. Green. 2000. "The Effects of Canvassing, Telephone Calls, and Direct Mail on Voter Turnout: A Field Experiment." *American Political Science Review* 94: 653-63.

Geys, Benny. 2006. "Explaining Voter Turnout: A Review of Aggregate-Level Research." *Electoral Studies* 25: 637-63.

Goel, M. Lal. 1970. "The Relevance of Education for Political Participation in a Developing Society." *Comparative Political Studies* 3: 333-46.

Gray, Mark, and Miki Caul. 2000. "Declining Voter Turnout in Advanced Industrial Democracies, 1950 to 1997." *Comparative Political Studies* 33: 1091-122.

Gurr, Ted Robert. 1970. *Why Men Rebel*. Princeton University Press.

Hagopian, Frances. 2000. "Political Development, Revisited." *Comparative Political Studies* 33 (6-7): 880-911.

Haspel, Moshe, and H. Gibbs Knotts. 2005. "Location, Location, Location: Precinct Placement and the Costs of Voting." *Journal of Politics* 67(2): 560-73.

Held, David. 1996. *Models of Democracy*, 2nd ed. Polity Press.（中谷義和訳『民主政の諸類型』御茶の水書房，1998 年）

Henderson, John, and Sara Chatfield. 2011. "Who Matches? Propensity Scores and Bias in the Causal Effects of Education on Participation." *Journal of Politics* 73: 646-58.

Hill, Kim Quaile, Jan E. Leighley, and Angela Hinton-Andersson. 1995. "Lower-Class Mobilization and Policy Linkage in the U.S. States." *American Journal of Political Science* 39(1): 75–86.

Horiuchi, Yusaku. 2005. *Institutions, Incentives and Electoral Participation in Japan: Cross-Level and Cross-National Perspectives.* Routledge.

Horiuchi, Yusaku, Jun Saito, and Kyohei Yamada. 2015. "Removing Boundaries, Losing Connections: Electoral Consequences of Local Government Reform in Japan." *Journal of East Asian Studies* 15: 99–125.

Huntington, Samuel P. 1968. *Political Order in Changing Societies.* Yale University Press. (内山秀夫訳『変革期社会の政治秩序』上下, サイマル出版会, 1972 年)

――. 1987. "The Goals of Development." In Myron Weiner and Samuel P. Huntington, eds. *Understanding Political Development.* Little, Brown and Company, 3–32.

Huntington, Samuel P., and Joan M. Nelson. 1976. *No Easy Choice: Political Participation in Developing Countries.* Harvard University Press.

Ikeda, Ken'ichi, Tetsuro Kobayashi, and Maasa Hoshimoto. 2008. "Does Political Participation Make a Difference? The Relationship between Political Choice, Civic Engagement and Political Efficacy." *Electoral Studies* 27: 77–88.

Imai, Ryosuke, and Ikuo Kabashima. 2008. "The LDP's Defeat in Crucial Single-Seat Constituencies of the 2007 Upper House Election." *Social Science Japan Journal* 11(2): 277–93.

Inglehart, Ronald. 1977. *The Silent Revolution: Changing Values and Political Styles among Western Publics.* Princeton University Press. (三宅一郎・金丸輝男・富沢克訳『静かなる革命：政治意識と行動様式の変化』東洋経済新報社, 1978 年)

――. 1990. *Culture Shift in Advanced Industrial Society.* Princeton University Press. (村山皓・富沢克・武重雅文訳『カルチャーシフトと政治変動』東洋経済新報社, 1993 年)

――. 1997. *Modernization and Postmodernization: Cultural, Economic, and Political Change in 43 Societies.* Princeton University Press.

Inglehart, Ronald, and Pippa Norris. 2003. *Rising Tide: Gender Equality and Cultural Change around the World.* Cambridge University Press.

Jackman, Robert W. 1975. *Politics and Social Equality: A Comparative Analysis.* Wiley.

――. 1987. "Political Institutions and Voter Turnout in the Industrial Democracies." *American Political Science Review* 81: 405–23.

Johnson, Chalmers. 1982. *MITI and the Japanese Miracle: The Growth of Industrial Policy, 1925–1975.* Stanford University Press. (佐々田博教訳『通産省と日本の奇跡：産業政策の発展 1925–1975』勁草書房, 2018 年)

Kabashima, Ikuo. 1984a. "Participation in America Revisited: Approach to Socioeconomic Neutrality in Political Participation." 『アメリカ研究』18：177–95.

——. 1984b. "Supportive Participation with Economic Growth: The Case of Japan." *World Politics* 36: 309–38.

Kam, Cindy D., and Carl L. Palmer. 2008. "Reconsidering the Effects of Education on Political Participation." *Journal of Politics* 70: 612–31.

Karp, Jeffrey A., Susan A. Banducci, and Shaun Bowler. 2008. "Getting Out the Vote: Party Mobilization in a Comparative Perspective." *British Journal of Political Science* 38: 91–112.

Kirchheimer, Otto. 1966. "The Transformation of the Western European Party Systems." In Joseph LaPalombara and Myron Weiner, eds. *Political Parties and Political Development.* Princeton University Press, 177–200.

Kittilson, Miki Caul, and Christopher J. Anderson. 2011. "Electoral Supply and Voter Turnout." In Russell J. Dalton and Christopher J. Anderson, eds. *Citizens, Context, and Choice: How Context Shapes Citizens' Electoral Choices.* Oxford University Press, 33–54.

Kuznets, Simon. 1955. "Economic Growth and Income Inequality." *American Economic Review* 45: 1–28.

Laakso, Markku, and Rein Taagepera. 1979. "'Effective' Number of Parties." *Comparative Political Studies* 12: 3–27.

Leighley, Jan E., and Jonathan Nagler. 2007. "Unions, Voter Turnout, and Class Bias in the U.S. Electorate, 1964–2004." *Journal of Politics* 69: 430–41.

——. 2014. *Who Votes Now? Demographics, Issues, Inequality, and Turnout in the United States.* Princeton University Press.

Lerner, Daniel. 1958. *The Passing of Traditional Society: Modernizing the Middle East.* Free Press.

Lijphart, Arend. 1997. "Unequal Participation: Democracy's Unresolved Dilemma – Presidential Address, American Political Science Association, 1996." *American Political Science Review* 91(1): 1–14.

Lipset, Seymour Martin. 1959. "Some Social Requisites of Democracy: Economic Development and Political Legitimacy." *American Political Science Review* 53: 69–105.

——. 1960. *Political Man: The Social Bases of Politics.* Doubleday & Company.（内山秀夫訳『政治のなかの人間』東京創元新社，1963 年）

Lipset, Seymour M., and Stein Rokkan. 1967. "Cleavage Structures, Party Systems, and Voter Alignments: An Introduction." In Seymour M. Lipset and Stein Rokkan, eds. *Party Systems and Voter Alignments: Cross-National Perspectives.* Free Press, 1–64.

Long, J. Scott. 1997. *Regression Models for Categorical and Limited Dependent Variables.* Sage Publications.

Macpherson, C. B. 1977. *The Life and Times of Liberal Democracy.* Oxford University Press.（田口富久治訳『自由民主主義は生き残れるか』岩波書店，1978 年）

Mahler, Vincent A. 2008. "Electoral Turnout and Income Redistribution by the State: A Cross-National Analysis of the Developed Democracies." *European Journal of Political Research* 47: 161–83.

Mahler, Vincent A., David K. Jesuit, and Piotr R. Paradowski. 2014. "Electoral Turnout and State Redistribution." *Political Research Quarterly* 67: 361–73.

Mansbridge, Jane J. 1980. *Beyond Adversary Democracy*. University of Chicago Press.

Marien, Sofie, Marc Hooghe, and Ellen Quintelier. 2010. "Inequalities in Non-Institutionalised Forms of Political Participation: A Multi-Level Analysis of 25 Countries." *Political Studies* 58(1): 187–213.

Matsubayashi, Tetsuya. 2014. "The Implications of Nonvoting in Japan." 『年報政治学』2014-I [65(1)]：175–99.

Mayer, Alexander K. 2011. "Does Education Increase Political Participation?" *Journal of Politics* 73: 633–45.

McDonald, Michael P., and Samuel L. Popkin. 2001. "The Myth of the Vanishing Voter." *American Political Science Review* 95: 963–74.

McElwain, Kenneth Mori. 2008. "Manipulating Electoral Rules to Manufacture Single-Party Dominance." *American Journal of Political Science* 52: 32–47.

Meltzer, Allan H., and Scott F. Richard. 1981. "A Rational Theory of the Size of Government." *Journal of Political Economy* 89: 914–27.

Merriam, Charles E., and Harold F. Gosnell. 1924. *Non-Voting: Causes and Methods of Control*. University of Chicago Press.

Micheletti, Michele. 2003. *Political Virtue and Shopping: Individuals, Consumerism and Collective Action*. Palgrave Macmillan.

Milbrath, Lester W. 1965. *Political Participation*. Rand McNally. (内山秀夫訳 『政治参加の心理と行動』早稲田大学出版部, 1976 年)

Mill, John Stuart. 1861. *Considerations on Representative Government*. (水田洋訳 『代議制統治論』岩波書店, 1997 年)

Milligan, Kevin, Enrico Moretti, and Philip Oreopoulos. 2004. "Does Education Improve Citizenship? Evidence from the United States and the United Kingdom." *Journal of Public Economics* 88: 1667–95.

Nelson, Joan M. 1987. "Political Participation." In Myron Weiner and Samuel P. Huntington, eds. *Understanding Political Development*. Little, Brown and Company, 103–59.

Nie, Norman H., Jane Junn, and Kenneth Stehlik-Barry. 1996. *Education and Democratic Citizenship in America*. University of Chicago Press.

Norris, Pippa. 2002. *Democratic Phoenix: Reinventing Political Activism*. Cambridge University Press.

Norris, Pippa, and Ronald Inglehart. 2011. *Sacred and Secular: Religion and Politics Worldwide*, 2nd ed. Cambridge University Press.

O'Donnell, Guillermo A. 1973. *Modernization and Bureaucratic-Authoritarianism: Studies in South American Politics*. Institute of International Studies, University of California Press.

OECD. 2014. "Focus on Inequality and Growth – December 2014." (http:// www.oecd.org/social/ inequality-and-poverty.htm）(「特集：格差と成長」)

Olson, Mancur. 1963. "Rapid Growth as a Destabilizing Force." *Journal of Economic History* 23: 529–52.

Ostry, Jonathan D., Andrew Berg, and Charalambos G. Tsangarides. 2014. "Redistribution, Inequality, and Growth." IMF Staff Discussion Notes No. 14/02 (https://www.imf.org/external/ pubs/ft/sdn/2014/sdn1402.pdf).

Parry, Geraint, George Moyser, and Neil Day. 1992. *Political Participation and Democracy in Britain*. Cambridge University Press.

Pateman, Carole. 1970. *Participation and Democratic Theory*. Cambridge University Press.（寄本勝美訳『参加と民主主義理論』早稲田大学出版部，1977 年)

Pérez-Liñán, Aníbal. 2001. "Neoinstitutional Accounts of Voter Turnout: Moving Beyond Industrial Democracies." *Electoral Studies* 20: 281–97.

Piketty, Thomas. 2013. *Le capital au XXIème siècle*. Seuil.（山形浩生・守岡桜・森本正史訳『21 世紀の資本』みすず書房，2014 年)

Plane, Dennis L., and Joseph Gershtenson. 2004. "Candidates' Ideological Locations, Abstention, and Turnout in U.S. Midterm Senate Elections." *Political Behavior* 26: 69–93.

Powell, G. Bingham. 1982. *Contemporary Democracies: Participation, Stability, and Violence*. Harvard University Press.

――. 1986. "American Voter Turnout in Comparative Perspective." *American Political Science Review* 80: 17–43.

Putnam, Robert D. 2000. *Bowling Alone: The Collapse and Renewal of American Community*. Simon & Schuster.（柴内康文訳『孤独なボウリング：米国コミュニティの崩壊と再生』柏書房，2006 年)

Pye, Lucian W. 1965. "The Concept of Political Development." *Annals of the American Academy of Political and Social Science* 358: 1–13.

Richardson, Bradley M. 1973. "Urbanization and Political Participation: The Case of Japan." *American Political Science Review* 67: 433–52.

Riker, William H., and Peter C. Ordeshook. 1968. "A Theory of the Calculus of Voting." *American Political Science Review* 62: 25–42.

Rochon, Thomas R., and Ikuo Kabashima. 1998. "Movement and Aftermath: Mobilization of the African American Electorate, 1952–1992." In John G. Geer, ed. *Politicians and Party*

Politics. Johns Hopkins University Press, 102-21.

Rosenstone, Steven J., and John M. Hansen. 1993. *Mobilization, Participation, and Democracy in America*. Macmillan.

Rousseau, Jean-Jacques. 1762. *Du Contract Social*. （桑原武夫・前川貞次郎訳『社会契約論』岩波書店, 1954 年）

Sartori, Giovanni. 1976. *Parties and Party Systems: A Framework for Analysis*. Cambridge University Press. （岡沢憲芙・川野秀之訳『現代政党学：政党システム論の分析枠組み』早稲田大学出版部, 2000 年）

Scheve, Kenneth, and David Stasavage. 2017. "Wealth Inequality and Democracy." *Annual Review of Political Science* 20: 451-68.

Schlozman, Kay Lehman, Henry E. Brady, and Sidney Verba. 2018. *Unequal and Unrepresented: Political Inequality and the People's Voice in the New Gilded Age*. Princeton University Press.

Schlozman, Kay Lehman, Sidney Verba, and Henry E. Brady. 2012. *The Unheavenly Chorus: Unequal Political Voice and the Broken Promise of American Democracy*. Princeton University Press.

Schumpeter, Joseph A. 1942. *Capitalism, Socialism, and Democracy*. Harper & Brothers. （中山伊知郎・東畑精一訳『資本主義・社会主義・民主主義』東洋経済新報社, 1995 年）

Solt, Frederick. 2008. "Economic Inequality and Democratic Political Engagement." *American Journal of Political Science* 52: 48-60.

Sondheimer, Rachel Milstein, and Donald P. Green. 2010. "Using Experiments to Estimate the Effects of Education on Voter Turnout." *American Journal of Political Science* 54: 174-89.

Stockemer, Daniel. 2017. "What Affects Voter Turnout? A Review Article – Meta-Analysis of Aggregate Research." *Government and Opposition* 52: 698-722.

Stolle, Dietlind, and Michele Micheletti. 2013. *Political Consumerism: Global Responsibility in Action*. Cambridge University Press.

Tenn, Steven. 2007. "The Effect of Education on Voter Turnout." *Political Analysis* 15: 446-64.

Teorell, Jan, Mariano Torcal, and José Ramón Montero. 2007. "Political Participation: Mapping the Terrain." In Jan W. van Deth, José Ramón Montero, and Anders Westholm, eds. *Citizenship and Involvement in European Democracies: A Comparative Analysis*. Routledge, 334-57.

Tilly, Charles. 1978. *From Mobilization to Revolution*. Addison-Wesley. （堀江湛監訳『政治変動論』芦書房, 1984 年）

van Deth, Jan W. 2016. "What Is Political Participation?" In *Oxford Research Encyclopedia of*

Politics. Oxford University Press.

Verba, Sidney, and Norman H. Nie. 1972. *Participation in America: Social Equality and Political Democracy*. Harper & Row.

Verba, Sidney, Norman H. Nie, and Jae-On Kim. 1971. *The Modes of Democratic Participation: A Cross-National Comparison*. Sage Publications.

———. 1978. *Participation and Political Equality: A Seven-Nation Comparison*. Cambridge University Press.（三宅一郎・蒲島郁夫・小田健訳『政治参加と平等：比較政治学的分析』東京大学出版会, 1981 年）

Verba, Sidney, Kay Lehman Schlozman, and Henry Brady. 1995. *Voice and Equality: Civic Voluntarism in American Politics*. Harvard University Press.

Visser, Jelle. 2006. "Union Membership Statistics in 24 Countries." *Monthly Labor Review* 129 (1): 38–49.

Walker, Jack L. 1966. "A Critique of the Elitist Theory of Democracy." *American Political Science Review* 60: 285–95.

Wattenberg, Martin P. 2000. "The Decline of Party Mobilization." In Russell J. Dalton and Martin P. Wattenberg, eds. *Parties without Partisans: Political Change in Advanced Industrial Democracies*. Oxford University Press, 64–76.

Wolfinger, Raymond E., and Steven J. Rosenstone. 1980. *Who Votes?* Yale University Press.

Zipp, John F. 1985. "Perceived Representativess and Voting: An Assessment of the Impact of 'Choices' vs. 'Echoes'." *American Political Science Review* 79: 50–61.

Zuckerman, Michael. 1970. *Peaceable Kingdoms: New England Towns in the Eighteenth Century*. Alfred A. Knopf.

あとがき

　本書は，1988 年に出版された蒲島郁夫著『政治参加』（以下，便宜的に「旧版」と呼ぶ）の改訂版として企画された．旧版は，90 年前後における日本政治学の到達点を示した「現代政治学叢書」の一冊であったが，今回の大幅な改訂に伴い，本書は同シリーズと独立に刊行することとし，それに合わせてタイトルも変更された．

　旧版は幸いにも出版以来多くの読者を得て，長い間，大学教育の場で教科書として使われてきただけでなく，日本人の政治参加に関する研究の最前線でも常に参照されてきた．しかし発行から三十余年（元号が 2 度も変わった）を経て，さすがに事例の古さが目立つようになったこと，また近年，政治参加をめぐる内外の研究が進展し，実質的にも付け加えるべき内容が生じたことから，この際，抜本的なバージョンアップが図られることになった．

　この三十余年の間に，日本人の政治参加，日本の政治経済システムのあり方は，対照的と言えるほどに大きく変化した．旧版の主眼は「支持参加モデル」の提示にあった．それは，わが国が惨めな敗戦から立ち上がり，世界第 2 位の経済大国として不動の地位に就いたとみられた，「金ピカの時代」に提示された理論であった．しかし，旧版の出版からほどなくして，バブル崩壊があり，日本は長期停滞に沈むことになった．そのメカニズムを，本書では政治参加と関連させ，「逆リベラル・モデル」として提示した．1990 年代以降の経済的低迷，社会経済的不平等の拡大，政治的混迷，いずれも政治参加の縮小と参加格差拡大の結果であり，原因でもあったというのが議論の骨子である．

　じつは，支持参加モデルによる日本の成功物語の終焉は，旧版ですでに予見されていた．旧版の結論部では，「経済発展のパラダイムに転換期が訪れ，産業構造，社会構造，国際システムが激しく変化している現在，われわれはどのような政治システムを模索すべきなのか．戦後の政治発展を特徴づけてきたわ

が国特有の政治参加システムがそのまま通用するとはとても思えない」と記されている（192頁）．この懸念の通り，支持参加モデルは1990年代以降の状況では通用しなくなり，2020年現在でもなお，日本はそれに代わる好循環のモデルを模索している．

　政治参加のあり方を含む日本の政治経済システムに，後追いの発展途上国は強い関心を持ってきた（このことは，旧版が中国語に訳されたことからも分かる）．1990年前後におけるわが国の経験は，日本に範を取って発展を目指してきた国々にとって，今度は「反面教師」として重要な意味を持つであろう．また今後は，われわれ自身が90年前後のモデル・チェンジを認識した上で，逆リベラル・モデルを脱する手掛かりをつかまなければならない．本書がさらに改訂される機会があるとすれば，そのときは再び，支持参加モデルのようなポジティブな発展モデルを日本から発信したいものである．

　この三十余年の間には，筆者たち自身の環境もまた大いに変わった．

　蒲島はこの間に，筑波大学から東京大学法学部に移り，2008年からは熊本県知事へと転身した．現在4期目を担っているが，16年に起きた熊本地震に加え，新型コロナウイルス感染症との闘い，20年7月に起きた豪雨災害の三重苦の中で奮闘している．

　その上，50年以上におよぶ熊本県政の大争点である，川辺川ダム問題が再浮上している．川辺川は，今回の豪雨で氾濫し，甚大な被害を与えた球磨川の最大の支流だが，尺アユが釣れる日本一の清流としても有名である．川辺川ダム計画が持ち上がったのは1966年のことで，当時3年連続で豪雨災害が生じたのが問題の発端であった．

　蒲島は1期目就任から半年後に，民意を基に川辺川ダムの白紙撤回を表明し，国に「ダムによらない治水」を極限まで追求するよう求めた．地元の新聞社が行った世論調査によると，この決断を県民の約85％が支持し，流域住民の約82％が支持するとした．それから12年が過ぎ，ダム問題の対立は沈静化していた．

　ところが2020年7月3日から4日にかけて，球磨川流域を記録的な大雨が襲った．流域内の12時間の降水量が観測史上1位を記録するなど，広範囲に

大量の雨が降り続いた．球磨川は氾濫を引き起こし，県南地域を中心に甚大な被害が生じ，65 名の尊い命が失われ，2 名の方が行方不明となっている．100年に 1 度とも言われる大水害の発生を受け，熊本では沈静化していたダム問題が再び争点化することになった．

この状況で蒲島は，エリート民主主義と参加民主主義のバランスをいかにとるか，という難しい判断を現実政治の問題として迫られている．河川工学の専門家の間では，球磨川流域の安全確保のため，ダムの役割を肯定する意見が強い．他方で，参加民主主義に共感する蒲島は，県民・流域住民の意思を丁寧に汲み取りながら，今後の治水のあり方を決断したいと考えている．

丸山眞男氏は，現実とはいろいろな「可能性の束」であると表現している．一つの可能性が潰れたとしても，すべての可能性を否定して諦めてはいけないという教えである．ことごとく可能性が潰されていっても，一筋でも可能性が残っているならそれにかける価値はある．その可能性があることを信じ，最良の政策を模索する日々である．今後の球磨川の治水のあり方について具体的に意思表明するのは，ちょうど本書が出版される頃になるだろう．本書を改訂する機会があれば，その折に一連の経緯をすべて記したい．

境家は，旧版が出たときには小学生であった．その後，蒲島の講義に刺激を受けて大学院に進み，現在は蒲島の担当していた講座を受けもっている．同講座の担当者として着任したまさに同じ年に，教材となる本書を刊行できたのは望外のことである．充実した研究環境を提供してくださった首都大学東京（現・東京都立大学）法学部および東京大学法学部のスタッフに，感謝を申し上げたい．本書を完成まで的確に導いてくださった，東京大学出版会の奥田修一氏にも，この場を借りて御礼申し上げる．

最後に，いつも助けてもらっている共著者の家族に，心からの謝意を表したい．

2020 年 10 月 17 日

蒲島郁夫・境家史郎

人名索引

事項索引

蒲島 郁夫

1947 年熊本県に生まれる．1974 年ネブラスカ大学農学部卒業．1979 年ハーバード大学 Ph.D.（政治経済学）筑波大学社会工学系教授，東京大学法学部教授等を経て，現在，熊本県知事・東京大学名誉教授．主要著書：『政治参加』（東京大学出版会，1988 年），『政権交代と有権者の態度変容』（木鐸社，1998 年），『戦後政治の軌跡』（岩波書店，2004 年），*Changing Politics in Japan*（共著，Cornell University Press，2010 年）．

境家 史郎

1978 年大阪府に生まれる．2002 年東京大学法学部卒業．2008 年東京大学博士（法学）．東京大学社会科学研究所准教授，首都大学東京法学部教授等を経て，現在，東京大学大学院法学政治学研究科教授．主要著書：『政治的情報と選挙過程』（木鐸社，2006 年），『政治学の方法』（共著，有斐閣，2014 年），『憲法と世論』（筑摩書房，2017 年）．

政治参加論

2020 年 12 月 7 日　初　版

［検印廃止］

著　者　蒲島郁夫・境家史郎

発行所　一般財団法人　東京大学出版会

代表者　吉見俊哉
　　　　153-0041 東京都目黒区駒場4-5-29
　　　　http://www.utp.or.jp/
　　　　電話 03-6407-1069　Fax 03-6407-1991
　　　　振替 00160-6-59964

組　版　有限会社プログレス
印刷所　株式会社ヒライ
製本所　牧製本印刷株式会社

ここに表示された価格は本体価格です．ご購入の
際には消費税が加算されますのでご了承ください．